Christoph Dieckmann
Mich wundert, daß ich fröhlich bin

Christoph Dieckmann

Mich wundert, daß ich fröhlich bin

Eine Deutschlandreise

Ch. Links Verlag, Berlin

Der Text erscheint auf Wunsch des Autors in
alter deutscher Rechtschreibung.

Die **Deutsche Nationalbibliothek** verzeichnet diese Publikation
in der Deutschen Nationalbibliografie;
detaillierte bibliografische Daten sind im Internet
über http://dnb.d-nb.de abrufbar.

1. Auflage, März 2009
© Christoph Links Verlag – LinksDruck GmbH
Schönhauser Allee 36, 10435 Berlin, Tel.: (030) 44 02 32-0
Internet: www.linksverlag.de; mail@linksverlag.de
Umschlaggestaltung: KahaneDesign, Berlin
unter Verwendung eines Fotos von Gerhard Medoch: Görlitz (Mai 2007)
Satz: LVD GmbH, Berlin
Druck und Bindung: Freiburger Graphische Betriebe, Freiburg

ISBN 978-3-86153-524-9

Inhalt

Mich wundert, daß ich fröhlich bin

Vorgeschichten

> Every morning is a dream
> when you walk with your eyes closed.
> *(The Walkabouts: »Cover of Darkness«)*
>
> Feigheit macht jede Staatsform zur Diktatur.
> *(Wolfgang Staudte)*

1

Was willst du mir zeigen?

Ich weiß ja gar nicht, ob's noch steht.

Sie fahren glücklich, der Mann und die junge Frau. Es ist gar nicht weit: nur acht Kilometer von Silberstadt. Es liegt sehr fern: 28 Jahre und jenseits des Grabens der Geschichte, der sich 1989 aufgetan hat. Nun will der Mann wieder hinüber, für einen Tag zurück. Etwas soll heilen. Der Ort ist kontaminiert, eine Niederlage seines Lebens. Unordnung und frühes Leid ... Man kann solche Orte meiden. Oder man sucht sie heim, um sie zu entschärfen. Das will er, in dieser guten neuen Zeit.

Ja, sie fahren glücklich, im Mai 2002. Sie steuert das kleine blaue Auto. Im Radio läuft Keimzeit, ihre soviel jüngere Musik. *Laß es laufen,* singt das Radio, singt sie, *bitte laß ihn ungestört, das Wasser weiß selbst, wo es hingehört.* Draußen grünt die Welt. Brand-Erbisdorf, der Brander Hof. Hier hat er damals Stern Meißen gehört. In einer Höhle aus Schweiß und Qualm lauschte bemähntes Volk mit Andacht den Kopien westlicher Originale, die niemals ins Erzgebirge finden würden. Reinhard Fißler soulte »Papa Was A Rolling Stone«, Thomas Kurzhals orgelte die schrillen Schreie des »Freedom Jazz Dance«, und ein Gitarren-Berserker mit dem mondänen Namen Werner Kunze tobte durch »Lighthouse« von The Flock.

Wie blöd vor Kraft und Freude war er damals heimgelaufen, nein, geflogen unterm Sternenzelt, zum Filmschul-Internat. Das geschah am 1. April 1974. Vier Wochen später flog er wieder, von der Schule, zehn Tage vor der Facharbeiter-Prüfung. Ein Tribunal war einberufen worden. In Kinosaal thronten Direktor, Lehrausbilder, Parteisekretär und der FDJottnik, den er doch für seinen Freund gehalten hatte. Seine Übeltaten wurden aufgezählt, seine Vorstrafen zitiert: der Verweis, der nochmalige Verweis, der strenge Verweis, die Aussprachen, die nochmaligen Aussprachen. Alles umsonst. Zwei Jahre Insubordination, provokatives Verhalten, nicht zu vergessen die unsachgemäße Behandlung von Filmprojektoren, die Ertappung im Mädchenzimmer und nun jene Vorkommnisse, die das Faß zum Überlaufen gebracht hätten. Der FDJottnik fügte an, der Angeklagte habe bei Lehrlingsdiskotheken vorsätzlich westliche Musiktitel dargeboten, nach denen man schlecht tanzen konnte.

Sie ist nicht zurückgekehrt, singt das Radio, singt sie, *ich schätze, daß sie nicht zu mir gehört.* Sie, ein Arbeitermädchen namens Gerda, war damals der Hauptgrund seiner kummervollen Renitenz. Sämtliche Streiche widmete er ihr, damit sie sähe, wie viel mutiger er wäre als der angepaßte Rest. Aber Gerda fand ihn zu jung, da konnte man nichts machen. Er hatte sie verflucht, geschlagen und ihr ein halbes Jahr kein Wort gegönnt. Darunter litt sie, aber nicht mit Frauenliebe. Als er nun geschaßt war und abreisen mußte, stand Gerda auf der Treppe vor dem Internat. Er drehte sich noch einmal um. Da hob sie matt die Hand, ein halber Gruß. *Schwere Bahnhofsdächer über uns gestellt/Gleise wie ein Fächer in die weite Welt/Zeit für mich, weine nicht, halt gefangen dein Gesicht/wie man auch sein rotes Blut gefangen hält.* Das war von Renft, in jenem Jahr, »Wandersmann«. Das liebte Gerda auch.

Später schrieb ihm Gerda. Daß ihre Schwermut nicht zu heilen sei. Mit wem sie geschlafen habe und wer davon nichts wissen dürfe. Nun wünsche sie ein Bild von ihm. Nun habe sie geheiratet. Nun habe sie Kinder. Nun müsse er sie doch endlich mal besuchen. Er tat es, nach vielen Jahren. Er sah sie, ihre Müdigkeit, die wuselnden Kinder, den technischen Mann. Sie sprachen über den Transrapid.

Vorbei. Erlöst. Er konnte sich nicht mal probeweise zurückversetzen in den Schmerz. Er versprach Gerda, Kontakt zu halten, ging und kam nie wieder.

Heute fragt er sich, ob er wohl deshalb immer wieder nach Silberstadt reist: um nahe seinem Unglücksort froh zu sein. Und in einer Doppelwelt zu leben: daheim in der rüden Metropole praktisch und profan, hier glücklich mit der jungen Frau, jenseits von Alltag und Pflicht. Sehr schön ist Silberstadt, mit seinen Türmen, Renaissance-Portalen, mittelalterlichen Gassen. Er liebt die Vergangenheitsbeseligung der Stadt, den Mummenschanz ihrer Bergparaden, die längst versiegten Silberschächte, die Pracht des Doms, den Donatsfriedhof, Herders Ruh im Schnee, den Singsang der kleinen Leute auf dem Markt und in der Burgstraße den wunderbaren Bücherladen. Als er dort die junge Frau traf, erfuhr er etwas über sich: Ich brauche einen Traum.

Links oder rechts? fragt sie an der Kreuzung Himmelpfort. Und dann sehen sie das Haus. Ein grauer Klotz hockt an der Chaussee, umlagert von hügeligen Äckern. Dahinter der Wald. Hier? sagt sie. Wirklich, total einsam.

Sie laufen um das Anwesen. Es scheint verwaist. Er späht durch ungeputzte Fenster und erkennt das alte Klassenzimmer. Die Tafel ist beschrieben. Stühle und Bänke stehen unverrückt. Die weiße Schalldämmung verkleidet noch die Wand. Hier hatte er nachts, heimlich und bei kleinem Licht, »Eugen Onegin« und »König Lear« gelesen, nichts begreifend, alles fühlend. Sein altes Sechserzimmer scheint nun ein Lagerraum, Freund Lampes Kemenate ebenfalls. Hier hatten sie die Türklinke mit 220 Volt beschickt, um Internatsleiter Riediger die nächtlichen Kontrolldurchgänge zu verleiden. Hier, aus diesem Fenster hatte Lampe, seinen Namen in die Tat umsetzend, nachts mit der Halogen-Kanone grellweiße Lichtschläge auf die Chaussee geschmettert, wenn eines der seltenen Autos kam. Das hatte Folgen. Reifen quietschten, es krachte, das Auto saß am Baum. Heimleiter Riediger stürzte im Pyjama auf die Straße und rief die Polizei. Die vernahm im Internatsflur den gottlob unverletzten Fahrer. Er schlotterte und gab zu Protokoll, es klinge bestimmt verrückt, doch aus tiefstem Dunkel habe ihn urplötzlich etwas geblendet, ein Blitz, ganz ohne Gewitter und Gegenverkehr.

Hallo, was suchen Sie denn da?

Der Rufer kommt herüber, ein kleiner Mann im Arbeitsanzug. Erfährt den Grund des Besuchs. Erklärt, der Gesamtkomplex liege schon lange brach, werde aber demnächst zu Behindertenwerkstätten ausgebaut. Die Filmschule habe gleich nach der Wende dichtgemacht, doch oben im Haus wohne noch der alte Arco.

Arco? Der alte? Der junge Arco, damals: Ausbildungsleiter, energische Erscheinung technischer Intelligenz. Elitäre Aura, schnittiger Scheitel, schneeweißer Nylonkittel. In der Brusttasche Zirkel, Lineal und Winkelmesser sowie Zigaretten der gehobenen Marke »Club«. Gestreng, von den Lehrlingen respektiert. Sandte dem Geschaßten auf dessen briefliche Bitte ein Teilabgangszeugnis hinterher, mit sozialistischem Gruß. Erklärte dem *Lehrlingskollektiv,* warum der Lehrkörper bezüglich des Geschaßten mit seiner Geduld am Ende gewesen sei, und gewesen sein mußte. Was aus dem Geschaßten werde? Er werde untergehen oder endlich reifen, nach *Bewährung in der Produktion.*

Wissen Sie, ob Herr Arco zu Hause ist?

Klingeln ist sinnlos, sagte der Mann. Anrufen kann ich. Er wählt und lauscht. Er sagt: Hier ist wer. Er reicht das Handy herüber. Da, Arcos Stimme, sächsischer als in Erinnerung: Ach du liebe Zeit!

Kennen Sie mich denn noch?

Na freilich! ruft Arco. Ich bin aber momentan nicht empfangsbereit.

Ich will Sie gar nicht lange stören.

Sie stören keineswegs. Ich bin jedoch soeben aus meiner geliebten Badewanne gestiegen und benötige noch ein Weilchen. Nun gut, in einer halben Stunde.

Der Mann und die junge Frau spazieren ins Gelände und klettern aufs Plateau der Halde hinterm Haus. Den alten Blick übers Feld verstellt nun ein Baumarkt. Die halbe Stunde ist um.

Geh allein, sagt die junge Frau. Ich komme da nicht mit rein.

Warum nicht?

Das ist nicht meine Geschichte. Ich kenne den Menschen doch gar nicht.

Aber mich kennst du. Oder willst mich kennen.

Du bist so sehr bei dir.

Arco wartet bereits auf der Freitreppe. Welche Verwandlung. Aus dem schneidigen Techniker in Weiß ist ein spitzbäuchiger Senior im Schlumperpulli geworden. Er begrüßt beiläufig, als komme man alle Tage. Er führt hinein, die junge Frau kommt mit. Das gefliste Foyer scheint unverändert, es fehlt nur das schwarze Brett »Hier spricht die Partei«. Im Speisesaal hängt noch die alte Bildwand. Arco geleitet durchs weitläufige Obergeschoß, durch Werkräume, die nichts von Neuzeit wissen, bis auf die Schlagermusik. Im Lehrkino stehen die wohlvertrauten Projektoren. Arco spricht gewandt wie ehedem, ein hustiges Lachen unterbricht seine geschwinden Sätze. Ein Bastler und Autodidakt, das ist er geblieben. Hier, die Druckerei, 460 Schmuckbierdeckel habe er heute geschafft. Er bedrucke auch Tontassen, das sei ein sehr seltenes Verfahren. Er sagt: So lange Haare wie Sie hatte ich bis vor kurzem auch. Ich bin mit dem Keyboard über die Dörfer und habe Musik gemacht.

Da sitzen wir endlich. Er kommt zur Ruhe. Er rupft dem Dudelradio den Stecker heraus und spricht über die Filmschule. Nein, er erzählt sein Leben; der Unterschied ist nicht groß. 1953 wurde die Schule gegründet, in Neustrelitz. Mehrfach zog sie um, zunächst nach Potsdam-Babelsberg, 1970 dann hierher, in die Erzgebirgs-Einsamkeit.

Hatten Sie je Familie?

Von meiner Freundin habe ich mich ganz bewußt getrennt, als ich von G. nach Neustrelitz ging. Viel später erfuhr ich, daß ich einen Sohn hab, einen wunderschönen jungen Mann, Mediziner. Daß ich so was zustande gebracht habe!

Auch Arco hatte etwas Medizin studiert. Wer zum dörflichen Doktor wollte, wurde vom Ausbildungsleiter vordiagnostiziert, beginnend mit zehnminütigem Fiebermessen. Man saß in Arcos Vorraum und rieb das Thermometer hektisch am Ärmel, um erhöhte Temperatur zu erzeugen, die für Arztbesuch, Krankschreibung und die ersehnte Heimfahrt unabdingbar war. Da, Schritte! Arco kam. Rasch, das Thermometer wieder unters Hemd. Zeigen Sie mal, sprach Arco. Ah, 42,2! Ich cognostiziere Exitus. Da hilft nur ein Lutschtablettchen Trachiform, der heilende Geschmack der Minze. Ein Arztbesuch ist keineswegs vonnöten.

Haben Sie Verbindung zu Ihrem Sohn?

Er schluckt und atmet tief. Er zeigt ein Photo, nicht ganz scharf, ein Portrait, vergrößert auf A3. Mehr, sagt er, war aus der schlechten Vorlage nicht herauszuholen.

Wo lebt Ihr Sohn?

Er lebt nicht, sagt Arco. Er ist mit 27 bei einem Autounfall umgekommen.

Arco erhebt sich und verwahrt das Bild. Dann erzählt er wieder von der Schule. Auch Kinotechniker Zinner ist tot; einst war er Filmvorführer in Rommels Afrikakorps. Die Erde verlassen hat auch Staatsbürgerkundelehrer Dömmel. Zu der Beerdigung bin ich nicht gegangen, sagt Arco. Der Dömmel hat in jedem System stramm funktioniert, der führte Stasiwerbungen durch, der ist schuld, daß hier mal 'ne ganze Lehrlingsgruppe in Handschellen rausgeführt wurde. War das nicht Ihr Jahrgang?

Nein, ich war '72 bis '74, mit Gäbler und Weiße, die wollten dann 25 Jahre zur Armee.

Hundertfuffzigprozentige. Der Weiße hat meinen Lieblingsdackel vergiftet, aus Rache für 'ne Fünf.

Was ist aus Herrn Brettler geworden? (Das war der Metall-Ausbilder.)

Der leitet unten im Dorf ein Asylbewerber-Heim.

Und Allgäuer, dieser Gigolo? (Der unterrichtete Elektropraxis.)

Na, sagt Arco, der hat ja die weiblichen Lehrlinge reihenweise niedergemacht. Lebt, ist aber schwer krank.

Klaus Junge, der Filmkunst-Idealist …

Gestorben, sagt Arco.

Und Direktor Hillmann? Der wurde doch hierher strafversetzt, weil er als DDR-Filmeinkäufer »Die glorreichen Sieben« importiert hatte.

Die Sage kenn ich auch, sagte Arco, da ist aber nichts dran. Der Hillmann war für mich ein echter, vorbildhafter Kommunist. Der ist unter den Nazis im Widerstand gewesen, der hat immer die menschliche Seite bewahrt. Ist aber längst gestorben. Ich hatte auch zwei Herzinfarkte nach der Wende. Nicht vom Rauchen, von der Arbeitslosigkeit. Na, ich hab mein Leben gelebt. Was jetzt kommt, ist Zugabe.

Das klingt rabenschwarz für seine sechzig Jahre. Jetzt begehrt Arco zu wissen, was aus dem Besucher geworden sei. Erfährt's und sagt: Dann ist doch alles gut, wie es gekommen ist.

Herr Arco, ich hätte nach dem Rausschmiß vor die Hunde gehen können.

Rausschmiß?

Er hat es glatt vergessen. Er war, in seiner Erinnerung, der allzeit gute Geist der Schule, ritterlich zu den Mädchen, gegenüber schwierigen Jungmannen voller Verständnis. Was sei das für eine Aufregung gewesen, als der Schwule verschwand und nur Liebeskummer-Briefe hinterblieben, die der vergeblich Geliebte, auch ein Filmschul-Lehrling, Arco offenbarte. Ich, sagt Arco, habe den armen Kerl auf dem Dach entdeckt, er wollte gerade springen. Ich habe ihn begütigend heruntergelockt. Dömmel war damals Direktor, der wollte ihn von der Schule verweisen, aus reiner Ideologie, ohne jegliche psychologische Kompetenz. Mich haben ja Generationen von Lehrlingen Papi genannt.

Herr Arco, Sie waren aber auch launisch. (Unberechenbar, das hätte es getroffen.)

Na, Morgenmuffel bin ich immer noch.

Hör auf, sagen die Augen der jungen Frau. Laß es gut sein, bitte.

Drei Stunden sind vergangen. Zum Schluß ein Photo, das letzte auf dem Film. Abschied, so beiläufig wie die Begrüßung: Kommen Sie ruhig mal wieder.

Draußen steht die Eignerin des Baumarkts mangels Kundschaft vor ihrer Tür. Beim Arco waren Sie? fragt sie. Sind Sie auch alter Filmschüler?

Herr Arco scheint sehr allein.

Er macht öfters Bilder von unserem Gebäude, sagt die Frau. Wie's gebaut wurde, und von unserem Hund macht er auch Bilder, die bringt er uns dann.

Bist du nun zufrieden? fragt auf der Heimfahrt die junge Frau.

Er tut mir leid. Was ist das noch für ein Leben. Soviel ungebrauchte Intelligenz und Entbehrung von Liebe. Soviel abgebrochene Kapazität. Wie sollte seinesgleichen den Untergang der DDR als Befreiung empfinden?

So leben viele, sagt sie. Das weißt du nur nicht.

Ich weiß das ganz genau. Ich bin schließlich Reporter.

Du schwebst, sagt sie. Andere müssen laufen.

2

Ich sehe was, das du nicht siehst, falls du viel jünger bist oder aus dem Westen. Im Jahre 2007 ist ein wunderbares Bilderbuch erschienen. Es heißt »In einem stillen Land« und versammelt DDR-Photos von Roger Melis. Ich schlug es auf und war sofort daheim. »Heringsdorf (Usedom), 1983« hieß mein Willkommensbild: Ferienkinder lungern vor den »Kur-Lichtspielen«, einem schmucklosen Flachbau, grau verputzt. Neben dem Treppengeländer steht, gleichfalls grau, der landestypische Papierkorb aus Zement. Daß dies kein Farbphoto ist, fällt gar nicht auf. Der Schaukasten annonciert einen Film, an den ich mich gut entsinne: die französische Erotik-Klamotte »Ein pikantes Geschenk«. Gleichfalls unvergeßlich ist der Eintrittspreis: 1,55 M. Doch da sind wir schon beim Unsichtbaren, bei den Gaben der Erinnerung.

Ich bin damals dort gewesen, in jenem Sommer in Heringsdorf. Ich weiß: Hinter der Mauer, im kleinen Vorbau der »Kur-Lichtspiele«, hockt der Filmvorführer Helmut. Er verkauft die Eintrittskarten. Stück um Stück reißt er sie von einer grünen Rolle ab. Dann verläßt er sein Kabuff, zupft die Kontrollschnipsel von den Karten und läßt die Leute in den Saal. Er schließt die Tür zur Straße, nimmt die drei Stufen zum Vorführraum und startet den Projektor vom Typ D2. Oder war es die D1? Oder doch die Ernemann 7b, ein Dresdner Vorkriegsfabrikat?

Wie gesagt: Wir schreiben 1983. Nach zehn Jahren trafen wir uns damals wieder, Helmut und ich. Gemeinsam hatten wir im Erzgebirge den hohen Beruf des Filmvorführers erlernt und kinowürdige Dramen durchlitten. Acht Lehrlinge, nur acht von 45, waren weiblich; die beiden weiblichsten hießen Gerda. Helmut liebte Gerda zwei. Sie blieb ihm nicht treu. Jetzt aber, 1983 in Heringsdorf, war all das ausgestanden. Beide hatten wir geheiratet, auch ich eine Heringsdorferin. Im Frühjahr war unsere Tochter zur Welt gekommen. Ich trug Sophiechen am Strand entlang und freute mich der Gegenwart.

Zukunft war nicht zu ersehnen. Das Land lebte zyklisch, im Jahreskreis. Sommer für Sommer strömte das arbeiterliche Volk ans Meer – Sachsen, Thüringer, Berliner –, um im Großen Freibad der Republik die Krusten des Alltags aufzuweichen. Nach zwei Wochen *timestop* flutete das Volk zurück nach Süden, in die grauen Städte des Stillen Lands, in seine Gießereien, Tagebaue, Walz- und Möbelwerke. Roger Melis hat die Menschen dort portraitiert, gerahmt von Verhältnissen, die sich wohl niemals wandeln würden. Doch ein neuer Sommer würde kommen, eine weitere Aus-Zeit am Meer.

Auch den Urlaub 1984 verbrachten wir in Heringsdorf, bei Evas Mutter. 1985 fuhren wir wieder nach Heringsdorf. 1986 fuhren wir nach Heringsdorf. 1987 sind wir dann nach Heringsdorf gefahren, übrigens auch 1988, und 1989, und dann war die DDR kaputt und die Ehe auch.

Vermutlich kann kaum jemand, der Roger Melis' Stilles Land bewohnte, dessen Bilder betrachten, ohne daß ihn Bewegung überkommt. Es steigt so vieles wieder auf. Man hängt, mit vager Trauer, der eigenen Jugend nach. Man ist anhaltend erleichtert, daß die Erstarrung des Landes, auch die des eigenen Lebens, letztlich ein Ende fand. Erheblich ist der ästhetische Genuß, den diese klassisch komponierten Bilder schenken. Melis, geboren 1940, versteht sich als Portraitist, als Menschenbildner, aber Landschaft zeigen kann er auch. Seine Spreewaldkanäle, die Eiszeit-Moränen von Rügen, die Harzer Teufelsmauer, die Mondlandschaften des Leipziger Braunkohlereviers fügen sich zur Topographie des Stillen Lands.

Roger Melis ist ein Meister des ostdeutschen Photorealismus, als dessen Doyen Arno Fischer gilt; weitere bekannte Vertreter sind Sibylle Bergemann, Harald Hauswald, Rolf Zöllner ... Allen gemein ist eine Leidenschaft für den Alltag, dessen Abbilder die Ideologie des SED-Regimes konterkarierten. Viele seiner Photos machte Melis im Auftrag von DDR-Journalen. Was er einfing, wurde häufig nicht gedruckt; der Realismus ging zu weit. Leider vermochte die Wirklichkeit des Stillen Lands den Wünschen seiner Regenten nicht immer zu genügen; sie benahm sich vielmehr nach Tucholsky: *Die Realität ist niemals falsch. Sie ist.*

Die Zustände waren allbekannt, nur ihre staatlich sanktionierte Publikation unterblieb. Die Realität als Feindin des sozialistischen Realismus – man kennt das Phänomen aus vielen Künsten der DDR, insbesondere aus der Literatur. Das Publikum verlangte weniger nach Neuigkeiten als vielmehr nach der ehrlichen Verschriftung dessen, was man mündlich schon wußte. Unvergeßlich bleibt die Schlußgeschichte von Reiner Kunzes widerständigem Hausbüchlein »Die wunderbaren Jahre«. Der Schriftsteller, in Thüringen zur Sommerfrische, offenbart seine Profession einem Forstarbeiter. Der macht sofort die Nagelprobe: »Schreibst du's, wie's in der Zeitung steht, oder wie's im Leben ist?« Kunze schreibt nicht, wie's in der Zeitung steht und empfängt zum Lohne von der Gattin des Forstarbeiters – Trautel heißt sie – die höchste Auszeichnung, die das Thüringer Volk zu vergeben hat: ein großes Glas Hausschlachte-Wurst.

»Und klappt es nicht in dieser Welt, dann sehn wir uns in Bitterfeld.« (Foto: Roger Melis, 1975)

Auch Roger Melis hätte diesen Preis verdient. Auch er, das zeigen seine Arbeiter-Portraits, gewann das Zutrauen seiner Gegenüber. Er nimmt sie in Schutz, die sogenannten kleinen Leute. Deren selbstbewußte Gesichter beweisen, daß die DDR tatsächlich ein Arbeiterstaat, eine proletarische Gesellschaft war. Wer die Grenzen seiner Klasse nicht zu überschreiten wünschte, führte meist eine auskömmliche Existenz, freilich in maroden Mauern. Das Alter des Ostens scheint in vielen Bildern auf. Mürbe Fassaden, prähistorische Manufakturen bilden die Kulisse dieser grauen Welt von gestern, die Westler so häufig museal und altdeutsch finden. Abzüglich einiger Details wirken manche Szenen fast wie 19. Jahrhundert. Waldarbeiterinnen verbrennen Reisig, der Bauer haut sein Beil ins tote Schwein, der Tierpräparator macht die Gemse schön, der Müller liest. Meistens ruht die Arbeit. Die Kamera empfängt den offenen Blick von Kellner, Kohlenträger, Polizist, Glockengießer, Puppenspieler, Wettbürokrat, Stadtchronist, Indianer ... Westdeutsche vermuten häufig, ein großer Teil des DDR-Volks sei sonderbaren Tätigkeiten nachgegangen. Das wird von diesen Bildern nicht wirksam widerlegt.

Wie erträgt der ostdeutsche Betrachter das Absurde unserer Vergangenheit? Rührt uns die Erinnerung? Steigt Wut auf? Wärme? Ironie? Das hängt davon ab, wie unbeschadet wir durch die Verhältnisse gekommen sind – und wie es uns heute geht. Jedes Erinnern bedeutet auch Vergessen. Jedes Erinnern ist ein heutiger Akt und folgt aktuellen Bedürfnissen. Wir neigen zur retrospektiven Verschönerung dessen, was wir glimpflich überstanden haben. Wir sollten es also nicht übertreiben mit der behaglichen Erinnerung des Stillen Lands. Die DDR war auch ein lauter, stinkender Staat, der Menschen zerstörte und ohne Mauer nicht existieren konnte. Das weiß jeder, aber das redet nicht jenen Eiferern das Wort, die jedes Kindergarten-Töpfchen und jedes Viertel subventionierten Quark mit dem kompletten Stalin begründen.

Roger Melis eifert nie. Wo in seinen Bildern die offizielle DDR erscheint, geschieht das ohne entlarvenden Lärm. Die Um-

grenzung, der Stillstand, die gesellschaftliche Lethargie teilt sich
so beiläufig wie unübersehbar mit. Maiparaden-Kinder schleppen Ulbricht-Bilder, Kampfgruppen-Biedermänner kloppen
Skat, die Omi mit der Regenhaube reckt die greise Faust, auf
daß der Imperialismus erbebe. Und dann (1977) sieht man Sa-
rah Kirsch auf sowjetischen Umzugskisten, kurz vor ihrem Exodus nach Westen. Wolf Biermann posiert (1975) als preußischer
Ikarus auf der Weidendammer Brücke. *Die Schieferdächer
schachteln sich wirr,* so hatte er das Stille Land besungen. *Ge-
klammert an Essen mit Eisengeschirr/Starrt das Antennenge-
strüpp nach West/Vom Sonnenball steht noch ein roter
Rest/(…) Blüten sind unter die Bäume geschneit/Was da jetzt
einbricht ist Dunkelheit/Das Land ist still/Wie Grabsteine stehen die Häuser/(…) Die Menschen noch immer wie tot. Still.
Das Land ist still. Noch.*

Auch für Biermanns frühe Plattencover hat Melis photogra-
phiert. 1982 illustrierte er für GEO einen Text des verfemten
Erich Loest. Danach erteilten ihm DDR-Redaktionen keine Aufträge mehr. Als freier Photograph konnte er dennoch überleben.
Zu den Absurditäten der DDR gehört, daß man ihn westwärts
reisen ließ und seinen Photoband »Paris zu Fuß« in einer Auflage von 40 000 druckte.

Heute reisen wir alle. Ich brach gleich 1990 zu einer fünf-
monatigen USA-Kreuzfahrt auf. Dort fand ich Mei-Huey. 1991
begann ich meine Arbeit bei der »ZEIT«. Zur Hochzeit schenk-
ten mir die West-Kollegen den besten Ost-Photographen, den sie
kannten. Zu meiner Verblüffung tauchte also Roger Melis auf.

Über Melis' Bilderbuch kam mir ein berühmtes Hegel-Zitat
in den Sinn. Es beschließt die Vorrede zur Rechtsphilosophie von
1821: *Wenn die Philosophie ihr Grau in Grau malt, dann ist eine
Gestalt des Lebens alt geworden, und mit Grau in Grau läßt sie
sich nicht verjüngen, sondern nur erkennen; die Eule der Mi-
nerva beginnt erst in der einbrechenden Dämmerung ihren Flug.*
Hingegen hat Roger Melis sein Grau in Grau gleichsam im Fluge
gemalt, als Chronist zu Lebzeiten der DDR, ohne zu wissen, daß
seine Bilder einst Philosophie werden würden. Sie zeigen eben

nicht nur eine alte Welt, sondern genauso das überzeitliche Wesen des Menschen, das nie ohne zeitliche Bindung erscheint.

Kann man heute noch so photographieren? Gewiß – falls man noch solche Augen hat. Auch der DDR-Geprägte merkt, wie sich sein Blick seit der Wende werbevisuell verändert. Wir sind es inzwischen gewohnt, daß Photos Dekor sind und marktgängige Pointen arrangieren. Sie buhlen um Kundschaft, sie rechnen nicht mit unserem willigen Verweilen. Die Stille des Landes, das Roger Melis portraitiert, ist in Wahrheit die Ruhe des Photographen.

Wenn es nur einmal so ganz stille wäre, heißt es bei Rilke, *wenn das Zufällige und Ungefähre/verstummte und das nachbarliche Lachen,/wenn das Geräusch, das meine Sinne machen,/ mich nicht so sehr verhinderte am Wachen (...).* Roger Melis' Photos meiden das Zufällige und Ungefähre, wie auch den spektakulären Moment. Er läßt das Eigentümliche erscheinen, das Wesen der Menschen und ihrer schwerblütigen Zeit.

All dies ist lange her und vergeht doch nicht. Die Prägungen bleiben: Alltags-Mystik, Grübelfreude, Sehnsucht nach Räumen hinter dem Augenschein. Wer einmal seinen Staat verschwinden sah, betrachtet aktuelle Mächte ohne letzten Ernst. Es ist, als wäre alles Heutige Wiedergänger einer früheren Erscheinung, diese abermals nur Abbild, und so fort.

3

Wir fuhren Zug, nach Jena, zum Fußball, im Jahre 2000. Conny war fünf. Hinter Weißenfels erschienen die Burgen. Ich knipste. Conny sagte: Papa, weißt du schon, daß ich auch Dias mache?

Ohne Photoapparat?

Den brauche ich nicht. Ich hole mir die Dias aus der Freiheit rein und tue sie in meinen Kopf.

Ja, Kopfbilder mache ich auch. Irgendwann werden sie Geschichten.

Dann werden Burgbilder bestimmt Rittergeschichten, sagte Conny. Haben hier Ritter gewohnt?

Sogar Mörder, sagte ich und erzählte, hoffentlich kindgemäß, von den Rathenau-Attentätern Fischer und Kern, die sich 1922 auf Burg Saaleck verborgen hielten. Sie wurden entdeckt und endeten ihr Leben unter den Kugeln der Polizei. Conny dachte, ich wäre dabeigewesen. Papa, staunte er, wieso kannst du dir alles merken?

Kann ich gar nicht. Ich erzähle nur das bißchen, was ich nicht vergessen habe.

Wo kommt das Vergessene hin?

Das weiß keiner. Aber es ist noch irgendwo. Manchmal kommt es zurück.

Ich horte 80 Diakästen, gefüllt mit je 300 Stück. Also kommt mir kein Gestern abhanden? Nichts entgeht mir? Das dachte die Stasi auch, bis sie ersoff in ihrem Ozean von Daten. Und BKA-Chef Horst Herold übersah 1977 den entscheidenden Hinweis auf das Versteck des entführten Hanns Martin Schleyer, weil er in der schieren Datenmenge unterging. Die Dias sind keine Daten, sondern Zeit und geronnenes Licht. Zwei Sommerwochen Andalusien, dreihundert Dias – wären sie durchschnittlich mit einer zweihundertfünfzigstel Sekunde belichtet, dann ergäbe das 1,2 Sekunden andalusische Sonne, verwahrt in der Schatulle. Das leuchtet und wärmt im naßdunklen Berliner Winter.

Erlebnis, nicht Erfindung, ist mein Raum der Imagination, mein Reporter-Vertrag mit dem Leben. Ich gebe Zeit und bekomme Geschichten, die zunächst Geschehnisse und Bilder sind. Was sie bedeuten, wird oft erst später offenbar. Fremde Menschen photographiere ich selten, aus Scheu. Überdies war da jener selbstbewußte Fußballfan, der mir, nachdem ich abgedrückt hatte, erklärte: Es wird nichts drauf sein auf deinem Scheißbild, Gott kann man nicht knipsen.

Seltsam, am besten behalte ich, wovon ich keine Photos habe und was sich nicht googeln läßt. Ich erinnere mich an das traumschöne Mädchen mit dem schwarzen Zopf in der Altstadt von Ankara. Achtzehn mag sie sein. Sie sitzt auf einem steinernen Schemel vor einem Häuschen am Ende der Gasse. Wir lächeln uns an, ich entsichere die Kamera. Sie hebt ihre Hand vor die

Brust, das Innere zu mir, und bewegt, einmal nur, ganz leicht den Kopf. Leise sagt sie etwas, das bedeutet: Bitte nicht.

Ich erinnere mich an das Gesicht der Kugelstoß-Olympiasiegerin Margitta Gummel, die mir 1978 im Neubaugebiet Leipzig-Lößnig die Wohnungstür öffnet. Ich sage, ich sei Pfarr-Praktikant und frage, ob sie zur evangelischen Kirche gehöre. Sie schließt die Tür mit jenem starken Arm, der ihr und der DDR 1968 in Mexico City Gold bescherte.

Ich erinnere mich an den Trinker in der Leipziger Kneipe »Hochstein«, der mir 1977 erklärt, er wisse, was ein Vikar ist, er kenne da einen Witz. Der Vikar muß seine erste Predigt halten und ist aufgeregt. Deshalb trinkt er vorher einen, oder zwei. Alles verläuft prächtig. Auch der Pfarrer ist zufrieden. Sehr ordentlich, lobt er, bis auf drei Kleinigkeiten: Man schreitet zum Altar und kriecht nicht auf allen Vieren. Es heißt Amen und nicht Prost. Und Jesus wurde gekreuzigt und nicht von den Russen erschossen.

Ich erinnere mich an die alten Skatspieler in der Sangerhäuser »Totenschenke«. Die Gesichter sind vergessen, aber nicht der Satz: Wer so Grand spielt, der schießt ooch kleene Russen vom Topp.

Ich erinnere mich an die Freiberger Bahnhofswirtschaft, in der ich 1974 esse. Der Suffke gegenüber kippt sein Bier über meine Schinkenplatte. Oh, lallt er begeistert, gratuliere, jetzt haste Bierschinken.

Ich erinnere mich an Zella-Mehlis, 2002. Der Bus nach Suhl fährt mir absichtsvoll vor der Nase weg. Das machen die immer so, sagt tröstend eine alte Frau, das ist noch der alte Jargon. In der schäbigen Schenke am Zellaer Markt versucht die Wirtin am Telephon, ihrem kleinen Sohn einen Termin beim HNO-Arzt zu besorgen. In acht Wochen? sagt sie entrüstet, da öffnet sich die Tür. Ein Mann tritt ein. Er geht von Tisch zu Tisch, er äfft und grient, er schneidet Grimassen, er provoziert jeden einzelnen Gast. Tödliches Schweigen. Der Mensch verschwindet. Der Zecher am Tresen sagt: Hätte der mich mit *einem* Finger angerührt, dem hätt ich *so* eine reingeschoben, aber *so* eine.

Ich erinnere mich an den Schreier in der Berliner Straßenbahn, im November 2006. Meine Frau ist gestorben! schreit er unentwegt. Ich habe sie getottet, sie blutet, Susanna, ich habe dich getottet, du blutest jeden Tag, ich habe meine Frau getottet, sie ist tott, hört das jemand … Alle hören es, lange, von der Ecke Schönhauser bis zum Rosenthaler Platz. Dann steigt der Schreier aus, da erst sehe ich ihn. Etwa 30 ist er, dichte schwarze Locken, Vollbart, schwarze Brille, nackte Beine, Sandaletten mit Schnürriemen bis hoch zum schwarzen Slip. Niemand hat reagiert, auch mir sieht man nichts an. Ich tausche einen Blick mit einem jungen Mann, der leicht lächelt und die Schultern hebt: Berlin.

Ich erinnere mich an den Berliner Jungen auf der Bank, im Jahr 2003. Ganz starr sitzt er da. Ich setze mich dazu, da beginnt er zu reden: Freitag kam mein Papa nach Hause, und da war er besoffen, und dann lag er morgens im Bad, und da haben wir ihn gefunden, und eine Hand war ganz rot. Es ist gar nicht schön, daß mein Papa tot ist.

Ich erinnere mich an das Kaffeetrinken mit dem alten Carl-Zeiss-Arbeiter in Uhlstädt, 2003. Nachdem er in Rente mußte, begann er mit der Taubenzucht. Erst hatte er nur eine Taube, die auf seiner Schulter saß und mit ihm fernsah, meistens Fußball. Wenn er heimkam, flog sie ihm entgegen. Er überfuhr sie, als sie unter seinem Auto saß. Da habe ich geweint, sagt der Mann. Freunde suchten seinen Kummer durch Taubenspenden zu lindern. Heute habe er 40 Stück.

Ich erinnere mich wie ich 1978 M.s Leipziger Wohnung hüte. Es klingelt. Ich öffne. Ein sportiver Dreißiger steht vor der Tür: Und der Herr M.? – Verreist. Wer sind Sie? – Ein Bekannter, lächelt er mit windhündischer Stasi-Glätte. Tage später laufe ich mit M. durch die Stadt. An der Ecke Brühl/Nikolaistraße stoßen wir mit einer jungen Familie zusammen: Mann und Frau mit Kinderwagen. Er ist es. Sein Gesicht entgleist. Dann wieder das Lächeln.

Ich erinnere mich an den »Sonntag«-Kollegen, der ganz anders lächelte und nach der Wende als IM enttarnt wurde. Auf der Straße treffe ich ihn manchmal und nicke ihm dann zu. Er übersieht mich mit Eifer, bis er eines Tages, lächelnd, wieder grüßt.

Ich erinnere mich an den Interview-Besuch bei einem Berliner Ehepaar, 2003. Sie seien vom Sozialismus überzeugt gewesen und glücklich in ihrem Beruf, sie als Dispatcherin, er als Ingenieur. Die Wende habe sie doch sehr erschüttert, besonders der Materialismus, die menschliche Vereinsamung seither. Zweierlei gebe ihnen Halt: die Radio-Morgenandachten und klassische Musik. Die ganze Zeit läuft Vivaldi, wie für mich. Ich breche auf, der Mann folgt ins Treppenhaus. Warten Sie, sagt er. Der Abend hat uns gutgetan, er soll nicht mit einer Lüge enden. Wir waren beide bei der Stasi.

Ich erinnere mich an den älteren Kollegen, der mir 2002 erzählt, wie er als Kind die DDR verlassen hat. Ein Nachbar hörte in der Kneipe eine Stasi-Unterredung: Morgen früh nehmen wir die Dame hoch! Er zahlte sofort und warnte die Frau, die noch in dieser Nacht mit ihrem Jungen floh. Ihren Osten, sagte der Kollege, kenne ich nicht. Ich sage: Er wird jetzt erst meiner, ohne Stasi, Mauer, Doppelzunge.

Ich erinnere mich an Wolf Biermanns Eifersucht, als ihm nach der Wende das mediale Deutungsmonopol über die DDR abhanden kommt. Ich erinnere mich, wie ich 2003 Biermann in Hamburg begegne und ihn erinnere: an ein grandios mißlungenes Telephonat zehn Jahre zuvor. Biermann, jovial: Hab ich vergessen, Genosse Dieckmann. – Nicht Genosse, Herr Biermann. Er lacht: Wer in meiner Partei ist, bestimme ich.

Ich erinnere mich an die Genossin Honecker. Ich stehe 1981 in der Berliner Karl-Liebknecht-Straße und halte, wie einen Fächer, drei Genesis-LPs hoch, Bückware, AMIGA-Lizenzausgabe. Die Hülle ziert eine barbusige Jugendstil-Göttin. Ich will verkaufen, für 30 Mark das Stück, das macht bei 16,10 Mark Ladenpreis durchaus Gewinn. Zwei ältere Passantinnen nahen, die eine lila onduliert, im schicken Silbercoat. Sie ist's: *Miss Bildung,* die Macht, die dem Nicht-FDJler Abitur und Studium versagte. Ich verstelle ihr den Weg und halte ihr die blanken Brüste vor Augen. Frau Honecker, frage ich, wie wäre es hiermit? – Was ist das? – Wahrhaft künstlerisches Gegenwartsschaffen fortschrittlicher junger Menschen aus Großbritannien. – Ach nein, nein, sagt Margot Honecker; die Macht scheint ebenso perplex wie ich, das Volk. Die Damen stöckeln einen Halbkreis um den hinderlichen Händler und entschwinden.

Dann altert die Macht, muß außer Dienst, wird nahbar. Ich erinnere mich an Hans Modrow. 1993 besuche ich ihn daheim in der Berliner Karl-Marx-Allee. Das Wohnzimmer ist bieder. Frau Annemarie tritt herein und stellt Kaffee und Kuchen auf die Spitzendecke: ein Mandelhörnchen, ein Stück Eierschecke. Modrow teilt akkurat, damit Gast und Hausherr von beidem kosten können. Hinter Modrow sitzt im Sofa-Eck ein riesiger Teddy, ein Mitbringsel seiner Tochter aus der Sowjetunion, wie Modrow unverändert sagt. Nichts sagen, aber auch nicht lügen will er zur gefälschten DDR-Kommunalwahl im Mai 1989, für die er Verantwortung trug. Es läuft ein Verfahren, sagt er, ich bitte um Ihr Verständnis, daß ich mich da nicht äußern möchte. Der melancholische Doppelblick von Modrow & Teddybär macht milde. Seltsam, wie mich der schmale Mann an meinen Vater erinnert: dieselbe Bescheidung und Kargheit mitgeteilter Emotion.

Ich erinnere mich an meinen Vater auf seinem letzten Bett. Ich überlege tatsächlich, ob ich ein Bild machen soll. Es unterbleibt zum Glück. Zum Begräbnis ist trübster November. Ich knipse verstohlen die Beerdigungsgemeinde, der ich doch selber ange-höre. Meinen Bruder Wolfgang entsetzt das, er nennt mich kalt. Die Bilder sind völlig verwackelt.

Auch die Zeiten verschwimmen, hüben und drüben des Grabens der Geschichte. Dessen Ufer verwandeln sich einander an. Aber immer weiß ich, was vor und was nach der Wende geschah. Ich erinnere mich an Viktor Klemperers Chronistenmotto: »Le-ben sammeln, nicht fragen wozu und warum.« Was etwas bedeu-tet, erfährst du später, durch Erinnerung. Immer schon wissen, das macht alt. Ich weiß nicht, was kommt, nur daß Ost und West nicht nachträglich zusammenwachsen können – nicht ihre 40 Jahre Unterschiedsgeschichte. Sie wirkt fort, solange wir leben, denn wir erinnern uns verschieden – Ost und West und jeder für sich. Und dann gibt es noch hundert Differenzen zwischen Klein- und

Großgeschichte, zwischen Epochenurteil und privatem Erinnern. Das ist die Lehre der »Kindheitsmuster« von Christa Wolf.

Orte, die du verläßt, gehören dir weiterhin, aber nicht als ihre Gegenwart, sondern als deine gegenwärtige Erinnerung. So leben die Orte und die Menschen in verschiedenen Zeiten.

Ich erinnere mich an Sangerhausen, im Mai 2005. Kupferförderung und Maschinenbau sind gestorben. Frisch bemalt und alt bewohnt ist die kleine Ackerbürgerstadt. Unendlich gemach bummelt bejahrtes Volk durch die Gassen. Von überall hört man das *Na freilich!,* mit dem die Hiesigen sich unentwegt Einverständnis zusprechen. Das Gonna-Flüßchen trödelt unter der Göpenbrücke. Die Bratwurst auf dem Markt kostet einen Euro. Eine weißhaarige Frau kommt auf mich zu: Junge, hast du Hunger, ich koche doch gleich. Es ist die Mutter.

Anneliese heißt sie. Ihr Vater war Superintendent in Perleberg. Nach Jahrzehnten besuche ich 1995 die kleine Prignitz-Stadt, an einem trüben Wintertag. Im Dämmer der Kirche tritt mir ein Greis entgegen. Steinalte Augen leuchten mich an. Er legt mir die Hand aufs Haar und sagt: Anneliese.

Ich erinnere mich an die junge Berlinerin in der Greifswalder Straße. Sie hält mich auf dem Mittelstreifen fest und sagt: Hey. Ich sage: Wer bist du? Sie sagt: Bob Dylan, Schoppenstube, Romy Schneider, Schlüsselbund, ein Kater namens Heinz. Na, klingelt's?

Das hatte ich völlig vergessen.

Ich erinnere mich an Gliwice. Die schlesische Stadt sieht 2003 aus wie ein polnisch besiedeltes deutsches Freilichtmuseum. Erhalten sind auch die Anlagen des Senders Gleiwitz, sogar der hölzerne Antennenturm. Hier, wo die Nazis am 31. August 1939 ihren mörderischen Anlaß für den Überfall auf Polen inszenierten, widerfährt mir eine der Absurditäten meines Lebens. Ich berühre die Tür zum Sendegebäude, da tut sie sich von selber auf, geöffnet durch deutsche Hand. Vor mir steht Jürgen Rüttgers. Christdemokratisch strahlend, mich für Gott-weiß-wen haltend, reicht er mir die warme weiche Rechte und spricht: Ich weiß, daß Sie hier Ihre Bilder zeigen werden.

4

Auch vom Fall der Mauer habe ich keines der üblichen Bilder. Ich war nicht dabei. Sie ist mir dreimal gefallen, zunächst im November 1987, sozusagen dienstlich. Ich arbeitete als Öffentlichkeitsreferent des Ostberliner Ökumenisch-Missionarischen Zentrums. Mein Direktor Christfried Berger delegierte mich zu einer Konferenz nach Wuppertal. Klaus Gysi, Staatssekretär für Kirchenfragen, stimmte zu. Am Nachmittag zuvor delegierte ich mich ins »Bötzow-Eck« und schickerte mir einen an, vorfreudig die Große Freiheit betankend. Gigantisch! jauchzte es in mir. Morgen sehe ich Wuppertal! Das konnte ich unmöglich für mich behalten. Mit mir trank ein beglatzter Prolet, der sich gleichfalls auf morgen freute, weil er da seine Scheidung hätte. Über de Wupper! brüllte er. Alter, faß den Westen anne Titten!

Im Morgengrauen erblickte ich zunächst den Tränenpalast und einen dicken DDR-Grenzbeamten, der mich trotz des entspannenden Verzehrs zweier Schlaftabletten mahnte: Bürjer, nich so uffjerächt! Hinüber. Westen! Der immerverbotene Bahnsteig, die S-Bahn/West, vier Wagen zum Bahnhof Zoo. Frühbummel über den Breitscheidplatz mit der abgebrochenen Gedächtniskirche und Platten-Wegert, dessen Stammkunde ich nach der Wende werden würde. Jetzt war noch geschlossen. Haltlose Zugfahrt durchs eigene Land: Potsdam, Genthin, Magdeburg. Und nochmals hinüber.

In Hannover Aufenthalt. Ich lief in die Stadt und kaufte unverzüglich ein Schock Rockplatten, als erste Ry Cooder, »Paradise and Lunch«, mit dem passenden Song »If Walls Could Talk«. Es hat mich sehr gefreut, daß in Wolfgang Hilbigs großartigem Grenzgänger-Roman »Das Provisorium« der Protagonist, im Westen angekommen, sofort »East-West« von der Butterfield Blues Band erwirbt. Hilbig hat mir bestätigt, dies sei sein eigener Erstkauf gewesen.

Wuppertal erwies sich als mittelgigantisch, doch Euphorie guckt vieles schön. Am freien Samstag fuhr ich nach Köln. Mein Gastgeber hatte mir 20 D-Mark geschenkt, mit der Weisung, das

Wallraf-Richartz-Museum zu besuchen. Ich endete im Müngers-
dorfer Stadion und erlitt den 1. FC Köln (mit Pierre Littbarski)
gegen Hannover 96. Es regnete, das Spiel war grauenhaft. Ich
sehnte mich nach dem FC Carl Zeiss Jena. Nach der Tagung reiste
ich leichten Herzens heim. Ich war *drüben* gewesen, ich hatte es,
pars pro toto, geschafft. Der Zug näherte sich Helmstedt. Die
Lichtschnur der Grenze strahlte aus der Nacht. Absurderweise
dachte ich an Hölderlin: *... glänzt die Erstaunende dort, die
Fremdlingin unter den Menschen/Über Gebirgeshöhn traurig
und prächtig herauf.* Das gilt bei Hölderlin dem Mond. Freund-
lichere Assoziationen hat die deutsch-deutsche Grenze wohl niemals ausgelöst.

1988 wurde mir eine Privatreise ins Schwäbische abgelehnt.
Patenonkel Reinhold sei nicht blutsverwandt. Ich nahm's leicht.

Im Sommer 1989 durfte meine Frau ihre Tante in Oberhausen
besuchen, zum Fünfzigsten, zwei Wochen lang, mit Gattenbeglei-
tung. Das waren bereits unerhörte Lockerungen. Wir machten uns
auf BRD-Tournee. In Westberlin hatten wir Freunde. Das Begrü-
ßungsgeld zahlte uns ein Senatsbeamter, hinter dem ein Wimpel
der BSG Stahl Riesa hing. Wir fuhren Doppelstockbus, oben
rechts, tranken Asti Spumante und erschraken, wenn die Zweige
gegen die Frontscheibe knallten. Wir wußten, daß wir keine Zukunft miteinander hatten und teilten doch die Freude dieser Fahrt.

Wir besuchten Freundin Ines in Göttingen und fuhren dann
weiter nach Mainz. In Quartierfragen waren wir unbedarft. Wir
planten, in der Bahnhofsmission zu kampieren, doch die hatte geschlossen. Wir überquerten den Rhein und fanden auch in Wiesbaden keine Bahnhofsbleibe. Ich telefonierte die Pfarrämter ab,
eingedenk des neutestamentlichen Imperativs *Herberget gerne!*
Der mochte für DDR-Pastorenhäuser gelten, in Wiesbaden nicht,
obwohl ich mich als Amtsbruder vorstellte. In letzter Instanz rief
ich den Propst an. Er rang mit sich und fragte, fernmündlich
schnaufend: Sind Sie wirklich Pfarrer? Dann spendierte er uns
eine Suite im Nobelhotel »Oranien«, aus der gerade der FDP-
Grande Wolfgang Mischnick ausgezogen war.

Die Fahrt nach Bonn am Rhein entlang war eine Augenfreude. Der Zug schmiegte sich an den deutschen Strom, um uns die Weinberge und Burgen zu zeigen. Klick, sagte das Glück, du hast die Loreley gesehen. In Bonn gab es ein Stadtgesetz: Ostdeutsche bekamen für eine Nacht ein Gratiszimmer im Hotel. Unkontrolliert vom Zoll kehrten wir heim nach Ostberlin. Die Grenzbeamten schienen dankbar erstaunt, daß jemand wiederkam in diesem Fluchtsommer '89. Dem Propst von Wiesbaden schickte ich Rachmaninows Vespermesse und erhielt einen reizenden Brief mit vagen Untertönen deutscher Einheit.

Dann wurde es Zeit für Honeckers DDR. Mit hängender Zunge erreichte sie ihren 40. Jahrestag, begleitet von den Prügelorgien der Ostberliner Polizei und den Leipziger Montagsdemonstrationen. Honecker trat ab, Krenz an. Der *Dialog* wurde ausgerufen und machte sich selbständig. Ich war kein Montagsdemonstrant, ich war ein Revolutionsflaneur. Fröhlich erregt und revolutionär verknallt erlebte ich den 4. November, die Halbmillionen-Demo auf dem Alexanderplatz, als *ein Volk* schien, was nach Deutschlands Vereinigung nur noch ein Fünftelvolk sein würde, zerfallen in Parteien. Der 4. November bleibt; die Stimmen der Redner klingen mir immer im Ohr: Christa Wolfs Predigt wider die *Wendehälse,* Steffi Spiras *Abtreten!,* Stefan Heyms leuchtender Ausruf *Welche Wandlung!* Wenige Tage später schmähte Heym das Heldenvolk, weil es die Revolution an den Grabbeltischen von Hertie verbuddele. Ich empfand anders. Die Privatisierung der Freiheit war mir von meinen Reisen bereits wohlvertraut.

Am Morgen des 5. November 1989 öffnete sich mir die Mauer zum dritten Mal. Ich durfte, wieder auf kirchlicher Dienstfahrt, nach Luzern am Vierwaldstätter See. Völlig aufgekratzt schwärmte ich dort den Westkollegen vom östlichen Gezeitenwechsel vor. Wir wanderten in die Berge, die Almen hinauf, vorbei an malerischen Höfen, bis zur ersten Zunge Schnee. Die bimmelnden Kühe erläuterten mir einen geliebten Terminus aus Martin Heideggers Schwarzwälder Existenzialphilosophie, der sich in Berlin schwerlich erleben läßt: *das Geläut der Stille*. Ich dachte: Was auch geschieht, das nehmen sie dir nimmer.

Die Tagung war aus. Der Stuttgarter Klaus Hennig-Damasko lud mich ins Auto und rauschte mit mir nach Mailand, einfach so, Cappuccino trinken. Das Autoradio verkündete, in Ostberlin sei das Politbüro zurückgetreten. Hinter dem St. Gotthard-Tunnel sprach das Radio Italienisch. Ich schrie. Ja, ich war frei, ich konnte fliegen. Im Mailänder Dom zündete ich eine Kerze an.

Den Mauerfall verschlief ich in Genf. Mein Bild dieses Tages fand ich am Morgen im Koffer, von ihr versteckt: Susanne im Sommerkleid am Brunnen, lachblond wie die Sonne. Auf das Photo hatte sie gemalt: *An meinen Körper lasse ich nur Wasser und CD.*

Auch das ging dahin, und bleibt.

5

1991 kam ich zur »ZEIT«, als Ost-Reporter. Ein Jahrzehnt lang schrieb ich für's »ZEIT«-Publikum – zu 95 Prozent westdeutsch – Ostgeschichten, Abbilder der Politik in der Lebenswelt. Am liebsten suchte ich die Wirklichkeiten der Provinz, auf daß Reiner Kunzes Forstarbeiter in der Zeitung finde, *wie's im Leben ist.* Wirklich war *das wahre Leben im falschen* der DDR. Der Hungerstreik der Kalikumpel von Bischofferode. Die Ermordung des Angolaners Antonio Amadeu in Eberswalde. Der Aufmarsch der Rechten. Stolpe und Gysi, immer wieder. Der FC Carl Zeiss Jena, immer wieder. Horno, immer wieder, bis das Lausitzer Dorf ins Kohlegrab gesunken war – 700 Jahre Geschichte für ein bißchen Strom. Viermal schrieb ich über den Ostler schlechthin: Neil Young. Dazu später.

Der Ost-Erklärer schrieb nicht ohne Eifersucht, denn im Westen kam sein Deutschland selten vor. Ein demoralisiertes Volk hatte sein heruntergewirtschaftetes Land einer prosperierenden Mehrheitsgesellschaft angeschlossen und war fortan deren Fünftel, zu den Bedingungen der Majorität. Die Wende alterte, der großen Veränderung folgten viele kleine. Mit den Jahren entstand eine subjektive Chronik des deutschen Übergangs. Aber irgendwann muß jeder Übergang zu Ende sein, und befaßt mit immergleichen Themen lernt man nicht genug. Ich wollte nicht zwangsweise Ostler bleiben. Die große Zäsur kam mit dem 11. September 2001, der auch ein Tag der deutschen Einheit war. Fortan mußten sich Ost und West im selben Boot begreifen.

Meine Gesprächspartner im Beitrittsgebiet hatten in der Regel drei Fragen: Warum ist die »ZEIT« so dick? Kennen Sie Helmut Schmidt? Wie ist denn die Gräfin Dönhoff ganz privat?

Sehr wohl, erklärte ich, benötige die »ZEIT« ihr Volumen, schon der Anzeigen wegen, die schließlich auch meine Existenz zu finanzieren hülfen. Ostdeutscher Prägung entsprachen eher die Gefühle einiger Kollegen der bis zur Wende anzeigefreien Kultur-Wochenzeitung »Sonntag«. Sie empfanden kommerzielle Inserate als vulgäre Eindringlinge in ihr ästhetisches Blatt.

In den achtziger Jahren hatte die »ZEIT«-Redaktion ihr typisches Leserprofil ermittelt. Die Auswertung aller Daten ergab als Durchschnittsleser den Zahnarzt aus Gummersbach. Den gibt es im Osten selten. Was den Umfang betraf, riet ich, die »ZEIT« als Steinbruch zu behandeln, in entschlossener Abkehr vom ostdeutschen Gourmet-Credo, das da lautet: Lieber den Magen verrenkt, als dem Wirt was geschenkt. Alles lesen kann keiner. Einmal erntete ich Widerspruch. In Halle war's, wo sich der maximale »ZEIT«-Leser fand. Er sprach: Ich lese alles.

Das geht doch gar nicht.

Und wie das geht. Donnerstag kommt die »ZEIT«, da hab ich keine. Aber Freitag, nach der Arbeit, da passiert's. Die Frau weiß Bescheid, die darf nicht stören. Ich lasse mir die Wanne voll und lege los. Samstagmorgen gegen vier, halb fünf, da isses geschafft.

Da ist aber das Wasser kalt.

Ich lasse ständig heißes nach. Aber was ich mal fragen wollte: Kennen Sie Helmut Schmidt?

Schmidts Popularität hat nie abgenommen. Der Altbundeskanzler und Herausgeber der »ZEIT« bekam wohl immer die meisten Leserbriefe. Ich rasselte sofort mit ihm zusammen. Es ging um die Toten an der deutsch-deutschen Grenze und um die

Prozesse gegen Mauerschützen. Schmidt erklärte, statt die kleinen Befehlsempfänger zu verfolgen, möge die Justiz die Erteiler der Befehle zur Verantwortung ziehen. Ich fand, jeder Mensch müsse wissen, daß man nicht töten darf, und sei davon durch keine Hierarchie zu entbinden. Aber schlossen die Positionen einander aus?

Um in den sogenannten Neuen Bundesländern (soNeuBuLä) bekannter zu werden, unternahm die »ZEIT« 1992 eine Ost-Tournee. In Rostock, Halle, Leipzig, Erfurt und Dresden füllten sich große Säle. Helmut Schmidt hielt einen Vortrag über Deutschlands Lage und das Weltgeschehen. Sodann wurden etliche Redakteure rechts und links von Schmidt auf dem Podium plaziert. Jetzt durfte das Publikum fragen, nach sonderbarem Modus. Die Fragen waren auf Zetteln zu notieren, die eingesammelt und Helmut Schmidt zur Verlesung gereicht wurden. Nun entschied Schmidt, wer von uns welche Frage beantworten möge. Es ging nicht anders, sonst hätten sich sämtliche Frager ausschließlich an Schmidt gewandt.

Man spürte die Sehnsucht nach Autorität, nach Schmidts Stimme weisender Vernunft, und natürlich nach seinem Autogramm. In Leipzig näherte sich ein enthusiastischer Alt-SPDler und wollte ihn umarmen: Isch muß doch mein' Genossen Helmuhd mal so rischdsch drüggn! Das unterblieb. Duzfuß und Knuddelei waren keinesfalls Schmidts hanseatisches Plaisir. Oft wurde er gebeten, Helmut Kohl abzulösen und endlich wieder Bundeskanzler zu sein. Diesem verständlichen Wunsch willfahrte er nicht. Ein Wahlkampf in meinem Alter, bei angeschlagener Gesundheit, wäre mit hoher Wahrscheinlichkeit tödlich, so sprach er, markig wie je. Und den eigenen Scheißladen von Partei wieder auf Vordermann zu bringen, das wäre doppelt tödlich.

Einmal sprachen wir über die Treuhand und die Hinterlassenschaften der DDR. Schmidt fand, es wäre sinnvoller gewesen, sie nicht in fünf, sondern nur in zwei Bundesländer aufzuteilen. Befindlichkeitslyrik war nicht seine Sache. Über Wirtschaft redete er sehr gern. Ich hatte mal einen Vorgänger, sagte er, der verstand von Ökonomie nicht so viel. Zehntausend Mark oder zehn Millionen, das war für den dasselbe: viel Geld. Den Namen werde ich Ihnen aber nicht verraten, das war Willy Brandt.

Im Westen ist Helmut Schmidt vor allem der Bekämpfer der RAF und der Befürworter des sogenannten NATO-Doppelbeschlusses zur Raketenstationierung, der ihn mit seiner SPD entzweite. Im Osten wird er verehrt als Fortsetzer des Prinzips *Wandel durch Annäherung*, das Willy Brandt und Egon Bahr Anfang der siebziger Jahre zur vernünftigen Maxime ihrer Ostpolitik gemacht hatten. Als deren Pionierin darf Marion Gräfin Dönhoff gelten, genauer: als Vorreiterin. Längst zum deutschen Sagenschatz gehört die wahre Geschichte, wie die Gräfin 1945 zu Roß das ostpreußische Familienschloß Friedrichstein verläßt. Die Rote Armee naht. Noch einmal geht die Gräfin ins Haus, nimmt das Kreuz von der Wand und steckt es ins Notgepäck. Sie sattelt ihren Fuchswallach Alarich und reitet gen Westen, sieben Wochen lang.

»Am 21. Januar hatten wir uns zusammen auf den Weg gemacht, spät am Abend durch einen von den Ereignissen schon fast überholten Räumungsbefehl alarmiert und von dem immer näher rückenden Lärm des Krieges zur Eile getrieben. In nächtlicher Dunkelheit die Wagen packen, die Scheunentore öffnen, das Vieh losbinden – das alles geschah wie im Traum und war das Werk weniger Stunden.«

Seltsam, wie hier der israelitische Exodus aus Ägypten anklingt: »Und dann begann der große Auszug aus dem gelobten Land der Heimat, nicht wie zu Abrahams Zeiten mit der Verheißung ›in ein Land, das ich dir zeigen werde‹, sondern ohne Ziel und Führung hinaus in die Nacht. Aus allen Dörfern, von allen Straßen kommen sie zusammen: Wagen, Pferde, Fußgänger mit Handwagen, Hunderte, Tausende; unablässig strömen sie von Nord und Süd zur großen Ost-West-Straße und kriechen langsam dahin, Tag für Tag, so als sei der Schritt des Pferdes das Maß der Stunde und aller Zeiten. Fremd sind die Flieger am Himmel, fremd das Donnern der Geschütze und fremd das Lärmen der Panzerketten, die an uns vorüberrasseln. Schritt für Schritt geht es weiter durch die eisigen Schneestürme des Ostens. Die Nächte gehen dahin auf den Landstraßen an Feuern oder in den Scheunen verlassener Höfe, und der dämmernde Morgen bringt immer das gleiche Bild. Kinder sterben und Alte schließen die Augen, in denen angstvoll die Sorgen und das Leid der Generationen stehen.«

So geht es Tage und Wochen. »Hinter uns brandet das Meer der Kriegswellen, und vor uns reiht sich Wagen an Wagen in endloser Folge – es gibt nur noch den Rhythmus des Pferdeschrittes, so wie er unbeirrt durch die Jahrtausende gegangen ist. Ist es der Auszug der Kinder Israel, ist es ein Stück Völkerwanderung, oder ist es ein lebendiger Fluß, der gen Westen strömt – gewaltig anwachsend – ›Bruder, nimm die Brüder mit‹?«

Die Marienburg ist passiert, Varzin, die Festung Kolberg. Nogat und Weichsel werden überquert, dann Oder und Elbe, »und allmählich, Eis und Schnee zurücklassend, ziehen wir mit dem aufblühenden Frühling durch das Schaumburger Land; und nun ist auch langsam der Strom der wandernden Flüchtlinge verebbt und irgendwo in neue Häfen und enge Stätten der Zuflucht eingemündet«. Es ist März, weiterhin wird massenhaft entsetzlich gestorben. Halberstadt, Hildesheim und viele andere Städte werden noch zerflammen, indes Marion Gräfin Dönhoff und Alarich, nun allein, bei Rinteln die Weser überschreiten. »Wir steigen gemächlich bergan, es ist ein schöner Vorfrühlingstag, die Drosseln schlagen, und ein sanfter Wind treibt die Wolken über die warme Frühlingssonne.«

Wann wurde das geschrieben? Aus großer Zeitenferne? Zur Neige des Lebens? Nein, »Ritt nach Westen« erschien am 21. März 1946 als Marion Gräfin Dönhoffs erster Artikel in der »ZEIT«. Sonderbar berührt die Elegie, der fast apolitische Sang dieser Zeugin, die doch aus der Welt der Verschworenen des 20. Juli 1944 kam. Heimat im hergebrachten Sinn fand sie nicht wieder. Ihre zweite Heimat wurde die »ZEIT«. Ihr unschätzbares Verdienst bleibt es, in der braunfaulen, restaurativen Bundesrepublik der Adenauer-Jahre Revanchegefühlen gen Osten energisch widersprochen zu haben. Da ihre Familie selbst allen Besitz verloren hatte, war sie glaubwürdig wie kaum jemand sonst. Sie lernte und lehrte »lieben, ohne zu besitzen«. Die Aussöhnung mit Polen blieb ihr Thema. 1970 lud Bundeskanzler Willy Brandt sie ein, ihn zur Unterzeichnung des Warschauer Vertrags nach Polen zu begleiten. Zwei Tage vor der Reise sagte sie ab: »Zwar hatte ich mich damit abgefunden, daß meine Heimat Ostpreußen endgültig verlorengegangen ist, aber selber zu assistieren, während Brief und Siegel darunter gesetzt werden, und dann ein Glas auf den Abschluß des Vertrages zu trinken, das erschien mir plötzlich mehr, als man ertragen kann.«

Marion Gräfin Dönhoff schrieb kläräugig und ohne Tand, gerecht, manchmal mit einer luziden Naivität. Gern zitierte sie Bismarcks Satz, Charakter sei Talent abzüglich Eitelkeit. Mit Preisen hochgeehrt, erlaubte sie sich einen Stolz: daß sie Königsberg das Kant-Denkmal wiederbeschafft hatte. 1995, zum fünfzigsten Geburtstag der »ZEIT«, veröffentlichte das Blatt ein episches Interview mit der Gräfin. Geführt wurde es von Gunter Hofmann, Sabine Rückert und mir. Vorher saßen wir beieinander und besprachen unsere Fragen. Wir überlegten, ob ihr hohes Alter eine Rolle spielen dürfe und die Frage nach dem Tod. Ich spreche das an, sagte Sabine, das darf und muß man fragen. Wir kauften einen schönen Rotwein und begaben uns zur Gräfin. Sie erwartete uns bereits und hatte gleichfalls einen guten Roten geöffnet, was uns heiter überraschte bei ihrer Spartanität.

Es wurde ein bleibender Nachmittag; ich bin froh, davon ein Tonband zu besitzen. Die Gräfin memorierte ihren Weg durch die Zeiten und die »ZEIT«, beginnend 1928, als ihr, damals Oberprimanerin, zwei Schulkameraden Hitlers Bewegung empfahlen. Nationalismus und Sozialismus, das habe ihr als Rezept für das kaputte Deutschland sehr eingeleuchtet. Dann hörte sie den Einleuchter reden. Ich konnte, sagte die Gräfin, drei Stunden lang aus nächster Nähe beobachten, wie Hitler vor den begeisterten Zuhörern tobte und geiferte. Ich kam zurück und sagte zu den beiden Kameraden: Ohne mich, nie will ich mit denen etwas zu tun haben.

Im übrigen hielt sie die Menschen für unzuverlässige Wesen. Es kommt der Tag, sagte sie, an dem eine Entwicklung, die ganz stetig gegangen ist, plötzlich an einen Punkt anlangt, an dem die

Was ist Gräfin?

Leute sagen, jetzt reicht's – und dann wollen sie genau das Gegenteil haben. Das ist wie ein Naturgesetz in der Politik.

Behutsam leerten sich die Flaschen. Gegen Ende fragte Sabine Rückert: Gräfin, was für ein Gefühl überkommt Sie bei der Vorstellung, daß es eines Tages die »ZEIT« noch geben wird, Sie aber nicht mehr?

Darüber würde ich nicht nachdenken, sagte die Gräfin. Ich würde hoffen, daß die »ZEIT« möglichst lange bleibt. Ich aber will nicht ewig leben. Das ist also voneinander total unabhängig.

Sind Sie Christin? fragte ich.

Ja.

Halten Sie sich von der Charakterstruktur her für einen einfachen Menschen?

Ja.

Für einen Menschen, der nicht sehr mit sich zu kämpfen hat?

Ich denke eigentlich nie über mich nach, sagte die Gräfin. Als ich einmal mit drei Punks sprach, sagte ich denen: Ihr denkt immer über Selbstverwirklichung nach und darüber: ›Was tut mir gut, was habe ich gerne?‹ Ich bin – weder als junger Mensch noch als Erwachsener – je darauf gekommen, über Selbstverwirklichung nachzudenken. Es gab immer Aufgaben, und die mußte man machen.

Die deutsche Vereinigung, fand die Gräfin, sei ökonomisch ganz richtig gelaufen, aber psychologisch schief. Wir müssen uns mal ausführlich über Ostdeutschland unterhalten, das hat sie mehrfach gesagt. Ich weiß gar nicht, warum das unterblieb. Fremd war mir ihr idealisches Preußentum, ihre Herkunft aus dessen Pflichttraditionen, ihre Reduktion des Ausdrucks auf den rationalen Kern. Ich bin kein Preuße, ich stamme vom Harz, dem deutschen Mythengebirge. Vertraut ist mir die ethische Gestimmtheit der Gräfin, ihr Wissen um metaphysische Rückräume der Existenz, die sie desto stärker gefährdet sah, je mehr die Marktgesellschaft alle Lebensdimensionen ökonomisiert und dem Materialismus verfällt. Dessen Wesen nannte sie Maßlosigkeit, Gier. »Zivilisiert den Kapitalismus«, der Titel ihres Buchs von 1997, bleibt Gräfin Dönhoffs Vermächtnis. Schon 1989 hatte sie davor gewarnt, den Zusammenbruch des Ostblocks als Sieg des Kapitalismus zu verkennen. »Denn jede Gesellschaft braucht Bindungen, ohne Spielregeln, ohne Traditionen, ohne einen ethischen Minimalkonsens wird unser Gemeinwesen eines Tages so zusammenbrechen, wie vor kurzem das sozialistische System.« Wie gern läse man ihre Kommentare zur Finanzmarktkrise im Herbst 2008, als nach dem Kommunismus auch die Gegenreligion verschied – für ein Weilchen.

Am 11. März 2002 ist Marion Gräfin Dönhoff gestorben, im Alter von 92 Jahren. Eine Szene vergesse ich nie. Zur Eingewöhnung bei der »ZEIT« verbrachte ich 1991 einige Monate im Hamburger Pressehaus. Meine kleine Tochter wollte mich besuchen; sie war acht. Ihre Mutter gab sie via Mitfahrzentrale einer Berliner Autofahrerin gen Hamburg mit. Am frühen Nachmittag landete Sophie im Pressehaus und reiste mit dem Fahrstuhl in den sechsten Stock, wo die Politik residiert. Meine Bürotür stand offen. Vom Gang hörte ich Gräfin Dönhoffs tiefe Stimme: Nun, mein Kind, wer bist denn du? Ich trat auf den Gang und erblickte mein Töchterchen. Sophie erklärte: Ich bin Sophie. – Und ich bin die Gräfin, sprach die Gräfin. Dann reichten die ungleichen Damen einander die Hand und verneigten sich, mit Ernst.

6

Wann starb der Osten? Nie. Er ist ja nicht die DDR. Hier aber sind wir nach deren Ende des öfteren gewesen, auf dem Dorotheenstädtischen, dem Hugenottenfriedhof an der Berliner Chausseestraße: 1996 bei Heiner Müllers Titanenbegräbnis, 1997 bei der Beerdigung des Silbergrafen Stephan Hermlin, 1999, als Heike vom Hochhaus sprang. Da liegt sie, gar nicht weit von Hegel. *Wie nah sind uns manche Tote,* sang Wolf Biermann, *doch wie tot sind uns manche, die leben.*

Heute, am 3. Mai 2008, ist Erwin Geschonneck begraben worden. Heute vor 63 Jahren empfing Geschonneck sein zweites Leben. In der Lübecker Bucht versenkten britische Bomber die »Cap Arcona« mit 4000 KZ-Häftlingen. 350 konnten sich retten. Geschonneck wurde unsterblich als Holländer-Michel in »Das kalte Herz«, als Kalle in »Karbid und Sauerampfer«, als Moishe Kowalski in »Jakob der Lügner«, dem einzigen DEFA-Film, der je für den Oscar nominiert war und dessen Regisseur Frank Beyer auf diesem Friedhof liegt. Jetzt ist auch Geschonneck angekommen, nach einhundertundeinem Erdenjahr. 400 Menschen geleiten ihn, fast alle ostdeutsch. Die Politik zeigt sich mit Gysi, Bisky, Modrow, Pau – nur Spitzen der Linkspartei. Das wird ganz anders sein, falls eines fernen Tages Johannes Heesters sterben sollte. Johannes Rau ist schon da.

Andere Nationen, fand der Redner Thomas Langhoff, gingen mit ihren Volksschauspielern anders um. Man denke an Lino Ventura, an Jean Gabin. Alexander Geschonneck hielt dem Vater eine rührende Sohnesrede. Sein Bruder Matti rezitierte den nahegelegenen Bertolt Brecht, »Die Legende von der Entstehung des Buches Taoteking auf dem Weg des Laotse in die Emigration«, in verwerflicher Mißachtung des väterlichen Willens. Denn Erwin Geschonneck hatte kurz vor seinem Tod entschieden, es sei besser, wenn er bei seiner Beerdigung diese Verse selbst vortrage. Brecht war auch der Dichter seines Lieblingsliedes, »Erinnerung an die Marie A«. Das hatte er zwei Tage vor dem Ende noch im Bett gesungen. Seine letzten Worte lauteten: Ein Bier!

Nun ruht Erwin Geschonneck in blumenüberhäufter Urne. Wir laufen ein wenig umher. Wir finden Günter Gaus, den Ost-Westdeutschen, gestorben 2004, seit 2006 benachbart vom Theaterintendanten Albert Hetterle. Hans Mayer präsentiert sich klassisch, mit gerahmter schwarzer Marmorplatte, Goldschnitt: 1907–2001. Im selben Jahr, sagt die versteinerte Handschrift, starb Adolf Dresen, dessen Sohn Andreas danach mit »Halbe Treppe« und »Sommer vorm Balkon« Ostfilme für ganz Deutschland geschaffen hat. Thomas Brasch verbirgt sich, gleichfalls seit 2001, in Persona im Gesträuch, den eigenen Namen auf der Brust, mit halbhoch geöffneten Armen, als sei nicht er gegangen, sondern sein geliebter Mensch. Wo ist Heiner Müller? Wir müssen fragen. Na typisch! Müller bleibt sich treu, mit rostiger Vierkantstele an Rasenquadrat; und *die Geschichte reitet auf toten Gäulen durchs Ziel.*

Doch *was für Eliten Geschichte ist, ist für die Massen noch immer Arbeit gewesen.* Dies ist Wolfgang Hilbigs Grab. Ein grauer Findling hinter einem Blumengärtchen, mit Tulpen und Tausendschön. Hilbig, der Meuselwitzer Prolet. Nein: der Arbeiter. Der Heizer, der fronende Anarch. Der Metaphysiker von Kohle, Mond, Suff, Lendenduft, der giftig schwappenden Materien und Seelenkatastrophen der Kreatur. Die DDR hat Hilbig nicht als Staatsgebilde, sondern als Landschafts- und Menschenzustand zur Sprache gebracht. Sprache konnte er orgeln, daß die Gläser sprangen. *Mich kettet grenzenloses in das haus / in meinem qualm erstickt die freiheit die ihr meint / entscheidet gegen mich ich sammle pest in meinen kleidern / ihr wollt liköre ich den großen rausch / alles wechseln will ich / ihr eurer hundemarken tausch / ihr wollt die rente ich den klang der seele: / reifsilber das in wäldern hinter thule weint – an eurem herzensfrieden muß ich scheitern / euch fesselt glück ins haus … / ich wollt auroren an die kehle.*

»Ich glaube nicht an die Sprache«, erklärte Hilbig 2002, »ich glaube an Wahrnehmungen.« Er zitierte Georg Büchner, »Woyzeck«: »Unter uns ist alles hohl.« Er habe heutzutage ein Gefühl, als sitze er in einer Gummizelle, deren Wand einfach nachgibt, wenn man gegen sie drückt. Die alten Widerstände seien fort. Ohne Feind zu leben sei schwierig. »Mit einem Feindbild lebt und schreibt es sich leichter.« 2001 fand er: »Schon dadurch, daß heute eine Sprache existiert, die niemand mehr ernst nimmt, verliert die Wirklichkeit Anteile von Wahrheit.« 2001 fragte er: »Vielleicht kennen Sie dies Gefühl, daß die Sprache sich sträubt? Daß sie eine Differenz zur Realität hat? Diese Differenz muß ich überwinden.«

1985 ging Hilbig in den Westen. »Das Provisorium« erzählt den Schock des Weltenwechsels, von der Industrielandschaft Ost in die gleißende Nürnberger Fußgängerzone. Hilbig mußte ihn allein verkraften, nicht im Kollektiv wie 1989 seine Landsgenossen. 2001 sagte er: »Ich kam 1986 nach Griechenland und wurde fast verrückt. Das wollten sie dir vorenthalten! Das ging mit viel Bitternis einher. Man hat ja sein Leben verpaßt.« Er zitierte Christa Wolfs »Kassandra«: »Man kann auch zu spät nach Griechenland kommen.« Gleich darauf trotzte er: »Nach 1989 wollte man mir einreden, ich hätte 40 Jahre lang das falsche Leben gelebt. Ein barbarischer Satz! Das hat mich wütend gemacht. Ich glaube, daß man gezwungen war, ein DDR-Bürger zu sein, erzeugte auch eine gewisse Widerstandskraft. In jedem, glaube ich. Und diese Möglichkeit zum Widerstand ist doch etwas sehr Wertvolles.«

1981 schrieb der ungedruckte Hilbig an Klaus Höpcke, den DDR-Buchminister: »Ich muß Sie darauf aufmerksam machen, daß ich einer Generation angehöre, die sich nicht mehr zensieren läßt, aus logischen Gründen, denn diese Generation hat bisher nirgends als in der DDR existiert.« 1991 sagte er: »Es wird nur das zensiert, was der Staat selber angerichtet hat. Die Gesellschaft produziert ein Faktum, und das Sprechen über dieses Faktum wird dann in dieser Gesellschaft zensiert. Es wird nicht unterbunden, was woanders stattfindet.« Im selben Jahr erklärte er: »Man kann doch nicht annehmen, wenn plötzlich die drei Buchstaben DDR weggestrichen werden und diese Grenze von der Landkarte verschwindet, daß sich dann genauso schnell auch die Mentalität der Leute ändert, die vierzig Jahre in diesem Land mit sich umgegangen sind. Das wird Generationen brauchen. Diese Mentalität ist jetzt eine gebrochene und wird von der bundesdeutschen Mentalität durchdrungen werden.« 2001 konstatierte Hilbig zur DDR: »Ich glaube, dieses Land war mittlerweile eine andere Nation geworden.«

Ursula März schrieb 2002 in der »ZEIT« über »Das Provisorium«: »Wer diesen Roman liest, der begreift, wie naiv es war, von der Wiedervereinigung ein Ende der deutschen Teilung zu erwarten.«

Am 2. Juni 2007 starb Wolfgang Hilbig, mit 65 Jahren. Als ich es erfuhr, wollte ich ihm einen Nachruf verfassen, aber Iris Radisch schrieb bereits. Sie sagte, früher habe sie Hilbig auch für einen völlig selbsterzeugten Solitär gehalten, ungefördert durch bildungsbürgerliche Herkunft und humanistisches Elternhaus.

Heute sehe sie, wieviel Manierismus er enthalte, wieviel – Literatur, auch erworben durch Lektüre: E. T. A. Hoffmann, die Romantiker. Hilbig gehöre zur Nachtseite der DDR-Literatur, wie Werner Bräunig, und, als Nachfahre, Reinhard Jirgl.

Gewiß, das Bücherkundige von Hilbigs Kunst ist deutlich. Natürlich hat er gebaut, so wahr auch die Johannes-Apokalypse komponiert ist und nicht als Himmelslava über Papyrus geflossen. Hilbigs Lebensgefühl ist ureigen: Dissidenz zur platten Realität und ein schwarzblaues Pathos, das ich ostdeutsch nennen möchte. Hilbig, der Sprachberserker, war ein romantischer Weltausbrecher, ein Geliebter der Musik. An seinem Sarg blies Johannes Bauer Freejazz-Posaune, Gerd Schönfeld entlockte dem Harmonium »Es war ein König in Thule«. Hundert Menschen hatten in der Friedhofskapelle keinen Platz gefunden und hörten von draußen, wie Hilbig befreundete Kollegen drinnen seine Gedichte lasen. Kein geistliches Wort wurde gesprochen, nur das Pietäts-Kommando der Sargträger: In Gottes Namen!

Der Zug schritt zur Grube. Ins Grab klang Hilbig »Don't Cry For Me Argentina«, auf dem Bandoneon gespielt von seinem Lieblingsargentinier, ganz leise, dazu Gitarre und Baß. Den Ablauf der Beerdigung hatte Hilbig selbst entworfen. *Verdaut ist mein kupferoxyd/verdaut mein teil des grünen abwaschs schwarzgespülter wände/die grauen bäume standen träufend über mir/und tote äcker kochten schwefelkohle mir zu füßen/ mein kaum versehrter leib hat mich erlebt/und mit mir das vergehen schlecht erkannter gegenstände/verschlungnes gift das meinen regenkühlen geist getrübt/in bosheit hat es meinen leib geübt/– daß ihr mir vergebt!/laßt meinen leib vergehen fressen im vergehenden gelände/er soll mich leben bis ihr seinen rest in eure kiste hebt.*

Einen Monat vor seinem Tode erfüllte sich Hilbigs letzter Wunsch. Sein Pfleger begleitete ihn in Bob Dylans Berliner Konzert. Dort reckte Hilbig, ganz dünn und schwach geworden, seine Faust und schrie: Ja!

7

Am Tag von Wolfgang Hilbigs Beerdigung beschloß ich, nicht
mehr jung zu sein. Am Tag von Erwin Geschonnecks Begräbnis
mußte ich darüber lachen.

Auf meinem Schrank liegt ein häßliches Plakat, das ein paar
reife Männer zeigt: »Klaus Renft Combo / Cäsar und die Spieler
im Konzert, Kino Babylon Mitte«. Die Terminangabe ist präzise:
»Heute, 21 Uhr«. Am 10. September 2005 schrieb ich im Zug
nach Silberstadt:

Gestern abend im alten Kino »Babylon« vielleicht ein Abschied: Renft trat auf, zuvor Cäsar und die Spieler, vor ca.
250 Leuten (wie wenige sind wir denn?). Cäsar mit jungem
Quartett (zwei Geiger, Gitarre, Drums) und seinem ange-
rumpelten Mix aus Althits (»Cäsars Blues«, »McDonald«,
»Wer die Rose ehrt«, »Little Wing«, als Zugabe »Bagger-
führer Willi« mit Gruß nach Poel, zu Pjotr – da wußte ich
noch nicht, daß Peter Kschentz im Sterben liegen soll, mit
Krebs, von dem vor vier Wochen noch niemand was gewußt habe, sagte mir Heinz Prüfer nach dem Konzert) und
Novitäten, denen ich nichts Rechtes abgewinnen konnte.
Dann Renft, anders als plakatiert mit Monster Schoppe
statt mit Pjotr und Christian Kunert (Kuno muß wegen
Hörsturz ein halbes Jahr pausieren), dazu Klaus, Marcus
Schloussen als eigentlicher Bassist, Prüfer an der Gitarre,
Delle Kriese am Schlagzeug. Eine harsche, hagere Beset-
zung. Schoppe fing gleich an mit »Wandersmann«, daß
es mich überlief: »Gehen auf der Stelle hab ich nie ge-
konnt / mir die Haut verbrannt, hab ich mich lang ge-
sonnt …/ Abschied heißt doch auch: Weitergehn / Tränen
hat die Trauer, aber auch das Glück / Komm gut an, Wandersmann / Komm gut an, nicht zurück.« Bei »Als ich wie
ein Vogel war«, dem dritten Song, war Monster schon
schweißgebadet. Er schwelgte, brüllte, preßte, drosch die
Akustische – die Kraft wurde nicht alle: »So starb auch
Neruda«, »Ich bau euch ein Lied«, »Ich und der Rock«,

»Nach der Schlacht«, »Manchmal fällt auf uns der Frost«,
»… kam ich heim, fand mein Zimmer zu klein …«, »Lie-
beslied«, »Apfeltraum« (Cäsar, der für etliche Songs wieder auf die Bühne kam, ein glückliches altes Leder, ganz
anders aufgehoben als vorhin unter seinen lieben Spieler-
Kindern), »Ballade vom kleinen Otto«, »Lied auf den
Weg«. Zugaben: »Trug sie Jeans?«, »Gänselieschen«, diese
absurde Vorlage für den vulkanischen Schoppe. Er konnte
gar nicht, wie die anderen, von der Bühne, sondern redete
noch was – »Freunde, ich habe heute hart gekämpft, gegen
Don Quichottes Windmühlenflügel, verzeihet mir …«.
»Alles Erinnerung«, sagte er zuvor, und: »Damals, als wir
noch Hoffnung hatten.« Dann saß Klaus Renft hinten im
leeren Kinosaal, bemäkelte den trockenen Sound, entsann
sich, daß sie vor Jahrzehnten (Weltfestspiele?) mal hier
gespielt hätten (»Total besoffen …«) … Ich wünschte ihm
alles Gute. Er sagte: »Red keinen Scheiß.« Er kam direkt
aus dem Krankenhaus auf die Bühne. Der Arzt, alter Renft-
fan, habe ihn ermutigt. Ansonsten muß er bis zum 15. 10.
im Krankenhaus bleiben und wird täglich bestrahlt.
»Wenn das losgeht, biste allein«, sagte er, »da kann dir keiner helfen.« Wir erzählten, ich streichelte ihn ein bißchen,
da zeigte er mir die Geschwulst links am Hals: »Faß mal
an.« – »Sterben müssen wir alle«, sagte die junge Frau
neben ihm energisch, wie schon Heinz Prüfer im Foyer.
Klaus hat was Weiches, Naives, er ist bauernschlau und
unbehütet, bei ganz unberlinschem Rotz, Weltkunde statt
Ideologie und windhundige Härte. Er sah alt und recht gut
aus auf der Bühne, beige Hose, graues Shirt. Rupfte inde-
finit am Baß; das Eigentliche erledigte, wie gesagt, Schloussen. Pjotr, sagte Renft, sei ja noch viel schlimmer dran als
er: »Im Prinzip wartet man nur auf den Anruf.« Dabei habe
Pjotr ihn im Sommer noch im Krankenhaus besucht, ohne
Ahnung vom Krebs. Vor dem »Babylon« sagte Bernd, das
sei wohl das Abschiedskonzert gewesen. Bis Weihnachten
würden wohl beide … Der Abend hatte so lahm begonnen,

aber dann fuhr ich ganz aufgewühlt heim, mit dem Plakat, das ich von der Tür gepuhlt hatte, signiert von Renft, Cäsar, Prüfer, Kriese ... Diese emphatischen Generationsgesänge sind nicht tradierbar, sie bleiben unsere Schönheit.

Ich erinnere mich, daß zwischen zwei Songs ein Fan brüllte: Cäsar, weißt du, was wir für die Karte löhnen mußten? 25 Steine! Darauf Cäsar: Na, ist in Ordnung, wir geben auch alles.

Am Dienstag, dem 20. September 2005, meldete die »Berliner Zeitung«: »Peter ›Pjotr‹ Kschentz von der Klaus Renft Combo ist tot. Der Musiker starb am Sonntag im Alter von 63 Jahren nach schwerer Krankheit auf der Insel Poel, teilte die Band mit. Sie hat damit nach dem 1998 an Krebs verstorbenen Gerulf Pannach ein weiteres langjähriges Mitglied verloren.«

Am 10. Oktober 2006 titelte »Bild« (Ausgabe Berlin-Brandenburg) halbseitengroß: »KLAUS RENFT Qualvoller Krebs-Tod«, mit 64 Jahren. Ich rief Heinz Prüfer an, den Renft-Gitarristen, der mir mit freundlicher Ruhe von Klaus' Ende erzählte. Das Gedenkkonzert für Jenni – eigentlich hieß Renft Klaus Jentzsch – stieg am 6. Dezember in der Berliner Kulturbrauerei: drei Stunden jener pathetischen Überschwänge, von denen schon zu lesen war. Soviel alter Wildermut. Solche Liebesüberschüsse. Ich sah Renft vor mir, den Grummelbassisten mit dem Gurt zwischen den Beinen. Den umtriebigen Organisator, den Schlaufuchs und Lebensgrübler. Den Bundesverdienstkreuzträger sah ich nicht.

Anfang der 70er Jahre lebten Renft DDR-Anarchie. Sie soffen, weiberten und zogen einen Troß von Trampern durchs Land zu ihren ekstatischen Konzerten. Die Musik oszillierte zwischen Deep Purple und Neil Young. Dann wurde sie eigen. Die Texte von Gerulf Pannach und Kurt Demmler intonierten DDR-Metaphysik. In seiner Autobiographie »Zwischen Liebe und Zorn« schrieb Renft 1997: »In der einen DDR haben wir gelebt, die andere haben wir in der Zeitung gelesen, und von der dritten haben wir geträumt.« 1975 wurde die Band verboten. 1976 machte Renft rüber und fand noch 1985: »Dieses Westberlin ist eine fremde Welt und es bleibt eine fremde Welt. Sie saugt mich auf,

»Revolution ist das Morgen schon im Heute/ist kein Bett und kein Thron für den Arsch zufriedner Leute …« Die Klaus Renft Combo 1972, von links: Peter Gläser (Cäsar), Thomas Schoppe (Monster), Peter Kschentz (Pjotr), Jochen Hohl, Klaus Jentzsch (Renft).

und sie spuckt mich gleich wieder aus, immer der gleiche Vorgang.« Im Sommer 2005 sagte er: »Ich gehe nicht davon aus, daß ich sterben muß, aber wenn es sein muß, ist es auch okay.« Letzte Worte: »Wenn ich auf der Bahre liege, da will ich mir sagen: Mensch, du hast alles gemacht aus deinen Möglichkeiten. Und du hast dich nicht verführen und verbiegen lassen.«

Ich habe noch Heinz Prüfers Stimme im Ohr: Man weiß nie, wann es soweit ist. Am 20. März 2007 meldete »Die Welt«: »Der Gitarrist der Klaus Renft Combo, Heinz Prüfer, ist bei einem Unfall ums Leben gekommen. Danach kam der 58jährige auf der A13 Dresden – Berlin mit seinem Wagen zwischen Baruth und Teupitz von der Fahrbahn ab, durchschlug eine Leitplanke und prallte gegen mehrere Bäume. Drei Begleiter kamen verletzt ins

Krankenhaus. Unter ihnen ist offensichtlich auch der Gitarrist und Sänger *(sic!)* Marcus Schloussen.« Die Polizei teilte mit, ein Sekundenschlaf Prüfers könne nicht ausgeschlossen werden. Weder Alkohol noch Drogen, noch gesundheitliche Probleme seien festgestellt worden.

Am 23. Oktober 2008 starb Cäsar, Peter Gläser, an Krebs, mit 59 Jahren. Das Renft-Gästebuch im Internet quoll vor Anteilnahme über. Unter Nummer 512 schrieb R. aus Leipzig: »Seht es positiv, Freunde; da oben wächst grad eine Band zusammen, eine Combo, wie es sie großartiger nie gab.«

8

Warum soviel Tod? – Aus Treue. Die einen reizt der Augenblick. Die anderen denken in Zeiten und bleiben ihren Prägungen verbunden. Da wird dann eben auch gestorben, irgendwann. – Tod aus Treue? Zu diesem Haus? – Abschied darf man nehmen, heute, am Totensamstag 2005.

Das Haus ist der Palast der Republik. Im Berliner Lustgarten sammelt sich dissidentes Volk. Am Dom wird getrommelt, heftige Schilder ragen. KRIEG DEM SCHLOSS, FRIEDE DEM PALAST! und GUERNICA-POLITIK: VOLKSUNWOHL! und LIEBER GOTT LASS DOCH DEN DOM ZUSAMMENKRACHEN! Vom Hohenzollern-Dom herab segnet Christus die Protestanten und spricht in goldenen Lettern: *Unser Glaube ist der Sieg, der die Welt überwunden hat.* Es ist fünf Minuten vor Zwölf. Ab Januar soll der Bagger einen Streit beenden, zu dessen Beginn der Kanzler der Einheit sprach: Abreißen! Möglichst rasch! Seit der Eröffnung 1976 hatte der mächtige Bau als Volkspalast funktioniert, und als Schauvitrine der realsozialistischen Utopie: Regierung und Regierte unterm selben Dach, Hoch- und Populärkultur, Theater, Diskothek und Kegelbahn, dazu gepflegte Speisung *im Herzen der Hauptstadt unserer Republik.* Folglich wurde die Schleifung des Palasts ein Zentralprojekt zur Delegitimierung der DDR. Aber welcher DDR? Die der SED-Macht oder die des Volkes?

Unsere gelebte Geschichte wird getilgt, so empfand die Ost-Mehrheit und wollte den Palast behalten. Der Schloßplan galt als West-Okkupantismus und reaktionäre Preußen-Reverenz.

Natürlich verlief der Debatten-Limes nicht exakt wie der innerdeutsche. Es gibt ja ehrbare Argumente für das Schloß: Sehnsucht nach klassischer Homogenität in Berlins alter Mitte, Revision der Barbarei des Ulbricht, der 1950 die reparable Schloßruine sprengen ließ. Honecker regierte anders. Er rehabilitierte deutsche Geschichte, von Luther bis Bismarck, und Friedrich Zwo ritt wieder Unter den Linden. Dennoch verfügte der Bundestag am 4. Juli 2002 einen Neubau in der Schloß-Kubatur. 2003 wurde der Palast-Abriß beschlossen.

Redner um Rednerin geißelt auf dieser novemberklammen Lustgarten-Demo solche Pläne. Senat, Bundestag und Schloßfraktion verspürten nur eine Dringlichkeit: *Abreißen, möglichst rasch!* Petra Pau und Hans Christian Ströbele fordern ein Moratorium, bis die Berliner Klarheit gewinnen, was mit dem Schloßplatz, ihrer Agora, geschehen möge. Die Kunsthistorikern Gabi Dolff-Bonekämper freut, daß dem Platz das Finish fehle. Er sei in guter Unordnung, Baustelle der Kultur, und sie übrigens Besitzerin von zwei Palast-Sektkelchen und einem Goldrandteller.

Das findet Anklang im reiferen Publikum: Ick hab det Austernbesteck vom Palast!

Ich drei Cola-Gläser, zweie sind schon kaputt.

Ick hab 'n Löffel, den jeb ick nich ab.

Mehrheitlich ist die Menge verblüffend jung. Die neue Stadt hat sich versammelt, zu anderthalb Tausend, und reklamiert den Palast als Ort der Kunst und eines offenen Berlin. Wir haben einen Generationskonflikt! ruft der Architekt Philipp Oswalt. Die politische Klasse ist traumatisiert vom Kalten Krieg, ihr gilt der Palast als Haßobjekt. Aber dieser Kurzschluß zwischen Architektur und Politik funktioniert so nicht, sonst dürften Bundesministerien nicht in NS-Bauten sitzen. Für die heutige Generation ist der Palast ein offenes Zeichen, er steht für Transformation, es gibt ihn schon länger nach der Wende als in der DDR.

Heftiger Applaus.

Ost-Identität ist ein zügig schwindendes Motiv, gerade für junge Leute. Wir machen keine Ostalgiedebatte, sagt Konstanze Kleiner, die am 19. Oktober 2005 das neue Palast-Bündnis mitgegründet hat. Ulbrichts Schloßsprengung war Vandalismus, *d'accord*. Aber die Zeit hat den Palast legitimiert, und nach der Wende wurde er zum Eigentum der neuen Generation. Die soll sich mit einem Neubau mit den Insignien des preußischen Adlers anfreunden?

Die Teilung Deutschlands war Tatsache, sagt der Kunstschmied Reinhard Thiele. Das braucht geschichtliche Zeugnisse.

Er habe den Schloß-Aktivisten Wilhelm von Boddien interviewt, sagt der Filmemacher Marc Wilkins, der nenne als sein politisches Präge-Erlebnis den Mauerbau. Wir sind die Generation Mauerfall, sagt Wilkins, und Berlin ist nicht Rom oder Paris. Berlin ist eine Stadt der neueren Geschichte, deshalb kommen die jungen Leute aus der ganzen Welt. Mir blutet das Herz, wenn Berlin nachahmt, nicht in sich hineinhört, nicht modern sein will.

Wir reden über ein grandioses abstraktes Gebäude, das wir erst langsam erschließen müssen, sagt die Bildhauerin Coco Kühn. Der Palast passe perfekt ins Konzept der Museumsinsel als begehbarer Kunstgeschichte. Und der *White Cube* sei weltweit einmalig, auch im Vergleich mit der Tate Modern und dem New Yorker Guggenheim.

Hinein in den Palast. Ein Schandfleck – das ist der Außenblick. Drinnen überfällt dich Staunen. Ein Höhlenhaus klafft auf, Ur-Labyrinth und Bergwerk der Moderne. Das ist keine Ruine, das ist ein hochpotenter Rohbau. Die DDR wurde mit dem Asbest heraussaniert. Einzig die große Treppe erkennst du wieder. Aber wo hat Santana gespielt, damals, 1987? Wo las Erich Fried? Wo hast du Egon Krenz auf den Fuß getreten? Hier oben tagte die Volkskammer. Jetzt regiert ein Mammut die Grotte aus Stahl und Beton. Blutig, halb gehäutet kündet es vom Tod. Tod ist das Thema von Fraktale IV, einer Kunstausstellung, die heute hier zu Ende geht. Geborstene Engel, stürzende Menschen. Bilder ge-

storbener Greise, gemordeter Kinder. Der letzte Blick des ge-
schächteten Schafs. Die Rettungsringe gescheiterter Schiffe. Ein
leibloser Kopf schwimmt im Weiher. Wasser plätschert, Grillen-
gezirp. Der Kopf singt Bach: *Ich freue mich auf meinen Tod/ach
hätt er sich schon eingefunden/entkomm ich aller Not/die mich
noch auf der Welt gebunden.*

Und dann ins Hellichte, Weiße. White Cube: ein gewaltiger
Saal, zehn Meter hoch, strahlende Wärme, Lichtung der Nacht,
Hausung inmitten des Untergangs.

Wir haben dieses Gebäude als Skulptur begriffen, sagt der
Künstler und Kurator Ingolf Keiner. Fraktale will Vergängliches
vom Unvergänglichen trennen. Der White Cube transformiert
den todgeweihten Körper des Palasts ins Helle, Positive. In jedem Menschen, jedem Ding steckt ein individueller Weg zum
Holon, dem unversehrten Ganzen. Früher haben uns die Reli-
gionen Sinn gestiftet, heute gehen wir einzeln auf die Suche.

Über 40 000 Menschen sahen Fraktale IV. Jetzt ist Finissage,
kurz vor Mitternacht. Dem Besucher wird ein Wort aufs Hand-
gelenk gestempelt, quer über die Ader: Tod. In der Fraktale-
Lounge stampft Techno. Nachtvolk tanzt, meditiert in Drinks,
träumt im Schummerlicht auf Ottomanen. *They want to wreck
this great place of art?,* fragt das Mädchen aus Estland und reißt
die Augen auf. – *Yes, to build a copy of the old castle.* – *Oh no,*
sagt sie und fährt sich durchs Haar, *sounds like Disney, thank you
for this sad piece of information.*

Geh noch einmal durch die Bunkerwelt, die Treppen hinauf,
hinunter. Leg das Ohr an den Stahl, spüre die Vibrationen, ver-
nimm den Körperklang des unerforschlichen Getüms. Der schwim-
mende Kopf geht nicht unter, das Mammut äugt blind. Bei ihm
sitzt ein Mann mit einem Akkordeon und spielt dem Urtier Hei-
matlieder. Lachlust und Melancholie flanieren durch die Kavernen, Nachtgewächse, Biederleute, und werden selbst zur Exposi-
tion: der Dandy im Pelz, das proletarische Paar, das Jeansgirl in
Stilettos, die Einsame, der Leser am Geländer. Und der da, in der
phantastischen Uniform, ist wohl Prinz, General oder Kapitän zu
Lande, ganz wie es beliebt an diesem extraterrestrischen Ort.

Durch die erblindeten Scheiben erkennst du mit Mühe dein übliches Berlin: Spree und Alexanderplatz, Domfront, Friedrichstadt ... Einmal ums Geviert gelaufen, begreift man das Ganze.

Zu spät.

Schaut auf diese Stadt! Das Wesen Berlins ist seine Geschichte. Deutschlands Hauptstadt lebt in Brüchen. Das Glück der ungebrochenen Geschichte besuchen wir in Freiberg und Hameln, in Passau und Quedlinburg. Und nachher in Celle.

9

Ja, schaut auf diese Stadt! Auferstanden aus Ruinen, heilt sie nach Jahrzehnten ihr zertrümmertes Herz. Natürlich gab es Zweifel, ob das Alte neu errichtet werden könnte, dürfte, müßte. Volk und Politik sagten Ja, Bürgersinn blühte, in aller Welt öffneten Freunde der Stadt ihre Börsen. Und siehe, der Bau gedieh, ein Fest aus Stein. Schaut auf diese Stadt, von der Marienbrücke. Barock gerahmt, schwebt die erhabene Kuppel himmelwärts. Unten die Elbe.

Die Stadt heißt Dresden.

Am 13. und 14. Februar flogen englische und amerikanische Bomberverbände entsetzliche Angriffe gegen Dresden. Es starben vermutlich 25 000 Menschen. Die Altstadt lag in Trümmern – nicht die Frauenkirche. George Bährs Steinerne Glock überlebte, für zwei Tage. Dann stürzte sie zusammen. Die unvorstellbare Hitze hatte den Sandstein ausgeglüht. Die Stadt wurde neu gebaut, auch die klassische Elb-Silhouette erstand, doch klaffte in Dresdens Flußansicht eine schmerzliche Lücke. Ein halbes Jahrhundert lag die Frauenkirche zerschmettert – ein Trümmerhaufen, kein feste Burg. Auch das Lutherdenkmal stürzte in der Bombennacht.

Du warst gegen den Wiederaufbau der Frauenkirche. Du hattest an der Friedensandacht teilgenommen, 50 Jahre nach der Vernichtung. Die Kerzen blakten, vielhundert Menschen beteten und schwiegen. Zwei Wandfragmente ragten in die Nacht, Ar-

Die Frauenkirche (Dresden, 1966).

tefakte der Zerstörung, Mahnfinger des Gedenkens. Der Trümmerhaufen war kein Schutt, kein Müll, sondern Wunde schmer-
zender Erinnerung. Sie sollte, fandest du, offen bleiben.

Nach der Wende wurde anderes beschlossen. Wenn du nach
Dresden kamst, schautest du hier vorbei. Du sahst die Baugrube,
dann den Corpus wachsen, und eines Wintertages lehnte im
Schnee hinter dem Bauzaun das goldene Kuppelkreuz: ein Geschenk der Engländer, geschmiedet vom Sohn eines Piloten, der
am Angriff auf Dresden beteiligt war. Auf einmal fühltest du dich
froh und einverstanden. Und mußtest unbedingt her, heute, am
30. Oktober 2005, zur zweiten Weihe, 271 Jahre nach der ersten.

Schon am frühen Morgen strömt Dresden von allen Seiten. Du
darfst zum Gottesdienst hinein, ein Glücklicher von 1800, inklusive der Bischöfe, der Kanzlerin, des Bundespräsidenten, der Grei-
sin, die vor 81 Jahren hier getauft worden ist. Gerade und klar

spricht der Pfarrer Stephan Fritz, dein Kommilitone und Fuß-
ballkamerad. Die Bläser hupen etwas zu triumphal. »Allein Gott
in der Höh' sei Ehr« und »Wir glauben Gott im höchsten Thron«
werden staatstragend hochgejazzt. Ein bißchen kitschig ist die
Kirche auch geworden mit ihren Barock-Repliken und neualten
Flügelputten, mit Broschen, Agraffen, Kapitellen und Zapfen aus
güldenem Gips. Aber wie freut der holzwarme Sandstein (bei
Pirna gebrochen), das Sonnenmuster auf den Wänden, die vier-
geschossige Türmung der Emporen (aus Schwarzwald-Holz), die
alte Altarplastik, Jahrzehnte unter Schutt bewahrt: Christus im
Garten Gethsemane. In der Bombennacht lief ihm das geschmol-
zene Zinn der Orgelpfeifen in die Augen.

Der Bundespräsident spricht: Dieser Kirchbau zählt zum Besten, was freie Bürger leisten können. Bischof Bohl spricht: Die
Frauenkirche ist ein Gottesgeschenk, das Menschen einander gemacht haben. Bürgermeister Roßberg spricht: Die Frauenkirche
steht zwar in Dresden, aber sie gehört allen Menschen dieser
Welt.

Dann gibt es Mittagessen.

In den Sälen des Albertinums biegen sich die Tische des Buf-
fets. Die Ehrengäste laben sich an Wild, du dich vorzüglich an
Meißner Weinen. Frischluft tut not. Draußen ballt sich Volk hinter einem Gatter. Es dominiert die residenzsächsische Seniorin,
hierarchiebewußt und erlebnisorientiert: Huhu, junger Mann,
gönn wir Sie mal was fragen?

Meine Damen, was darf ich für Sie tun?

Wir gommentiern Brominente. Ist de Frau Bundeskanzlerin
noch drin? De Frau Merkel? Lohnt es sich zu warten?

Wie Sie meinen.

Isse noch drin?

Jawohl, Frau Bundeskanzlerin befindet sich zu Tisch. Es wird
noch recht lange dauern. Sie spielt.

Se spielt?

Jawohl. Skat.

Mit wem spieltse denn Skat?

Mit dem Herrn Bundespräsidenten.

Gloobt mers denn! Da möschd mer Mäuschen sein! Und noch? Man braucht doch dreie.

Ich weiß nicht, ob ich … Sie müssen es für sich behalten, unbedingt, sonst bin ich dran.

Nüscht! Nüscht! Wir verraten ganz bestimmt nüscht!

Markus Wolf. Die dritte Person ist Markus Wolf. Die Frau Bundeskanzlerin und der Herr Bundespräsident skaten mit dem Herrn Ex-Geheimdienstchef der DDR.

Das … Das ist UNFASSBAR! Da binnsch diräggd ä bissl enttäuscht.

Und ich habe unter seiner Serviette eine Pistole gesehen.

UNFASSBAR! Und der Milbradt?

Geflohen.

Typisch. Der Biedenkopf wär dazwischengegangen.

Meine Damen, ich muß wieder hinein, zur Frau Bundeskanzlerin. Bitte glauben Sie mir kein Wort.

Huuuuch!! kreischen die Residenzsächsinnen. Oh, oh, oh, Sie sinn ja ä *ganz* kleener Schlingel!

Die Sonne strahlt, der Himmel blaut wie über Madrid. Die Frauenkirche ist umstrudelt von Freude. Auf der Bühne davor wird die Geschichte vom Verlust und Neugewinn des Schatzes wieder und wieder erzählt, besungen und bezeugt. Nichts berührt stärker als der Auftritt des 81jährigen Marian Sobkowiak aus Gostyn, einem polnischen Städtchen, das zwischen Poznan und Wrocław liegt. Nachdem die Wehrmacht am 1. September 1939 Polen überfallen hatte, wurde auch Gostyn besetzt. An jedem Tag verhaftete die SS eine Anzahl Polen als Vorratsgeiseln für den Fall, daß die Okkupanten angegriffen würden. Geschah nichts, entließ man die Geiseln und inhaftierte neue. Auch am 20. Oktober 1939 wurden dreißig Männer eingefangen. Sie kamen nicht mehr frei, am nächsten Vormittag wurden sie auf dem Marktplatz erschossen. Sobkowiak sah es. Er war damals 15, ein Gymnasiast. Er schloß sich der Widerstandsgruppe »Schwarze Legion« an. 1941 flog sie auf. Zwölf Kameraden wurden in Dresden enthauptet. Sobkowiak, der Gruppenjüngste, bekam Lagerhaft. Er mußte die Kleidung ermordeter Juden nach Wertgegenständen durchsuchen. Sein Albtraum endete im Mai 1945, auf einem Todesmarsch in Mecklenburg.

Nach dem Krieg war er mehrfach in Dresden. Er sah auch die Frauenkirche wachsen und wünschte, Gostyn, mit Dresden durch den Tod verbunden, möge ein Teil dieser Auferstehung werden. Er begann, für die Frauenkirche Geld zu sammeln. Zuerst klopfte er bei den Familien der Hingerichteten an. Die meisten gaben, manche wiesen ihn ab; sie hätten von den Deutschen zuviel Grauen erfahren. Das waren die Nazis, sagte Sobkowiak dann, aber heute sind es andere Deutsche. 17 500 Euro kamen zusammen. Der Bildhauer Henryk Szudlarski schlug aus Sandstein nach historischem Vorbild eine Flammenvase, die jetzt auf einem der Frauenkirchtürme steht.

Und nun neigt sich dieser unerhörte Tag. Sieben Stunden hast du in der Kirche verbracht – zum Ökumenischen Gottesdienst, zur Bachmotette mit Peter Schreier, jetzt zum ersten Orgelkonzert. Harthölzern flötet und trompetet das neue Instrument. Es geht auf Mitternacht. Der Vorplatz liegt im gelben Licht. Die Schlange vor dem Portal will immer noch nicht enden. Bis früh um fünf wird eingelassen. Du gehst nun, drehst dich noch einmal um und siehst das Wunder, fahl schimmernd, mit schwarzen Sprenkeln. Das sind die alten Steine, die im Neubau Verwendung fanden. Körperlich ist die Frauenkirche Kopie, seelisch Original.

Wer diesen Dresdner Tag erleben durfte, hat eine Freude für immer. Aber Dresden ist nicht Berlin. In Dresden wurde, Stein für Stein, ein Herz zurückgewonnen. Seine Stätte war freigeblieben, solange es tot und in Trümmern lag. Seine Neubelebung zerstörte keine andere Geschichte. Auch die Funktion war klar: Kirche würde wieder Kirche werden. Berlins Stadtschloß wird nicht wieder, was es war. Den Schloßfreunden, die ihr geliebtes Trumm als Berliner Frauenkirche sehen, sei freundlich sächselnd widersprochen.

10

»Wer das Weinen verlernt hat, der lernt es wieder beim Untergang Dresdens.« Das schrieb Gerhart Hauptmann 1945, nach fünfeinhalb Jahren Gelegenheit, weinen zu lernen. Dresdens Untergang ist vorher und nachher festgehalten worden: in Prophetenfarben schon 1939 von Otto Dix als fackelnde Landschaft des trunkenen Lot und seiner geilen Töchter; schwarzweiß 1945 von Richard Peter in seiner Photosammlung »Dresden – Eine Kamera klagt an« als Todesfuge aus Schutt und Asche und verbrannten Menschen; und der Würgeengel steht steinernen Blicks über Sodoms Ruinenmeer.

Dessen wurde gedacht an der Ruine der Frauenkirche, Jahr für Jahr, bis die Geschichte repariert war, von neuen Menschen. Natürlich ist die neue Frauenkirche auch eine *Übermalung* von Geschichte. Die Zeit war reif. Zeit vergeht, bis eine Geschichte Vorgeschichte wird. Sie historisiert sich. Sie tut es freilich nicht selbst; es wird von uns getan. Wir unterwerfen sie aktuellen Bedürfnissen und setzen sie passend ins Bild.

Die deutsche Vereinigung war auch ein Geschichtsabgleich – zu wessen Bedingungen? Deutlich wird das in der Rezeption der Hitlerdiktatur. Die DDR gedachte vornehmlich des kommunistischen Widerstands, der im bundesrepublikanischen Erinnerungsgebaren kaum eine Rolle spielte. Die BRD rang sich allmählich zur Ehrung der nationalkonservativen Offiziersrevolte vom 20. Juli 1944 durch. Heute ist dieser Tag zum sinnstiftenden Datum der Bundeswehr promoviert und Claus Schenk Graf von Stauffenberg der Inbegriff des Antifaschisten, mit Popstar-Qualität. Demnächst globalisiert sich der Märtyrer, via Hollywood, und Tom Cruise von Stauffenberg wird weltweit scheitern beim Versuch, Adolf Ganz zu ermorden, oder Bruno Hitler.

Gesellschaften, die ihrer Zukunft ungewiß sind, versichern sich des Gewesenen und suchen darin Halt. Das gilt für Menschen wie für Staaten. Eine Flut von deutschen Vergangenheitsfilmen ist in den letzten Jahren über uns geschwappt. Zusammengeschaut, ergeben sie einen politisch korrekten Konsens. Nirgends wird an der Kriegsschuld der Deutschen gerüttelt, nie geleugnet, daß der Krieg 1945 dorthin zurückkehrte, von wo er 1939 ausgegangen war. Die Filme sollen ja auch ins Ausland verkauft werden. Und dennoch ändert sich etwas. Ein Opferton schwingt auf, gesteigerte Einfühlung ins *deutsche Geschick*.

Selbst Hitler mußte menschlich werden. Mensch war er schon ehedem, doch Bruno Ganz in »Der Untergang« machte ihn zum gefühltesten Führer aller Zeiten. Gewiß, er hatte es nicht leicht mit seinen Generalen und mit Eva Braun (Raucherin!). Ja, Hitler und die Frauen: Winifred Wagner, die Bayreuther Seelenfrische, mit den Söhnen Wieland und Wolfgang, die den Freund des Hauses Wahnfried *Onkel Wolf* zu nennen pflegten. Geli Raubal, Hitlers Nichte, seine große Liebe, die sich 1931 erschoß, nach einem Streit mit *Onkel Alf*. Helene Hanfstaengl, die ihm 1923 nach dem Münchner Putsch im blauen Bademantel ihres Gatten Asyl gewährte, bis ihn die Häscher holten und der kleine Egon Hanfstaengl schrie: Was machen die bösen Männer mit meinem *Onkel Dolf*? Der hatte, auf dem Boden krauchend, dem Knaben so schön eine Dampflok imitiert. Schließlich Hitlers prekäre Kindheit … Da liegen Stoffe. Das schreit nach Film, das wäre großes Kino und könnte endlich klären, woher wir kamen und wer wir sind – wir Deutschen.

Was sahen wir noch? »Dresden« eben, seinen Untergang in einem schmonzettigen ZDF-Zweiteiler. Zwölf Millionen Zuschauer. Teuerstes Spektakel der deutschen TV-Geschichte. Lovestory mit flammendem Inferno und Wackelkamera, auf daß die Fernsehcouch sich unter Bomben wisse. Sodann »Die Gustloff« (ZDF), angeschoben durch Günter Grass' Erzählung »Im Krebsgang«. Der Film inszenierte die 1945er Todesfahrt des Flüchtlingsschiffs von Gotenhafen Richtung Kiel. »Die Flucht« (ARD) schien ungefähr von Gräfin Dönhoffs Ritt nach Westen inspiriert, wobei Maria Furtwängler sich sputen mußte, ihrer Verpflichtungen als »Tatort«-Kommissarin wegen. »Anonyma – Eine Frau aus Berlin« stand dann wie kein zweiter Film für Tabu-Geschichte, die man nun endlich erzählen könne: die Vergewaltigungen durch Rotarmisten, die Greueltaten der Sieger. Schweres deutsches Schicksal, denkt man immerzu.

All dies sind Gegenwartsfilme. Sie produzieren Vergangenheit in heutiger Beleuchtung, sie fertigen zeitgenössische Populär-Historiographie. Vor allem simulieren sie einheitsdeutsche Erinnerung, die älter ist als die deutsche Teilung in Ost und West. Filmästhetisch dominiert schlichter Realismus. Die komplexe Geschichte wird Zimmertheater mit Zentralfigur und Nebenrollen. Biedersinn waltet, verglichen mit Claude Lanzmans »Shoa« oder André Hellers »Im toten Winkel«, die keine opulenten Bilder inszenieren; statt bündiger Stories liefern sie authentische Torsi, die der Betrachter sich ergänzen muß. Fragmente und Dokumente sprechen stärker als die perfekte Produktion.

Manchmal kollidieren Geschichte und Vorgeschichte. Die Alten leben noch und mißbilligen, wie sich die Jungen der Vorzeit bemächtigen. Die Witwe des 1977 von der RAF ermordeten Bankiers Jürgen Ponto gab ihr Bundesverdienstkreuz zurück, aus Protest gegen den Film »Der Baader-Meinhof-Komplex«, der aus der RAF-Geschichte einen Action-Heuler machte. Ich sah vor der Premiere im Berliner »Delphi«-Kino den Aufmarsch der deutschen Showprominenz: roter Teppich, gleißende Spotlights, die drängende Karawane des Ruhms und das unaufhörliche Geschrei der Photographen. Hierher, hierher, hierher … Hierher schauen, Til Schweiger, hierher, Claudia Roth, hierher, Herbert Grönemeyer und Marius Müller-Westernhagen und, und, und ganz zufällig war ich vorbeigekommen und amüsierte mich, wie der *Deutsche Herbst* nach drei Jahrzehnten als Show-und-Bussi-Event wiederkehrte. Rasch erregte ich Wohlwollen. Ein breitbeinig postierter Bodyguard faßte mich ins Auge, und ich ihn: muskulöse Bräune, Gelhaar, Spiegelbrille, Knopf im Ohr. Rasch kam er auf mich zu: Wennse weitergrinsen, gibt es *echten* Ärger.

Fast hätte die RAF ein letztes Opfer gefordert.

Auch die DDR wird historisch, wird Film. Auch hier schallt der Einspruch der Zeitzeugen. Zwar hat »Das Leben der anderen« den Oscar gewonnen, aber was wissen die Amis schon von der DDR! Nie hätte, nie hat ein Stasi-Offizier die Seiten gewechselt und sein Opfer geschützt. Also verharmlost der Film die SED-

Diktatur. Aber erpreßten in den achtziger Jahren nicht eher die prominenten Künstler den Staat als umgekehrt? Also verschrecklicht der Film die DDR.

Sieh »Das Leben der anderen« nicht als Beschreibung der tatsächlichen DDR, riet mir meine Kollegin Evelyn Finger. Dann ärgerst du dich nur. Sieh's als Film über Diktatur. – Das half, damit konnte ich leben.

Lieber sind mir milieukundige Filme mit dem poetischen Blick der Geschichte von unten. Wie vertraut wirken Land und Leute aus Michael Schorrs »Schultze gets the Blues«, der glückstraurigen Ballade vom Akkordeonspieler aus Teutschenthal bei Halle. Schultze, zwangspensionierter Kalihauer, entdeckt im Radio die Zydeco-Musik. Statt wie seine Schicksalskumpels bei Bier und Kneipensprüchen lebensabendlich zu verdämmern, bricht er nach Louisiana auf, wie einst Esel, Hund, Katze und Hahn gen Bremen wanderten. Denn *etwas Besseres als den Tod findest du überall*.

Der schönste wahre deutsche Märchenfilm ist »Good Bye, Lenin!«. Ein Westler, Wolfgang Becker, hat ihn 2003 gedreht, mit warmem Blick nach Osten. Eine brave Genossin, vor dem Mauerfall ins Koma gefallen, erwacht Monate später. Sie bleibt ans Bett gefesselt; jede Aufregung könnte ihren Tod bedeuten, ganz gewiß der Untergang ihrer geliebten DDR. Deshalb inszeniert ihr der Sohn den Fortbestand der Republik. Der Film tut wohl und weh. Er zeichnet Diktatur und Heimat Ost. Er zeigt den humanen Witz der kleinen Leute wie die prügelnde Polizei zum 40. Geburtstag der DDR. Er läßt den gescheiterten Idealismus spüren und die Prägungen der Kollektiv-Moral. Er vermittelt – auf eine Art, die im Osten überzeugt und im Westen interessiert. Er gewinnt durch die deutscheste aller Eigenschaften: Charme.

Den Epilog spricht Sigmund Jähn, 1978 erster Deutscher im Weltenall. Soeben hat er, im Herbst 1990, angeblich Erich Honecker als Staatschef abgelöst; gerade meldet es die »Aktuelle Kamera«. Was, der Jähn? entfährt's der Mutter. Nun wendet sich das neue Staatsoberhaupt an ein Volk, das ein einziges Mitglied zählt.

Würdig und menschlich spricht Genosse Jähn: Liebe Bürgerinnen, liebe Bürger der Deutschen Demokratischen Republik! Wenn man einmal das Wunder erlebt hat, unseren blauen Planeten aus der Ferne des Kosmos zu betrachten, sieht man die Dinge anders. Dort oben in den Weiten des Weltalls kommt einem das Leben klein und unbedeutend vor. Man fragt sich, was die Menschheit erreicht hat. Welche Ziele hat sie sich gestellt? Welche hat sie verwirklicht? Unser Land hat heute Geburtstag. Aus dem Kosmos gesehen, ist es ein sehr kleines Land. Und doch sind im letzten Jahr Tausende Menschen zu uns gekommen – Menschen, die wir früher als Feinde gesehen haben und die heute hier mit uns leben wollen. Wir wissen, daß unser Land nicht perfekt ist. Aber das, woran wir glauben, begeisterte immer wieder viele Menschen aus aller Welt. Vielleicht haben wir das Ziel manchmal aus den Augen verloren. Doch wir haben uns besonnen. Sozialismus, das heißt nicht, sich einzumauern. Sozialismus, das heißt, auf den anderen zuzugehen und mit dem anderen zu leben, nicht nur von einer besseren Welt zu träumen, sondern sie wahrzumachen. Ich habe mich daher entschlossen, die Grenzen der DDR zu öffnen.

Dann Bilder jauchzenden Volks, das die Mauer überwindet, von West nach Ost, wie die Mutter glauben soll. Im Hintergrund erklingt die Becher-Hymne, deren Text so lange nicht gesungen werden durfte. *Denn es muß uns doch gelingen, daß die Sonne schön wie nie über Deutschland scheint.*

Ich sah den Film als Video, am 25. August 2008, mit Conny, der mittlerweile 13 war. Er liebt den Film. Für ihn ist das die DDR. Ich liebte als Kind »Spartakus« und »Der Untergang des römischen Reiches«. Für mich war das Rom.

11

Träumst du oder wachst du? Gemächlich rollt die Bahn durch die hannöversche Provinz, am 17. Mai 2006. Der Tag ist schwül. Der Reisende nickt ein, erwacht, schlummert weiter, träumt hinaus … Plötzlich eine Erscheinung. Im grünen Land ein roter Zug, vier antike Waggons, geschmückt mit güldener Schrift: WELTMEI-STER 1954. Der Reisende fährt hoch. Der rote Zug ist fort. Jetzt spricht eine Stimme: Wir erreichen Celle.

Wann empfanden Sie sich zum ersten Mal als Deutscher? Das hatten wir 2002 Gerhard Schröder gefragt. Er sagte: 1954, als Deutschland Fußball-Weltmeister wurde.

Westdeutschland war das, doch wir verkniffen uns die Antwort, weil ja auch im Osten gejubelt wurde, als der Radioreporter Herbert Zimmermann schrie: *Aus dem Hintergrund müßte Rahn schießen, Rahn schießt* ... Mit den Jahren mythisierte sich das 3 : 2 gegen die schier unschlagbaren Ungarn zum eigentlichen Gründungsakt der Bundesrepublik. Sönke Wortmann hat den Mythos reproduziert und »Das Wunder von Bern« gedreht, einen Märchenfilm. Papa Herberger ist mitnichten Ex-Reichstrainer, sondern gütigstrenger Spielervater. Fritz Walter gibt seinen perfekten Wahlsohn, Helmut Rahn figuriert als wildes Kind. Die Schweiz lacht, mit Bergen und Seen und possierlichen Städtchen, sehr im Unterschied zum ramponierten Ruhrgebiet. Dort kommen gerade die letzten Kriegsgefangenen aus Rußland zurück. In Deutschlands schwere Zeit platzt der große Sieg, *das Wunder von Bern.* Die Wundertäter kehren im Triumphzug heim. Der Zug hat vier rote Wagen und wird, kaum daß er bei Singen die deutsche Grenze erreicht, von jubelnden Volksgenossen umbrandet. Sie schreien ihr Glück heraus. Sie überschütten die Helden mit Liebesgaben. Sie haben wieder Hoffnung, denn Deutschland rollt einer besseren Zukunft entgegen. Der Zug reist in die Abendsonne. Und wenn sie nicht gestorben sind ...

Einige leben noch – auf deutscher Seite Horst Eckel, Ottmar Walter und Hans Schäfer, von den Ungarn der Unglückstorwart Gyula Grosics und Jenö Buzánsky, 2006 auch Ferenc Puskas, *der Major.* Ein neues Märchen steht an: *das Sommermärchen,* die Weltmeisterschaft *im eigenen Land,* beizeiten hochgeschrieben zur Geburtsmesse des legalen deutschen Patriotismus und der nationalen Normalität. Deutschland flaggt, drapiert und schminkt sich schwarzrotgold. Deutschland feiert Ballack, Klose, *Schweinepoldi,* Lahm. Deutschland muß Weltmeister werden. Doch *dieser*

Weg wird kein leichter sein. Puerto Rico lauert. Polen rüstet sich. Zum Schluß der Gruppenspiele droht Ekuador.

In drei Wochen beginnt das große Fest. Deutschland lädt die Welt ein, sie möge sich *zu Gast bei Freunden* fühlen. Deshalb kommen wir nach Celle. Die altwürdige Herzogstadt zählt zu den 32 glücklichen Kommunen (31 im Westen), die zur Weltmeisterschaft eine Gastnation beherbergen dürfen. Nicht irgendeine. Angola. Die Brasilianer residieren im Taunus, die Engländer erwählten Baden-Baden. Suffgrölende Hooligans im Kurpark, das klingt nach *clash of civilisations*. Nichts aber kontrastiert wie Celle und Angola: die, wie sie sich nennen, Schwarzen Antilopen im Fachwerkparadies.

Ach, Celle ist reizend. Das Renaissance-Schloß prunkt, von Wasser umringt. Man wandelt unter Kuchenbaum und Flatterulme und atmet süßes Gras. Hengst Wohlklang springt im Park, von der Stadtkirche bläst der Türmer. Schaufenster tragen Angola-Schmuck, über Straßen rufen Transparente: BEM VINDO ANGOLA! Die wortreich beschnitzten Fachwerkhäuser verstehen kein Portugiesisch. TREU UNSER HERR. WAHR UNSER WORT. DEUTSCH UNSER LIED, GOTT UNSER HORT. Die Hypovereinsbank lügt: GOTT GIBTS, GOTT NIMBTS. Schweine-Schulzes altdeutscher Krug (»Das heimliche Rathaus«) bekennt: EN VÖRBILD IS FÖR UNS DAT SWIEN: DAT WIEST UNS, AS WI NICH SCHÖLLT SIEN! Wirt Udo Röder serviert Schweinernes mit Doppelbock und schwärmt von den sagenhaften Fußballspielen Hamlet gegen Kotelett, also Schloßtheater gegen Schweine-Schulzes Gäste (mit Uwe Seeler). Röders Interesse am angolanischen Fußball ist unausgeprägt. Die Beziehung zu Afrika sei nicht so da.

Wir fragen weiter: Wie finden Sie es, daß die Angolaner kommen?

Sollnse hier wohnen, sagt der eilende Herr. Schuldigung, ich muß zum Zahnarzt.

Mal 'ne andere Kultur in Celle, sagt der farbige Mitbürger.

Mal gucken, sagen die drei Mädchen vor der Bibliothek. Brasilien wär schöner.

Ich bin für Deutschland, sagt der Industriekaufmann Kai Ahlsdorff. Mich interessieren am Fußball nur Länderspiele. Bundesliga, das ist doch bloß Einkauferei.

Jetzt hören Sie von mir die Wahrheit, sagt die alte Dame mit Hütchen und Schirm. Den ganzen Fußball hab ich satt. Diese jungen Männer spielen Ball, so was nenne ich Hobby. Und dafür kriegen die unendlich viel Geld. Und wohnen in den teuersten Hotels. Und haben im Leben noch gar nichts geleistet. Ich dagegen, ich erzähl Ihnen jetzt mal …

Geraume Zeit später erreichen wir das Neue Rathaus. Das irre Trumm, ehedem Kaserne, ist Deutschlands größter Backsteinbau und läßt das Berliner Rote Rathaus wie eine Miniatur erscheinen. In Zimmer 245 amtiert Bernd Nitsche, jener Mann, der Angola nach Celle lockte. Eigentlich ist er schon pensioniert, kann aber vom Fußball nicht lassen. 810 deutsche Städte bewarben sich als WM-Quartier. Schwungvoll erzählt Nitsche, wie er Angolas Fußballführung bezirzte: Am 18. Dezember kamen sie, am späten Nachmittag, Dunkel, Kälte, Regen wie verrückt. Ich hab alle Register gezogen. Als wir ins Stadion rein sind, reißt der Platzwart das Flutlicht hoch. Gleißender Rasen, Zustand tiptop, da hatte wochenlang keiner drauf gedurft. Ich sage zum angolanischen Trainer: Herr Goncalves, so was wie hier sehen Sie am 18. Dezember in Deutschland nur einmal. Goncalves runter auf den Platz, prüft den Rasen, reckt den Daumen zu seinem Präsidenten. Der sagt: Herr Nitsche, keine Kontakte zu anderen Nationen! Wir kommen zu Ihnen.

Haben Sie Sicherheitsbedenken?

Müssen wir Angst haben?, die Frage kam gleich, sagt Nitsche. In Celle gab es nie auch nur Andeutungen von Ausschreitungen beim Fußball, auch nicht bei farbigen Spielern. Man soll das Problem Rassismus weder verniedlichen noch herbeischreiben.

Das Hotel »Celler Tor« liegt drei Kilometer außerhalb der Stadt, im Dorf Groß Hehlen. Alte Fichten rauschen, Rhododendron glüht, Flieder weht durch die Wiesen. Drinnen leicht behäbiger Chic. Das Celler Tor befindet sich wahrhaftig seit 1438 in Familienbesitz, in 19. Generation. Ein Summton familiärer

Freundlichkeit schwingt durch das weite Haus. Man freue sich, einen WM-Neuling zu bekommen, sagt die Juniorchefin Susanne Ostler. Die Angolaner seien bestimmt nicht so abgehoben wie ein Star-Ensemble. Einen Portugiesisch-Kurs für Mitarbeiter hat sie durchgeführt und sich über das Land kundig gemacht. Fußball, weiß Frau Ostler, ist in Angola große Politik. Nach dem ewigen Bürgerkrieg bringt er Menschen spielerisch zusammen, die sich jahrelang mit Waffen gegenüberstanden. Die Nationalelf ist ein Mittel zur Heilung der Vergangenheit.

Mir wurde erzählt, daß die Angolaner teils noch in Lehmhütten wohnen, sagt die Hausdame Maike Lippert. Da wird's Zeit, daß sie mal rauskommen und was Neues kennenlernen und was Schönes haben für ihre Seele. Wir werden sie verwöhnen, jeder bekommt einen Willkommens-Rucksack auf sein Bett.

Hausdame Lippert lernt daheim Portugiesisch, per CD. Küchenchef Niebuhr studiert angolanische Ernährung. Das wird hochinteressant, sagt er. Fünf Köche bringen die Angolaner mit, 500 Kilo gefrorenen Fisch, extrafeines Maniokmehl … Ich hab schon mit dem Oberkoch verhandelt. Moslems sind sie ja nicht, die essen Schwein. Aber Pfötchen wollen sie und Ohren und Innereien, da fahr ich dann mal mit dem Kollegen zum Schlachter, da zeigt er mir am offenen Schwein, was er möchte. Ansonsten normales Frühstück, abends kaltes Buffett, Obst, Gemüse, frisch gepreßte Säfte. Mehr wollen die gar nicht.

Ich bin Realist, spricht Vizekoch Werner Berglehner, Angola kann es packen. Das findet auch Bernd Nitsche, der Fußballguru. Angola habe Nigeria ausgeschaltet, und wer zur WM fahre, beherrsche garantiert den gepflegten 30-Meter-Paß. Nun ja, schränkt Nitsche ein, außer vielleicht unsere deutschen Haupttechniker.

Angolas Mission heißt Portugal: die einstige Kolonialmacht Mores lehren, in Köln. Deutschland wird helfen. 160 Celler werden die Schwarzen Antilopen begleiten. Sie reisen im Sonderzug. Er ist rot und besteht aus vier antiken Wagen. Darauf prangt der Schriftzug WELTMEISTER 1954. Der Tausendsassa Nitsche hat Herbergers Triumphshuttle aus dem Braunschweiger Depot gelotst.

Dann kommen die Angolaner. Celle feiert und flaggt – für wen? Auch Angolas Farben sind Schwarzrotgold, und das Landeswappen mit Machete, Zahnrad, Stern wirkt wie eine Afrika-Variante von Hammer, Zirkel, Ährenkranz. Die Gäste sind gerührt, als Kinder ihnen Sammelbildchen reichen, die sie selbst, Angolas Spieler, zeigen. Sie bedanken sich und stecken die Bilder ein. Die Kinder sind perplex, weil sie doch Autogramme wollten. Es stellt sich heraus, daß Angolas Nationalmannschaft keine Autogrammkarten hat. Bernd Nitsche läßt eilends 40 000 Stück drucken. Die Stadt schenkt den Angolanern deren Bilder, die Angolaner schenken sie signiert zurück.

Der 11. Juni 2006 ist gekommen, ein sonniger Sonntagmorgen. Der rote Zug steht bereit, das angolanisch vermummte Celler Fanvolk steigt ein. Ach, wie reizend ist die Eisenbahn-Moderne der fünfziger Jahre, mit Kurbelfenstern, Holzdecken und -tischen und Reklame von dunnemals. An den Wänden zeugen Photos von der größten Fahrt des Zugs, deren Stationen sich lesen wie ein Gedicht: Bern, Spietz, Interlaken, Brienz, Sarnen, Luzern, Affoltern, Zürich, Bülach, Jestetten. Dort unterbrach eine Sitzblockade die Fahrt. Weiter ging's, via Schaffhausen, und dann war Singen, war Jubeldeutschland erreicht. Radolfzell, Konstanz, Überlingen, Friedrichshafen, Lindau, Oberstaufen, Immenstadt, Kempten, Kaufbeuren, Buchloe, Kaufering, Türkenfeld, Fürstenfeldbrück, München. Am Ziel. Im ewigen Ruhm.

Wir zehren davon. Wir winken weltmeisterlich aus dem Fenster. Wir werden erkannt, zurückgegrüßt, geknipst, in Hannover, Minden, Porta Westfalica. BERLIN, BERLIN, WIR FAHREN NACH BERLIN! ruft man uns zu. Sektselige Niedersächsinnen antworten: MIT ANGOLA FAHRN WIR ZUR WM! Auch echte Angolaner sind im Zug. Mateus Mendonca und Tito de Almeida erzählen uns vom Bürgerkrieg: Savimbi gegen Dos

Angoladeutscher Optimismus, befördert im Zug der Helden von Bern (Bahnhof Hannover, 11. Juni 2006).

Santos; der eine hatte die UNITA und Diamanten, der andere Erdöl und die MPLA. Dos Santos gewann, der Krieg endete 2002 und ist noch allgegenwärtig. Wir hören von der Korruption der Hierarchien, vom täglichen Lebenskampf, von Schlangen an den Tankstellen, weil alles Öl ins Ausland fließt.

Ferner hören wir Bernd Nitsche. Er telephoniert, schon seit Stunden, zum zwanzigsten Mal. Herr Doktor Lumbo! ruft er ins Handy. Gewiß! Ja! Aber? Die Tickets! Haben Sie die Tickets, Herr Doktor Lumbo?

Dies ist der kritische Punkt der Reise. Die Tickets für uns deutsche Angolaner müssen aus dem afro-angolanischen Fan-Kontingent bezogen werden. Es handelt sich um Eintrittskarten von Personen, die kein Visum für Deutschland erhielten. Doktor Lumbo hat sie, soll sie haben, könnte wissen müssen, wer sie haben sollen dürfte. Herr Doktor Lumbo! ruft Nitsche. Jetzt? Jaaa! Nein? Wie – nein? Dann aber? Was, erst essen gehen? Nein! Ja! Nun bald, in einer halben Stunde? Herr Doktor Lumbo …

Ein Funkloch.

Schon sind wir im Bergischen Land. Wir halten auf der Müngstener Brücke, Deutschlands spektakulärstem Schienensteg, der, 107 Meter hoch, das Tal der Wupper überspannt. Wir steigen aus und staunen in die Tiefe. Solingen-Ohligs wird erreicht, und nun der Rhein. Angekommen: Köln. Am Bahnsteig steht wahrhaftig Peter Lohmeyer, der in »Das Wunder von Bern« den Kriegsheimkehrer und Vater spielt. Und Doktor Lumbo ist da. Die Tickets sind es nicht. Nitsche sagt: Herr Doktor Lumbo …

Der Rest ist schnell erzählt. Wir lagerten vier Stunden lang am Stadion. Doktor Lumbo, der sich zwecks nun aber endgültiger Beschaffung der Tickets abgesetzt hatte, kehrte nicht zurück und verschwand auch aus der fernmündlich erreichbaren Welt. Nitsche beruhigte uns und sich auf bewundernswerte Art und entsandte Kundschafter in ein afrikanisch frequentiertes Restaurant, das Doktor Lumbo erwähnt hatte. Die Emissäre kehrten erfolglos zurück und berichteten, alle Leute im Restaurant hätten plötzlich Tickets gehabt.

Den deutschen WM-Organisatoren am Stadion taten wir

sichtlich leid. Inmitten des Völkerfaschings, umwirbelt von Trommeln, Tuten, Tanz, saß dieser betrübte Haufe. Ich will Ihnen nicht zu nahe treten, sprach der Oberdispatcher zu Nitsche, aber haben Sie einen Plan B? In der Gruppe kursierten bereits Statistiken, wonach Angola der elftärmste Staat der Erde sei, in der Korruptionstabelle aber auf Platz 11 von vorn. Nitsche rief ein letztes Mal vergeblich nach Doktor Lumbo. Dann hielt er eine Entspannungspredigt, derzufolge das Leben sei, wie es ist, und gewiß nicht immer ein Heimspiel. Wir aber hätten Glück gehabt: die wunderbare Fahrt mit dem Zug der Helden von Bern.

Der Abend endete beim *public viewing* am Kölner Neumarkt vor einer Großbildwand. Pauleta schoß nach drei Minuten Portugals 1:0. Dabei blieb es. Ein Schnarchspiel. Angola wurde nicht Weltmeister.

Auch Deutschland schied aus, ein bißchen später. Sönke Wortmanns »Deutschland. Ein Sommermärchen« wurde keines, sondern eine biedere Dokumentation, die sich immerfort mit der deutschen Mannschaft befaßte. Man sah, wie nach dem Auftaktsieg gegen Costa Rica der Trainer Klinsmann in der Kabine jubeltobte: Jungs, geil, geil! Historischen Zartsinn bewies der deutsche Nationalcoach vor dem Spiel gegen Polen: Die stehen mit dem Rücken zur Wand, und wir knallen sie durch die Wand hindurch! Das machen wir heute! Sodann ging es gegen Ekuador. Klinsmann gebot, sich derartig Respekt zu verschaffen, daß niemand mehr Lust verspüre, gegen Deutschland zu spielen. England, Schweden oder sonstwer, rief Klinsmann, aber zuerst müssen wir denen heute auf die Fresse geben! Über die Argentinier erfuhren seine Schutzbefohlenen: Wenn sie den Tiger in unseren Augen sehen, verlieren sie ihre Spielweise, und dann schlagen wir zu, aber brutal, brutal schlagen wir da zu! Schließlich Italien. Weghauen! befahl Klinsmann. Der Spieler Frings durfte das Co-Referat brüllen: Wir gehen jetzt raus und hauen die Scheiße weg!

Jaaa!! schrien die Recken und stürmten aufs Feld – ohne Frings, der gesperrt war, weil er gegen Argentinien zugehauen hatte. Aber *die Scheiße* gewann, die Deutschen mußten weinen. Hat nicht sollen sein, sprach Klinsmann. Sönke Wortmann war's zufriedener, als wenn Deutschland Weltmeister geworden wäre. Die Niederlage habe seinem Film die nötige Tragik verschafft.

Und der Patriotismus, der immerfort *unverkrampft* zu nennen war? Luchsäugig analysierten die Medien: Ist er gefährlich? Leugnet er Vergangenheit? Vertuscht es heutigen Rassismus, wenn die Deutschen derartig flaggen, singen, hupen, trinken? Mehrheitlicher Tenor: Nein, es handelt sich um Karneval. Weiterhin erwies sich, daß Deutschlands Probleme nicht durch ein Ballspiel zu lösen sind. Der Kommerz-Fußball markiert Sozialunterschiede besonders grell und bezeugt die Enteignung des Sports durch die Hochfinanz.

Die Weltmeisterschaft war ein Fest. Sie schuf, für ein Weilchen, transnationale Gemeinsamkeiten und Daten der Erinnerung. Die Geschichte ist national, die Zukunft global; die Gegenwart kennt beides. Deutschlands Frontgeneration stirbt aus. Aus dem Hintergrund müßte Rahn schießen. Aber Rahn schießt nicht mehr.

12

Und warum ist Neil Young der Ostler schlechthin?

Ich glaube an die Kontamination von Orten durch Ereignisse. Da hing also noch die alte Bildwand im Speisesaal der Filmschule, die keine mehr war, als ich sie im Mai 2002 mit der jungen Frau besuchte. Was für Bilder, welch unvergeßliche Filme hatten sich der Wand vor 30 Jahren eingebrannt: Kurt Maetzigs »Ehe im Schatten«, Sergej Bondartschuks Tolstoi-Verfilmung »Krieg und Frieden« (vier Teile), Heiner Carows »Die Legende von Paul und Paula« ... Ein Film ergriff uns wie kein anderer: »Blutige Erdbeeren« von Stuart Hagmann führt an eine kalifornische Universität. Sie wird bestreikt. Die Studenten protestieren gegen den Vietnam-Krieg ihrer Regierung, aber wie. Widerstand heißt Party und ist ein bunter Zirkus spielerischer Anarchie, überschwebt von freier Musik. Buffy Sainte-Mary singt »The Circle Game«, Thunderclap Newman »Something In The Air«, Neil Young »Helpless« und »Down By The River«. Mittendrin wirbelt Simon, ein hübscher Leichtfuß, lennonartig bebrillt, doch dann wird es ernst. Simon verliebt sich in Linda, die Che Guevara verehrt; wir wollen hoffen, daß sie nichts weiß von den Bluttaten des Commandante Che, denn die folgende Gewalt geht keineswegs von den Studenten aus. Die Nationalgarde stürmt die Uni, mit Knüppeln und Tränengas. Die Studenten sitzen im Kreis, die Köpfe schützend zwischen den Knien. Sie schlagen mit den Händen auf den Boden und singen *All we are saying is: Give peace a chance*. Sie singen, bis ihnen das Tränengas die Luft nimmt. Linda wird fortgezerrt, Simon wirft sich auf den Prügelbullen. Was dann geschieht, läßt fürchten, der Junge sei umgekommen.

Das Neonlicht flackerte auf. Wir waren wieder im Speisesaal. Niemand erhob sich. Wir saßen benommen: Weiße und Gäbler, der FDJottnik, Lampe, Gerda, das Arbeitermädchen … Der Film regte zur Nachahmung an. Der süße Vogel Freiheit flatterte durch Zimmer und Flure. Fortan schloß jede Lehrlingsdisko mit dem gemeinschaftlichen Sitzgesang *Give peace a chance*. Die Nationalgarde schritt ein, in Person von Heimleiter Riediger, der zur Nachtruhe mahnte.

Wir eroberten die Musik, die uns erobert hatte. Lampe zapfte den Kinoverstärker an und holte den Soundtrack von »Blutige Erdbeeren« aufs Band. In Lampes Nachbarzimmer hauste Christ, ein Berliner Rocker. Christ wünschte, Neil Young & Co. in seinem Radio zu hören. Wir entliehen aus der Elektropraxis einen Bohrhammer und durchbrachen unter Lampes Bett die Zimmerwand. Nun ließ sich ein Diodenkabel von Lampes ZK 120 T zu Christs »Stern«-Empfänger ziehen. Christ teilte das Zimmer mit dem FDJottnik und Gotthold, einem erzgebirgschen Pietisten, der, das war sein Stolz, unlängst in Silberstadt einen rumänischen Kofferempfänger namens »Neptun« erworben hatte. Trotz ausgiebiger Sendersuche lieferte »Neptun« nicht, was Christs »Stern« neuerdings in *heavy rotation* von sich gab: den Soundtrack von »Blutige Erdbeeren«.

Is'n das für'n Sender? fragte Gotthold.

Bayern 3 auf UKW, sprach Christ.

Kriegt man doch hier gar nicht rein.

Mit'n Berliner Radio schon, bloß nicht mit deiner Rumänenschleuder.

Gotthold war tief gekränkt und fuhr nach Silberstadt, um »Neptun« umzutauschen. Das gelang, obwohl der mangelnde Empfang von Westsendern als Reklamationsgrund in der DDR nicht offensiv vertreten werden konnte. Auch »Neptun« zwei verweigerte Bayern 3. Gotthold rief unpietistische Wörter aus und fuhr abermals nach Silberstadt. Auch »Neptun« drei blieb für »Blutige Erdbeeren« unempfänglich. Inzwischen hatte Partei-Dömmel von Gottholds Bayern-Sehnsucht Kenntnis bekommen. Gotthold empfing eine Aussprache, in der er gemahnt wurde, sich von Christ, Lampe und Konsorten fernzuhalten. Die tun Ihnen *wahrlich* nicht gut, sprach Dömmel. Das sind *Unholde*.

Neil Young sang weiter von Lampes Band – »Helpless«, »Southern Man«, »Ohio«. *Tin soldiers and Nixon coming / We're finally on our own / This summer I hear the drumming / Four dead in Ohio ...* Was wußten wir von der Bedeutung dieser Musik auf der anderen Seite der Welt? Vier Tote in Ohio, Studenten der Kent State University, erschossen, weil sie gegen den Vietnam-Krieg demonstrierten. Der Krieg eskalierte immer mehr. Am 25. April 1970 waren amerikanische Truppen in Kambodscha eingedrungen, um vietnamesische Kämpfer zu vernichten, die sich dorthin zurückgezogen hatten. Der Invasion und Präsident Nixons Rechtfertigungsrede vom 30. April folgten US-weit Proteste, auch in Kent. Bürgermeister Leroy Satrom rief den Notstand aus. Am 2. Mai versammelten sich 1500 Studenten auf dem Campus bei einem Gebäude, das die Armee zur Reservisten-Ausbildung nutzte. Einige wollten das Haus anzünden. Feuerwehr und Polizei eilten zum Großeinsatz herbei. Zeugen zufolge erfaßte das Feuer nur ein paar Gardinen und wurde rasch gelöscht. Erst unter Kontrolle der Staatsgewalt sei das Gebäude niedergebrannt.

Jetzt rief Bürgermeister Satrom die Nationalgarde nach Kent. Ohios Gouverneur James Rhodes erklärte am 3. Mai, diese Studenten seien Amerikas Abschaum, übler als Nazis und Kommunisten. Mit Gesetz und Waffe würden sie bekämpft. Der Republikaner Rhodes befand sich im Wahlkampf zum US-Senat; Umfragen zeigten ihn sieben Prozent hinter seinem Kontrahenten Robert Taft Jr. Gern hätte Rhodes seine markigen Worte mit Taten geschmückt. Es wird vermutet, daß ihn Richard Nixon unterstützen wollte, zumal der Präsident mit den Kent-Studenten eine Rechnung offenhielt: 1968 hatten sie ihn bei einer Rede niedergebrüllt.

Am 4. Mai demonstrierten auf dem Campus wieder 2000 Studenten. Die Nationalgarde zog auf, etwa hundert Mann, um die Menge zu zerstreuen. Tränengas wurde verschossen. Die Studenten warfen Stöcke und Steine. Die Gardisten rückten vor, mit aufgepflanztem Bajonett. Sie gingen in Stellung und legten an. Dann der Feuerbefehl.

Das Feuer dauerte 13 Sekunden. 76 Schüsse fielen. Vier Menschen starben. Neun wurden verletzt, einer blieb querschnittsgelähmt. Am 6. Mai verlor Gouverneur Rhodes seinen Wahlkampf hauchdünn. Am 9. Mai strömten 150 000 protestierende Studenten nach Washington. Landesweit streikten über vier Millionen. Hunderte von Hochschulen blieben zeitweilig geschlossen, die Kent State University für sechs Wochen. Das Massaker fand keine Sühne. Die Gardisten, befand ein Untersuchungsausschuß, hätten in Selbstverteidigung gehandelt.

Einige der Opfer waren mehr als einhundert Meter entfernt.

Am 21. Mai nahmen Crosby, Stills, Nash & Young »Ohio« auf. Am 4. Juni erschien die Single, einen Monat nach den Schüssen von Kent. Die B-Seite klingt wie ein Grablied für Allison Krause, Bill Schroeder, Jeffrey Millner und Sandy Scheuer. *Find the cost of freedom/Buried in the ground/Mother earth will swallow you/Lay your burden down.*

Das makellose a capella schwebt, entrückend schön. Aber die Platte knackt. Das tat sie schon immer. Es handelt sich um eine indische Pressung, 1975 in Ungarn gekauft. Ich erinnere mich an die Heimkehr aus Budapest. Biederes Urlaubsvolk passiert am Flughafen Berlin-Schönefeld die Zollkontrolle der DDR. Das diensthabende Organ ist programmiert auf langhaarige Elemente: Gommse, Bürger, packense den Rucksack aus! Das Organ wird alsbald fündig und konfisziert die LP »So Far« von Crosby, Stills, Nash & Young: Bürger, dies ist ein nichtsozialistischer Tonträger.

Aber es handelt sich um kulturell hochwertiges Gegenwartsschaffen.

Das werde geprüft, bescheidet das Organ und entschwindet samt Platte in zollamtliche Hinterzimmer. Der Schweiß bricht aus. Was tut der Barbar? Grabscht er mit Wurstfingern aufs Vinyl? Tilgt er mit Glasfaserstift »Ohio« und die Drogenhymne »Wooden Ships«? Nach einer qualvollen Dreiviertelstunde kehrt das Organ zurück, mit der unversehrten Platte und dem unvergeßlichen Ausspruch: Nuja, Bürger, schaden kann's nicht.

Geschadet hat's nicht, doch geprägt. Die Hippie-Ikonen CSN&Y blieben ein Akku für den Alltagstrotz. Sie stimulierten Individualität, sie heilten Aggressionen. Ihr fragiler Wohlklang schuf Ermutigungs-Melancholie. Kunst hat ja noch nie die Welt gerettet, aber sich selbst und etliche Seelen wie meine. Die Bandgeschichte dieser amerikanischen Beatles ist Rock-Bibelkunde: wie Stephen Stills von Buffalo Springfield sich 1968 mit dem gefeuerten Byrd David Crosby verband, wie Ex-Hollie Graham Nash zu ihnen stieß, wie Neil Young hinzukam, wie sie – erst ihr zweiter Auftritt – in Woodstock spielten. Wie 1970 das wunderbare Album »Déjà Vu« erschien, mit unerhörtem Satzgesang, federnden Beats, Orgelgeflatter und deliziös plärrenden E-Gitarren, die im Jahr darauf das Live-Doppelalbum »4 Way Street« zur Orgie machten.

Der Highway teilte sich in Solopfade, die vier Diven stritten, trennten sich und konnten doch voneinander nicht lassen. Reunions folgten, im Quartett, zu dritt oder als Duo der Busenfreunde Crosby & Nash. Teils entstand Schönes, manchmal gebügelter Mist. Was gelang, war sauberes Handwerk. Die Magie blieb ins Frühwerk gebannt: in die Trance von »Guinnevere«, in den Zirkeltanz von »Déjà Vu«, ins halluzinatorische Seelenrätsel der »Wooden Ships«: *I can see by your coat my friend you're from the other side …*

Das alles ist nun schon ein paar Jährchen her. Längst residieren CSN&Y in der Rock-Abteilung Klassisches Altertum. Nach der Wende erlebte ich sie endlich selbst – Crosby, Stills & Nash in St. Paul/Minnesota und beim Woodstock II-Festival in den Catskill Mountains, Neil Young in Köln und mehrmals in Berlin, mit Crazy Horse und den Jungspunden von Pearl Jam, denn in den neunziger Jahren hatten die Grungerock-Kinder Neil Old zu ihrem Ehrenvater erkoren. Politisch war er immer ein unruhiges Licht. 2002 berockte er mit »Let's Roll« das Codewort für den Angriff auf Afghanistan. In düsterster Bush-Zeit veröffentlichten David Crosby und Graham Nash 2004 ein schönes Album, das schlicht »Crosby & Nash« hieß. Die Stimmen (beide 63) waren intakt, die Balladen huldigten der Liebe, die Rocker entlarvten Enron und die Atomindustrie, das finale »Live On (The Wall)« verdammte den *winless war*. Die Shows der Europa-Tour eröffnete Nashs »Military Madness«, auf daß die Alte Welt erkenne: Hier kommt das Andere Amerika!

Damals traf ich sie, am 13. Februar 2005 in Berlin. Es war ein spezielles Gefühl, David Crosby und Graham Nash in einem Toiletten-Vorraum zu interviewen. Sonst fand sich in der Berliner »Arena« kein ruhiger Ort. Da hockten die alten Helden hochfreundlich im Schummerlicht, redeten und illuminierten ihre gerechte Welt. Von draußen zog's. Crosby, verpackt in Kutte, Mütze, Schal, erzählte unverdrossen von Anti-Bush-Aktionen und Benefizkonzerten, von den Gesinnungsfreunden Jackson Browne, Bruce Springsteen, Eddie Vedder, Bonnie Raitt, und bei der nächsten Wahl werde man noch härter kämpfen.

Habt ihr an Bushs Wiederwahl geglaubt?

No, sagte Nash. Crosby: *I did*.

Warum nein? Warum ja?

Die Demokraten hatten den falschen Kandidaten, sagte Crosby. Die Maschinerie der Republikaner war viel effizienter. Und sie sind den Pakt mit dem Teufel eingegangen, mit der religiösen Rechten.

Ich dachte, die Amerikaner würden die logische Hälfte ihres Gehirns einschalten, sagte der Engländer Nash. Bushs Lügen, dieser völlig unnötige Krieg, die US-Wirtschaft im Klo – all das ist ziemlich einfach zu durchschauen.

Bushs Wiederwahl ist ein dreifaches Desaster, sagte Crosby. Es verletzt die Verfassung, das Blut unseres Landes. Es verletzt unsere Beziehung zu Europa. Es verletzt Mutter Erde, das ist unverzeihlich.

Es gibt ein berühmtes Zitat von Hermann Göring, sagte Nash: Es ist leicht, das Volk zu kontrollieren. Erschaffe einen Feind, sage, wir werden angegriffen und nenne jeden, der dir widerspricht, unpatriotisch.

Wir sind Patrioten, sagte Crosby, und wir sind Bürger dieser Welt. Antiamerikanisch wurden wir schon während des Vietnamkriegs genannt. Ja, wir stehen gegen Bushs *corporate America*. Wir glauben einfach, Krieg ist keine gute Art, Probleme zu lösen.

Da sagte Nash: In der Welt der Boybands und großen Titten ist unser Einfluß kleiner geworden.

Graham, auf »Songs For Survivors« singst du von der Zeit, in der du unbesiegbar warst.

Manchmal bin ich's noch, sagte Nash. Aber ich mache das Radio an und höre, daß Roy Orbison gestorben ist, Jerry Garcia, Kurt Cobain, George Harrison, gerade Jim Capaldi ...

Es sei den Überlebenden verziehen, daß sie unjung werden mußten. Zweieinhalb Stunden lang haben sich Crosby & Nash durch ihr Songbuch gespielt, und am schönsten war »Déjà Vu« und am wahrsten die Zeile: *We have all been here before.* 2000 Berliner wurden beseligt, mit wohlvertrauter Musik und der Mitgliedschaft zum Stamm der Guten. Crosby nannte George Bush Hurensohn, und auch sonst war alles angenehm: ein Abend mit klassischer amerikanischer Musik, gediegen reproduziert, und als »Our House« und »Teach Your Children« mitzusingen waren, begann der Kirchentag. Aber Crosby griff zur Stromgitarre und brüllte markerschütternd seinen Hippie-Heuler »Almost Cut My Hair«. Der schlohe Skalp umwallte das würdige Haupt. Ansonsten wurde in der »Arena« wenig Haar getragen.

Jegliches hat seine Zeit. Und dann kommt die nächste, und man ist noch längst nicht tot. 2006 verblüffte Neil Young mit dem Album »Living With War« – zehn Rocksongs wie aus einem Guß über den politischen Status quo der USA. Unverblümt rief Young zur Amtsenthebung des Präsidenten auf. *Let's impeach the president for lyin'/And misleading our country into war/Abusing all the power that we gave him/And shipping all our money out the door.* Und dann sang der Prophet Neil, Amerika habe einen Führer, wenngleich nicht im Weißen Haus. Unerkannt wandle er unter den Menschen. S*omeone walks among us/And I hope he hears the call/Maybe it's a woman/Or a black man after all/Maybe it's Colin Powell/To right what he's done wrong/Maybe it's Obama/But he thinks that he's too young.*

Obama. Der Name war gefallen, Anfang 2006.

Im Sommer 2007 machten Crosby, Stills, Nash & Young nochmals die große Reise durch ihr Land, unter dem Motto »Freedom of Speech«. Die Musik rumpelte anfangs, das Volk strömte. Wer den Tourneefilm »Déjà Vu« sieht, staunt, welch unverstellten Zugang in amerikanische Herzkammern die vier Haudegen immer noch finden. Noch immer entzünden sie liberale Liebe und Republikaner-Haß. Doch selbst hier herrscht die US-Zentralperspektive. Wie üblich, werden fast nur eigene Tode beklagt und sentimentalisiert. Die viel größeren irakischen Menschenopfer kommen bestenfalls am Rande vor. Amerikanische Mütter beweinen ihre Söhne und erkennen: Krieg ist Krieg und schießt zurück. Die nächsten Heldenmütter wird das wieder überraschen.

Zuletzt sah ich Neil Young am 19. August 2008. Es ging ihm gut unter dem Berliner Abendhimmel im Hof der Spandauer Zitadelle. 5000 Getreue waren gekommen. Der Alte tanzte und fuhrwerkte durch seine Gitarrenwälder, als spielte er »Powderfinger« und »Down By The River« zum ersten und letzten Mal. Dann zwitscherten die stählernen Saiten das trügerische Intro, die schönen Schiffe des Conquistators erschienen am Horizont. *He came dancing across the water/With his galleons and guns/Looking for the new world/And that palace in the sun.* Die Schiffe nahmen Land, der Tanz wurde Gewalt und Youngs Gitarre massakerte das Finale. *Cortez, Cortez! What a killer!*

Solche Kraft, nach so langer Zeit. Dreieinhalb Jahrzehnte nach »Blutige Erdbeeren« lief ich heim, als hätte ich vom alten Schutzpatron etwas Künftiges erfahren, Zuspruch, Ermutigung, daß der zynische Kreislauf der Dinge aufgebrochen werden könnte. *Maybe it's Obama ...*

Freu dich nicht zu früh, pflegte mein Vater zu sagen. Erst haben und zehn Schritte weg.

13

Ich erinnere mich, wie ich zum ersten Mal nach Halle kam. Das war 1968. Ich hatte Mittelohrentzündung. In Sangerhausen gab es keinen HNO-Arzt, deshalb kutschierte mich Vater zur Universitätsklinik nach Halle. Unweit der Stadt sagte er: Junge, weißt du was? Wir fahren über HaNeu.

Ich kannte das Kürzel nicht und verstand Hanoi, mit *oi* am Ende. Für einige Minuten durchglühte mich die ganz widersinnige Glücksgewißheit, wir würden jetzt unverzüglich mit dem Trabant nach Vietnam fahren, schwimmen oder fliegen. Ich fragte nicht nach. Ich suspendierte die Vernunft, bis die Chaussee sich neigte und aus einer Senke Halle-Neustadt stieg. Wir knatterten hinein. Wir durchbrummten die von Plattenblocks gesäumte Magistrale. Ich fand die Zukunftsstadt imposant. Freilich – die Illusion war verflogen.

Noch manchmal im Leben ergriff mich solch Glückshoffen wie ein hallesches Déjà vu. Erfüllt hat es sich selten, getrogen nie, auch nicht im SED-Regime. Jugend muß ja hoffen, sonst ist sie vorbei. System und Mensch sind zweierlei, und jeder wird in seine Zeit gestellt. Ich gehöre zu einer Mittlergeneration. Der Krieg hat uns noch elterlich geprägt. Die DDR umgreift einen erheblichen Teil unserer Biographie. Als die Mauer fiel, waren wir jung genug, um bei vollen Kräften in die neue Zeit zu gehen. Aber alle unsere Zeiten machen uns aus und erläutern einander.

Außenminister Molotow teilt via Radio Moskau und Lautsprecherübertragung Hitlerdeutschlands Überfall auf die Sowjetunion mit (Moskau, 22. Juni 1941).

Am 24. Juli 2008 besuchte ich im Berliner Martin-Gropius-Bau die Austellung »Der bedeutende Augenblick« von Jewgeni Chaldej. Wohl jeder kennt das berühmteste Bild dieses sowjetischen Photochronisten, aufgenommen am 2. Mai 1945: Rotarmisten hissen auf dem Berliner Reichstag die Siegerfahne. In der folgenden Nacht flog Chaldej nach Moskau; sein Photo wurde sofort veröffentlicht, zum endgültigen Beweis, daß der Große Vaterländische Krieg gewonnen sei. Auch dessen Beginn hat Chaldej dokumentiert, am 22. Juni 1941. Am Rand einer Moskauer Straße stehen Menschen, dicht bei dicht, die Augen erhoben zu einem Unsichtbaren. Radio Moskau überträgt eine Rede des Vorsitzenden des Ministerrates der UdSSSR. Die Menschen hören, wie Molotow sich ein Glas Wasser eingießt und stockend zu sprechen beginnt: »Heute morgen um fünf Uhr haben deutsche Truppen unsere Grenze von Murmansk bis zum Schwarzen Meer ohne Kriegserklärung überschritten. Kiew, Minsk, Sewastopol, Brest werden bombardiert.«

Ernst, aber gefaßt wirken die Hörer. Wissen sie, was kommt? Chaldej hat es festgehalten, vier Jahre lang. Man sieht die ragenden Kamine des verbrannten Murmansk, den Nebel beim Sturm auf Kertsch, die gemetzelten Zivilisten in Rostow am Don, das Rentier im Bombensturm, die Rotarmisten am Polar: sieben schreitende Schemen, gedoppelt vom Spiegel des Eismeers. Luftkampf über Sewastopol. Die Stadt am 9. Mai 1944, nach 240 Tagen deutscher Besatzung: ein Dresden auf der Krim. Hohläugige Mauern, leere Hülsen einstigen Lebens. Dann aber sonnen sich vor den Hausgerippen Menschen. Hier ist der Krieg vorbei. Er zog weiter, und Chaldej mit ihm, nach Budapest, nach Wien. Tod und Tod und Tod. Endlich Berlin. Ausgekippte Naziorden auf den Stufen der Reichskanzlei. Tote Frau mit Handtasche am Halleschen Ufer. Gefangene Wehrmachtssoldaten mit verwüsteten Gesichtern. Lachender Rotarmist mit Hitlerbüste. Seine Kameraden umstehen einen Mann mit Hitlerbärtchen und Führertolle, den sie erschossen haben. Siegesparade in Moskau: Marschall Shukow auf schwebendem Schimmel. Potsdam, die Konferenz der Großen Drei, das Korbstuhl-Photo: Stalin in weißer Uniformjacke mit Truman und Attlee, der Churchill ersetzen soll.

Auch den Nürnberger Prozeß hat Chaldej mit der Kamera verfolgt. Es erscheinen Keitel, Sauckel, Jodl, Rosenberg, Frank, der Polenschlächter, dessen Tagebuch in Menschenhaut gebunden war. Besonders interessierte Chaldej Göring, der ranghöchste überlebende Verbrecher der Nazi-Diktatur. Die Photographen wurden hereingerufen. »Ich ging mit meiner Kamera an der Wand entlang und blitzte. Keitel hielt seine Hand vors Gesicht. Dann ging ich an den Tisch von Göring. Als die anderen Fotografen, Amerikaner und Franzosen, an ihm vorbei gingen, sagte er nichts. Aber als ich in meiner russischen Marineuniform auf Göring zuging, um ihn beim Essen zu fotografieren, fing er an zu schreien: ›Was soll das, nicht mal essen kann man in Ruhe!‹ Ich erschrak und dachte, die alten Machtverhältnisse kehrten wieder zurück. Da kam ein amerikanischer Leutnant zu mir und fragte, was los sei, warum Göring schreie. ›Das weiß ich nicht‹, sagte ich, ›ich wollte ihn nur fotografieren.‹ Der Leutnant ging zu Göring und forderte ihn auf, sofort aufzuhören. Der brüllte aber weiter. Da hob der Leutnant seinen Knüppel und versetzte ihm einen Schlag ins Genick. Nun gab er Ruhe.«

Der alte Jewgeni Chaldej lebte in Moskau in bescheidensten Verhältnissen. 1997 ist er gestorben, mit 80 Jahren. Viele Stunden brachte ich mit seinen Photos zu. Ich weiß nicht, wie sie zu Jüngeren sprechen. Für mich ist der Krieg das Urböse und wird es bleiben, gerade weil meinesgleichen die Bewahrung erfuhr, ihn nicht zu kennen. Man muß nicht in den Krieg, um ihn zu hassen. Als letztes Photo beschaute ich ein Friedensbild: die Rotarmistin als Verkehrsreglerin an der Berliner Siegessäule.

Dorthin lief ich nun – keineswegs allein. 200 000 sollen es gewesen sein, die an diesem Sommerabend zum Großen Stern im Tiergarten strömten, um die Zukunft zu erleben. Barack Obama würde reden, der Menschenfischer, der Anti-Bush. Wurst briet, Bier floß viel weniger als Wasser und Energie-Getränke, denn Obamas Pilger waren jung. Geduldig harrten sie aus. Immer mehr drängten heran, aus dem Tiergarten und durch das Brandenburger Tor, an dem der Erwählte, da noch ungewählt, nicht reden durfte. Der Vormusik-DJ ließ es sich nicht nehmen, »Sympathy for the Devil« zu spielen.

Und dann kam er, der künftige Held und Friedensfürst, der Heiland der amerikanischen Schande, der Erfüller von Martin Luther Kings *I have a dream,* und was man sonst noch alles träumen mochte nach acht Albtraum-Jahren, in denen *Freiheit* zum Deckwort für Kriegsverbrecherei erniedrigt wurde und die *westliche Wertegemeinschaft* zur Zote. Jetzt sprang der Jubel auf. Viele sahen Obama nur auf einer Bildwand, aber war er das nicht selbst: eine gigantische Projektionsfläche für Erlösungswünsche? *Thank you,* sagte er. *Thank you!* rief er und lachte. *Thank you so much,* und er strahlte über dies Willkommen. *Thank you!* rief er abermals, dann leiser: *Thank you,* dann halbstark *Thank you!,* und nun amüsierte es ihn selbst, wie oft er das noch variieren könnte. *Thank you, thank you so much! Thank you. Thaaank you! Thank you to the citizens of Berlin,* Gejuchz, *and thank you to the people of Germany.* Extrabeifall; es wollte nicht enden. *Let me thank chancellor Merkel ...* Da zog Ruhe ein.

Was hat er gesagt? fragte die einzige alte Dame.

Dankeschön.

Na, das dachte ich mir schon.

Obamas Fanvolk brauchte keine Übersetzung. *Tonight I speak to you not as a candidate for president but as a citizen – a proud citizen of the United States and a fellow citizen of the world.* Über die Luftbrücke sprach er; das war seine Reverenz an Berlin. Völker der Welt, schaut auf Berlin! rief er, Ernst Reuter zitierend, denn das vereinigte Berlin beweise, was einer Welt, die zusammenstünde, möglich sei. Kiew bis Kapstadt, sagte er. Kandahar und Karatschi. Kansas bis Kenia. Auch zwischen den reichsten und den ärmsten Staaten müßten Mauern fallen. Neue Brücken bauen wolle er. Mit Rußland zusammenarbeiten. Eine Welt ohne Nuklearwaffen. Diesen Planeten retten. *This is the time ...*

Weltall – Erde – Mensch, darunter tat er's nicht.

Dann sagte er: Afghanistan. Al-Quaida und die Taliban. Schlagen. Niemand heißt Krieg willkommen. Aber. Gemeinsame

Sicherheit. Euer Land und meines. Amerika kann nicht allein. Unsere Streitkräfte und eure Streitkräfte. Arbeit.

Da wurde der Beifall matt.

Ich weiß, daß mein Land nicht perfekt ist, sagte Obama. Wir haben uns zuweilen schwer damit getan, das Versprechen der Freiheit und Gleichheit für alle Menschen unseres Landes zu halten. Wir haben unsere Portion an Fehlern gemacht. Und es hat Zeiten gegeben, in denen unser Handeln rund um den Erdball unseren besten Absichten nicht gerecht geworden ist.

Das war sehr milde gesprochen über ein Regime, das ja noch immer herrschte. Da es erlösend klang, wurde es bejubelt. Obama verströmte ein Charisma von Wärme und humaner Kompetenz. Und doch ist uns Deutschen fremd, wie *Amerika* sich selbst immer wieder als Zukunft ausruft, als habe es ein Anrecht, moralisch zu führen, als sei dieser Anspruch nicht gründlich diskreditiert. *A more perfect union* wolle man werden, das hatten die Gründungsväter den USA als Staatsziel in die Verfassung geschrieben. Dieser Traum gilt *Amerika* als seine eigentliche Realität. Er wird über die Gegenwart gezogen wie ein reines Gewand über einen kranken Leib. *Amerika* lebt als Zukunft, Deutschland von Vergangenheit.

Die Strecke vor uns ist lang, erklärte Obama. Aber ich bin heute hier, um zu sagen: Wir sind die Erben eines Kampfes um Freiheit. Wir sind ein Volk von unwahrscheinlicher Hoffnung. Die Augen auf die Zukunft gerichtet und mit Entschlossenheit im Herzen laßt uns an diese Geschichte denken und unserer Bestimmung gerecht werden und die Welt noch einmal neu machen. ... *and remake the world once again,* das sagte er tatsächlich. *Thank you, Berlin! God bless you! Thank you.*

Das war's, nach 27 Minuten. Der Beifall rauschte, lange, aber ohne Euphorie. *Soundbites,* sagte mein junger Nachbar, und sein Freund: Wahlkampf, na, da muß er alle Themen bringen. Ich lief zurück in die Stadt und setzte mich vor eine Kneipe an die Spree und trank Bier. Obama sprach aus meinem kleinen Tonbandgerät in die laue Nacht. Die Menschen gingen vorüber, erkannten die Stimme und lächelten.

Im Spätsommer tötete ein Selbstmord-Attentäter in Afghanistan einen Bundeswehr-Soldaten. Die deutsche Regierung protestierte schärfstens. Kurz darauf erschossen deutsche Soldaten an einem Kontrollpunkt eine Frau und zwei Kinder. Verteidigungsminister Jung eilte nach Afghanistan und versuchte, sich zu entschuldigen. Der paschtunische Clan der Getöteten hatte Blutrache geschworen und wurde mit Geld abgefunden. Derlei wird wieder passieren – ungewiß, mit welcher Eskalation. Allzulange haben wir uns mit der Vorstellung beschwichtigt, deutsche Soldaten beschränkten sich auf humanitäre Hilfe wie Schul- und Brunnenbau. Als Waffenexporteur belegt Deutschland ohnehin Rang 3 in der Welt. 2007 brachte wieder 13 Prozent Zuwachs auf nunmehr 8,7 Milliarden Euro. Die Militarisierung der Außenpolitik wird begleitet von ideologischer Tarnsprache wie *unser Engagement* und *Waffengang* und *die militärische Option* und *das robuste Mandat*. Nennen wir's beim Namen: Wir Deutsche führen wieder Krieg. Wir töten und werden getötet. Noch fangen wir erst wieder damit an. Noch haßt uns niemand. Noch.

Macht der Westen heute in Afghanistan andere Erfahrungen als die Rote Armee vor dreißig Jahren? Was haben wir dort zu suchen und zu finden? Kehrt, via Georgien, auch der Kalte Krieg zurück, mit etwas veränderten Grenzen und Kombattanten? Sollen die Genossen Putin und Medwedew Begeisterung zeigen über NATO-Raketen in Tschechien und Polen? Muß jede Generation ihre eigenen Erfahrungen machen, oder gibt es erbliche Lehren, von Fortschritt ganz zu schweigen? Darf man es einen Fortschritt zumindest der Erkenntnis nennen, wie sich derzeit der Marktradikalismus demaskiert?

Dies alles wird ohne Triumph geschrieben, aber nicht ohne Hoffnung. Als ich Obama reden hörte, erfuhr ich aufs Neue etwas über mich, das ich schon immer weiß: Ich brauche einen Traum. Und als am 4. November 2008 das Unglaubliche geschah und *Amerika* sich diesen Präsidenten gab, meldete sich mein Halle-Neustadt-Déjà-vu. Obama wird viele enttäuschen, doch ohne Zukunft leben, das macht zynisch, also alt. Das mag auch für die deutschen Dinge gelten. Ich empfinde die Wende immer noch als Segen. Ein Staat, dem ohne Mauer die Menschen davonlaufen, ist nicht lebensfähig, das hat sich 1961 gezeigt und 1989 wieder. Jeder frage sich, was aus ihm ohne Mauerfall geworden wäre, und was nicht. Meine Lebenszeit zu nutzen, das ist nicht Staatsauftrag, das ist in meine eigene Freiheit gestellt. Und wenn ein paar dumme Kinder aus Baden oder Brandenburg Helmut Kohl für den letzten Präsidenten der DDR halten oder die Stasi für den Wachschutz der Demokratie, dann geht dieselbe nicht unter.

Dennoch scheint es zwei Jahrzehnte nach dem zukunftsfrohen Einheitsjubel, als krümme manche Linie des Fortschritts sich wieder zum Kreis, zur Wiederkehr des Immergleichen. Möge, wer die deutsche Einheit feiert, nie vergessen, was zur deutschen Teilung führte. Dies ist auch deshalb der bessere Staat, weil er die öffentliche Selbstbefragung zuläßt. Also, fragen wir: Entwickeln wir noch Visionen für unser Land? Akzeptieren wir die perversen Sozialabstände? Existiert eine Sozialität jenseits feiertäglicher Reden? Gibt es eine Zukunft, auf die wir hoffen? Oder reisen Menschen, Städte, Staaten ziellos durch die Zeit wie der Magister Martinus von Biberach? 1498 ist er gestorben. Begraben liegt er unter einem Spruch, den ich fürchte und liebe:

Ich leb und waiss nit, wie lang.
Ich stirb und waiss nit, wann.
Ich far und waiss nit, wohin.
Mich wundert, dass ich froelich bin.

Berlin-Pankow, November 2008

(Wenige Namen wurden geändert. Die Geschichte von Marian Sobkowiak, dem Frauenkirchen-Spendensammler, hat der 2008 gestorbene Wolfgang Kohrt am 20. Oktober 2005 in der »Berliner Zeitung« bekanntgemacht.)

Die Schlachtenbummler
Jenas napoleonische Kämpfer

Natürlich fuhr er Auto. Natürlich trug er Zivil. Was hatten wir gedacht? Daß er zu Pferde käme, uns vom Bahnhof Jena abzuholen? Im vollen Wichs des napoleonischen Sappeurs, mit aufgepflanztem Sägebajonett, das bärtige Haupt gekrönt von der Bärenfellmütze? Steigen Sie ein, sprach das bärtige Haupt. Nach Neuengönna sind's bloß ein paar Kilometer.

Und 200 Jahre. Robert Heyne heißt der markante Mann, Gründer und Chef des Vereins Jena 1806 e. V. Am 14. Oktober 1806, weiß der Geschichtsfreund, ging Alt-Preußen unter. In der Doppelschlacht von Jena und Auerstedt wurden die preußischen Truppen durch Napoleon und seinen Marschall Davout vernichtend geschlagen. Der Erinnerung daran widmen Stadt und Region Jena 2006 ein Deutsch-Französisches Jahr. Seinen Höhepunkt soll das »Rendezvous mit Napoleon« am 14. Oktober finden, auch dank Heynes Verein. Der wird im Dörferdreieck Cospeda – Closewitz – Lützeroda die Schlacht nachkämpfen. Falls Napoleon diesmal verliert, wären 200 Jahre Folgegeschichte zu ändern. Eine reizvolle Aufgabe.

Im heutigen Leben ist Robert Heyne Gemeindehandwerker, ein biederer Mann von Mitte Fünfzig. Bereits 1432, bei der ersten urkundlichen Nennung des Dorfes Neuengönna, sind die Heynes erwähnt. Wie kommt solch Alteingesessener dazu, sich als Pionier des 18. französischen Linieninfanterie-Regiments von 1806 aufzuführen? Einen Kostümclub zu gründen, der Europas napoleonische Schlachtfelder bereist und dort *reenactment* betreibt, Nachbildungen historischer Gemetzel?

Geschichtsfreak war Heyne schon als Schüler. Das Schlachtfeld lag vor der Tür, noch heute entbirgt es Granatsplitter, Gewehrkugeln, Uniformknöpfe. Bei Abrißarbeiten fand sich ein Säbel. Vater Heyne duldete die Waffe nicht im Haus. Mein Vater war seit 1941 bei der Wehrmacht, sagt Heyne. Rußland. Der hatte so die Schnauze voll von allem Militär. Vielleicht hat mich das Verbotene geprägt.

1981 stieß Heyne mit zwei Freunden auf die »Interessengemeinschaft Völkerschlacht 1813«. Offiziell pflegte die Leipziger Gruppierung »Russisch-deutsche Waffenbrüderschaft einst und jetzt«, unter dem Dach des DDR-Kulturbunds, der jedweder Hobbyorganisation staatliche Anbindung verschaffte, von den Aquarianern bis zu den Zinnkrugsammlern. Mit der gebotenen Mindestzahl von sieben Personen (die drei Gründungsväter samt Ehefrauen und einer Tochter) wurde Heynes Trupp beim Kulturbund Jena Land registriert. Wir hatten jährlich mehrere Höhepunkte, sagt Heyne. Am 2. Mai war Schlacht bei Großgörschen, vom 16. bis 19. Oktober Völkerschlacht, der Jahresabschluß war immer in der Tschechei, Austerlitz, Dreikaiserschlacht. Politisch bevormundet wurden wir nicht.

Als hilfreich erwies sich, daß die napoleonische Epoche dem Staat DDR kein ideologisches Bauchgrimmen machte. Bis 1806, lehrte die Schule, habe der Korse gerechte Kriege geführt, auch gegen Preußen; Friedrich Wilhelm III. erwies ja Napoleon den Gefallen einer Kriegserklärung. Das militärische Desaster erwirkte dann Preußens Erweckung: Reformen, Demokratisierung und die wiederum gerechten Befreiungskriege. Schill, Lützow, der Freiherr von Stein standen in ostdeutschen Ehren, der Scharnhorst-Orden war die höchste Dekoration der Nationalen Volksarmee, die Greifswalder Universität trug, und trägt, den Namen des schaurigen Ernst Moritz Arndt. Viel schwieriger, sagt Heyne, war die Waffenfrage. Die tschechischen Gesinnungsfreunde durften mit Schwarzpulvergewehren schießen, die DDRler nicht. Also schritt man mit Säbeln zur Sache.

So, da sind wir. Neuengönna. Ein Fachwerk-Gehöft. Darin, fünf Zimmer groß, ein Gral: Heynes Heimatstube. Rastlos sammelnd hat Robert Heyne ein Museum geschaffen, das die Geschichte des Weindorfs Neuengönna sinnfällig macht, mit Spinnrad und Schleifstein, Brautkränzen, Wappen, porzellinen

Kleinodien. Über der Kinderwiege hängen Pallasch und Adler-
tambourin, Napoleon & Blücher gibt's als Nadelkissen. Ein
prächtiges Symphonion von 1808 orgelt den Hohenfriedberger
Marsch, von der Wand gelobt es: *Ruft einst das Vaterland uns
wieder/als Reservist, als Landwehrmann/so legen wir die Arbeit
nieder/und folgen treu der Fahne dann.* Im Nachbarzimmer hat
Heyne mit lebensgroßen Wachsfiguren eine Einquartierungs-
szene arrangiert. Napoleons geschwinde Armeen schleppten keinen Küchentroß, sondern verproviantierten sich per Plünderung.

Und nun das Schlachtgewölbe. An der Stirnwand Bonapar-
tes düsteres Portrait, al fresco garniert mit dem Ruf: WEHE DEN
BESIEGTEN! Links französische Waffen, rechts preußisch-säch-
sisches Kriegsgerät. In der Raumesmitte Funde aus 30 Jahren
Schlachtfeldgängerei. Die Spottmedaille: Preußen auf Krebs und
Schildkröte reitend, derweil der französische Adler des Alten
Fritzen Siegessäule von Roßbach 1758 entführt. Fritz gluckt auf
seiner Wolke und hält sich die Augen zu. Napoleon, weiß Heyne,
sprach an Friedrichs Grab: Wenn dieser noch lebte, stünde ich
nicht hier.

Das hätte Robert Heyne wiederholen dürfen, als er 1989, erstmals in Paris, am Grabe Napoleons weilte. Um zehn Uhr macht
der Invalidendom auf, sagt Heyne. Punkt zehn standen wir am
Sarkophag. Tränen in den Augen, das kann man mit Worten
kaum beschreiben.

Herr Heyne, Napoleon war ein Kriegsverbrecher und Men-
schenverächter.

Das sehe er anders, spricht Heyne, etwaige Hitlervergleiche
träfen schon gar nicht zu. Napoleon sei das größte Genie seiner
Zeit gewesen, und nicht nur Krieger. Der Code civil, die Moder-
nisierung Europas, das Ende der deutschen Kleinstaaterei. Natürlich, keinesfalls dürfe man die Toten und das entsetzliche Leid
vergessen. Jede Schlachtdarstellung ende mit der Bergung der
Opfer.

Robert Heyne und sein Chef (Neuengönna, 23. März 2006).

Wir müssen ein Vorurteil begraben. Heyne und die Seinen verherrlichen nicht den Krieg. Sie sehen sich als Gedenkarbeiter, die Geschichte faßbar machen möchten – allererst sich selbst. Das Gewesene berühren. Spüren, wie es war – und wissen. Heynes historische Bewanderung ist respektabel, geleitet von haptischer Sinnlichkeit. Die Uniformen, schwärmt er, dieser ganze bunte Schnickschnack, die sind ja damals aufs Schlachtfeld wie die Gockels, mit Prunk und Pfauenfedern.

Mitunter freilich versagt die Realität. Das Schlachtfeld von Waterloo wußte nicht zu überzeugen und war weit weniger imposant als in der Verfilmung mit Rod Steiger. Mittlerweile hat Pionier Heyne sein Waterloo ein dutzendmal erlebt. Im letzten Jahr die Offenbarung: ein Napoleon aus Virginia, in Statur und Gebaren echter als der echte. Im Dezember in Austerlitz trafen wir ihn wieder, sagt Heyne. Da wurde der Beschluß gefaßt: Dieser Mann muß 2006 in Jena dabeisein. Er kommt, er ist schon gebucht.

Kann ich auch Ihre Frau sprechen?

Weiß nicht, ob die was sagen will.

Die Frauen machen automatisch mit, sagt Frau Heyne. Daß man 'n bissl Familienleben noch hat, wenn die Männer auf Achse sind. Ich bin französische Marketenderin, für's Kochen und wenn die Hose kaputtgegangen ist.

Wann haben Sie zum ersten Mal von Jena und Auerstedt gehört?

Oh, schon viele Jahre her, sagt Frau Heyne.

Vielleicht durch mich? schlägt Herr Heyne vor.

Ja, durch Robert.

Aber die Frauen unter sich reden nicht so viel über 1806?

's gibt auch Männer, die nicht immer drüber reden.

Dürften Sie auch ins bewaffnete Glied?

Wenn man 'n Waffenschein hat …

Also, bei uns nicht, sagt Herr Heyne. Aber im Biwak möchte ich die Frauen nicht missen. 's ist angenehm, wenn man von der Schlacht kommt und der Kaffee ist fertig und der Kuchen offgetan. Wenn de Frau mitkommt, das is wie 'n kleiner Kurzurlaub.

42 Mitglieder umfaßt Heynes Verein, ein Viertel davon Junge.

Als Trommler, als Pfeifer fängt man an, zunächst auf Bewährung. Wir müssen, sagt Heyne, unsere Ideen und Errungenschaften in die nächste Generation übertragen.

Noch lange hat er erzählt. Kein Wort fiel häufiger als: Gleichgesinnte. Sagenhafte Kameradschaft. Beispielhafte Völkerfreundschaft im Lager, geradezu Pioniergeist der europäischen Verständigung. Gleichgesinnte aus zwölf Ländern kämen im Oktober nach Jena, zwölfhundert Schlachtdarsteller und Abertausende Zuschauer.

Was werden die empfinden? Warnung vor dem Krieg?

Das wollen wir. Aber welche Lehren einer zieht, das liegt an jedem selbst.

Sollte man auch Gefechte des Zweiten Weltkriegs darstellen?

Ist nicht mein Interessengebiet, sagt Heyne. Außerdem heikles Thema, pietätlos. Nicht in den nächsten 50 Jahren.

Robert Heynes Verein zeichnet die falschen Bilder, sagt Holger Nowak, der das Stadtmuseum Jena leitet. Die Schrecken des Krieges kann man nicht spielen. Man kann den Krieg nur selbst erleben, alles andere ist äußerlich, Spiel im bunten Rock. Gehen Sie mal durch die Räume, wir stellen gerade James Nachtweys Kriegsphotos aus.

Tschetschenien, Ruanda, Afghanistan, Palästina, New York … 58 Bilder vom Untergang der Welt. Das ist der Krieg, sagt Nowak. Und 1806 ist hier getötet worden in Dimensionen, die man nicht nachvollziehen kann.

Nowak fährt uns nach Cospeda, ins frühere Gasthaus »Zum grünen Baum zur Nachtigall«. Dessen 1969 verstorbener Wirt Walter Lange sah wie der leibhaftige Kaiser aus und machte seinen begeisterten Zechern gern den Korsen. Das Gästebuch dokumentiert's: »Und wenn wir auch im Dreck versinken, wir müssen bei Napoleon trinken.« Und: »Hier haben wir gesessen, getrunken und gegessen. Den zweiten Napoleon können wir nicht vergessen.« Heute birgt das Haus das Museum 1806 und erklärt die Jenaer Schlacht, die eigentlich aus fünf Gefechten bestand: am Dornberg, bei Rödigen, bei Vierzehnheiligen, auf der Schnecke und am Sperlingsberg. In allen fünf Teilschlachten obsiegte Napoleons variable Linien- und Kolonnentaktik über die konfus kommandierten, unbeweglichen preußisch-sächsisch-polnischen Linien. Dreißig- bis fünfunddreißigtausend Tote und Verwundete, sagt Nowak. Hier sind Köpfe, Arme und Beine durch die Luft geflogen, das kann man nicht zeigen. Aber wir haben versucht, die Waffen so zu drapieren, wie sie angewendet wurden. Hier, Sie laufen auf das Bajonettbündel zu. In anderen Museen ruhen ja die Waffen wie auf dem Altar.

Wir fahren die Schlachtfelder ab. Still lagert das Land, ein schön geschwungenes Hochplateau mit eingestreuten Dörfern. Wenig hat sich verändert seit Napoleon, allerdings hört man von der barbarischen Bestrebung, den Totenort als Windrad-Park zu verspargeln. Wie vor 200 Jahren steht bei Krippendorf die damals heißumkämpfte Bockwindmühle. In der Kapellendorfer Wasserburg residierte Fürst Hohenlohe-Ingelfingen, der preußische Kommandeur, der es verhängnisvollerweise unterließ, die Dörfer zu besetzen. Stundenlang beließ er, auf Verstärkung wartend, seine langgestreckten Linien in den Feldern zwischen Krippendorf, Vierzehnheiligen und Isserstedt, wo sie den französischen Scharfschützen, den Tirailleurs, treffliche Ziele boten. In Vierzehnheiligen, dem Hauptort der Schlacht, erhebt sich vor der Kirche das zentrale Memorial von 1906 – nur für die preußischen Opfer. Herzanrührend ist zwischen Lehesten und Rödigen das Bissing-Denkmal, gestiftet von der Witwe des sächsischen Premierleutnants August von Bissing, die ihres Mannes Leiche an einem Strumpf erkannte. Beide Gatten ruhen hier an einem der seltenen Orte, wo der massenhafte Mord einen Namen und ein individuelles Schicksal hinterließ.

Überall finden sich Gedenksteine, die über Schlachtverlauf und Truppenstärke informieren. Robert Heynes Verein hat sie gesetzt, aus eigener Kasse. An das schauerliche Ende des 14. Oktober 1806 gemahnt der Turm am Sperlingsberg. Dort ließ der preußische General Rüchel 15 000 Mann in ihr Verderben marschieren, bergan, nicht ahnend, daß hinter der Kuppe Marschall Murats französische Übermacht lag. Binnen 30 Minuten war Rüchels Heer dahin.

Das Bissing-Denkmal zwischen Lehesten und Rödigen (25. März 2006).

Das Gemetzel bei Jena bedeutete Napoleon zeitlebens eine der liebsten Erinnerungen. »Jena ist eine prachtvolle Schlacht«, diktierte er am 2. Juni 1817, längst auf St. Helena, »weil der Tag für sich allein einem ganzen Feldzug sein Gepräge aufdrückte, infolge der Bewegungen, die ich dort gemacht habe.« Nicht ohne Eifersucht erfuhr er, daß sein Marschall Davout bei Auerstedt/Hassenhausen zur selben Zeit die preußische Hauptarmee geschlagen hatte, die er doch zerschmettert zu haben meinte. Unlustig, den Ruhm zu teilen, stufte er die Parallelschlacht zum Gefecht herab. 1808 ließ dann der Humorist Napoleon auf dem Schlachtfeld bei Jena eine Hasenjagd abhalten.

Zur Geschichte von 1806 gehört auch die Plünderung und Brandschatzung von Jena. Die Stadtkirche wurde zum Toten-

haus. Unweit davon treffen wir Lothar König, Jenas sagenum-
wobenen Friedenspfarrer, der die punkgeprägte Junge Gemeinde
leitet. Auch er wirkt wie ein Wiedergänger – freilich nicht Napoleons. König, der als Harry Rowohlt Autogramme geben könnte,
spricht den gelassenen Satz: Was Robert Heynes Leute treiben, ist
nicht gefährlicher als die Fußballweltmeisterschaft.

Na, das ist ja ein Vergleich.

Erst Fußball-WM, dann Thüringentag, sagt König. Dann das
Schlachtgedenken, inklusive Friedensgottesdienst. Das ist doch
alles nur ein großes Volksfest, um irgendwelches Geld zu schöp-
fen. Natürlich ist hier keiner für den Krieg. Aber warum faszi-
nieren denn die sogenannten Antikriegsfilme? Weil sie Extrem-
situationen zeigen. Da wächst der Mensch über sich hinaus, da
zeigt er Fähigkeiten, die im Alltag verborgen bleiben. Katharina!
Komm doch mal her.

Ein punkiges Girl tritt an den Kaffeetisch im Hof der Jungen
Gemeinde.

Katharina, sag doch mal was zum Verein Jena 1806. Die
diese Schlachten nachstellen.

Katharina sagt: Ach du Scheiße.

Und wenn wir's ernst nehmen? überlegt König. Brechen wir
doch mit hundert Punks durch die Absperrung und hauen die
Preußen und Franzosen in die Flucht.

Tausend Liter Schweineblut verkippen, schlägt Katharina
vor. Na, dann können wir die JG zumachen und 'n Ausreiseantrag stellen.

Ich halte die Typen von Heynes Verein nicht für Rechtsradi-
kale oder so, sagt König. Das sind Hobbyforscher mit viel Liebe
zum Detail, die eine Menge Geld und Energie investieren. Den
Rechtskonservatismus wie in den alten Bundesländern gibt's hier
nicht. Kriegertreffen, Meetings von SS-Veteranen, diese Tradition ist in der DDR immerhin gebrochen worden.

Wir besuchen noch den Vize des Vereins Jena 1806. Der Bau-
ingenieur Rolf-Peter Graf scheint ein verhaltenerer Mensch als
der Platzhirsch Heyne. Friedrich der sogenannte Große späht
hernieder; es gibt auch Friedrich den Kleinen: Grafs Enkelkind.

An der Wand hängen Bilder vom Kapstädter Tafelberg, Venedigs Seufzerbrücke, den Schlössern an der Loire ... Wir waren schon überall, meine Frau und ich, sagt Graf. Man kann nur wissen, was man erfahren hat. Als Mensch bin ich Weltbürger.

Verwechseln Sie manchmal die Welten?

Rein findet man in die Rolle leichter als raus, sagt Graf. Man glaubt, die Zeit zu erleben.

Was erleben Sie?

Die Märsche, das Biwak, die Kameradschaft, das Schlafen auf Stroh, die nassen Sachen am Feuer ... Montags ganz normal zur Arbeit, das ist dann hart.

Er gibt uns seine Karte: *Pierre Lecomte, Lieutenant, Porte-Aigle du 18ième Régiment de Ligne 1er Bataillon 3ième Compagnie de Fusiliers*. Die Franzosen, sagt Graf-Lecomte, haben einen ganz anderen Stolz. Wir sind, nun, irgendwie gehemmt durch die zwei verlorenen Kriege. Der Zweite Weltkrieg, das war ja 'ne Vernichtungsmaschine, gesponsert von der Industrie, bis zur Erfurter Ofenbau-Firma Topf, die haben die Gaskammern mit errichtet.

Nach zwei Stunden bringt uns Graf zur Tür. Ich bin nicht so für's Militär, spricht er zum Abschied. Robert und ich sagen immer, die Armeen müßten abgeschafft werden.

April 2006

Am 18. Januar 2007 zerstörte der Orkan Kyrill die Krippendorfer Bockwindmühle, Napoleons Orientierungspunkt in der Schlacht von 1806. Seit 1922 stand sie unter Denkmalschutz. Bis 1976 war sie regulär in Betrieb und bis zu ihrem Ende völlig intakt.

Der Sonntag nach Ostern

Halberstadts Untergang

Die Stadt war tausendundelf Jahre alt, Jürgen Köster war sechs. Er freute sich auf den Kuchen. Die Mutter hatte gebacken, die Großeltern wollten kommen. Da heulte Fliegeralarm. Frau Köster, hochschwanger, griff den Jungen und eilte in den Luftschutzkeller. Die Mauern schütterten und schwankten. Der Junge geriet in Angst, um den Kuchen. Sonst war nichts zu fürchten, auch dank des Großvaters, der kürzlich dem Jungen mit Zinnsoldaten den deutschen *Endsieg* demonstriert hatte: Unschlagbar seien die Deutschen.

Aber oben barst die Welt. Als Mutter und Kind den Keller verließen, war die Dominikanerstraße eine Flammenwand. Der Junge empfand das Feuer als Erlebnis. Kösters Haus stand, an der Kante zur Vernichtung. Die Tür war aufgebrochen, die Fenster klafften leer. Der Junge eilte, zum Kuchen. Der Großvater kam. Er starrte den Jungen an und fragte: Wo ist die Oma?

Darauf, sagt Jürgen Köster, gab es keine Antwort.

Halberstadt, die Schöne. Karl des Großen Bischofsresidenz. Tor zum Harz, ein Fachwerk-Paradies, gekrönt von Türmen: den ungleichen Brüdern St. Martini, den neugotischen Zwillingen des Doms, dem romanisch gedrungenen Geviert Unserer lieben Frauen. *Rothenburg des Nordens* hieß die Stadt – bis zu jenem 8. April 1945, dem Sonntag nach Ostern, Quasimodogeniti. Fliegerangriffe hatte es bis dato achtmal gegeben. Die ersten Bomben fielen am 11. Januar 1944. Sie galten dem Bahnhof und den Junkers-Flugzeugwerken und töteten am Sommerbad den Martineumsschüler Karl-Heinz Pech. Niemand starb beim zweiten Angriff am 22. Februar 1944. Das Bombardement der Junkers-Werke vom 30. Mai 1944 kostete 52 Menschen das Leben; darunter waren viele Zwangsarbeiter, vornehmlich Italiener. Der Angriff vom 22. Februar 1945 verwüstete den Bahnhof. 172 Menschen kamen um, sehr viele davon in der Wehrstedter Kirche. 15 kriegsgefangene Engländer und zwei Amerikaner, auf Transport ins Gefangenenlager Fallingbostel, starben zwischen Halberstadt und Wegeleben durch Bordwaffenbeschuß.

Am frühen Nachmittag des 7. April erschienen einige Jagdbomber über der Stadt. Sie warfen Stabbrandbomben; größerer Schaden entstand nicht. Im Bahnhof stand ein Munitionszug, beladen mit Seeminen. Die Zugflak feuerte, das zog die Bomber an. Der Munitionszug explodierte, das Gleisbett war ein Krater, 280 Meter lang, vier Meter tief. Die Reihendetonation, erinnert sich Ingeborg Bachmann, schleuderte Waggonachsen über Hunderte von Metern. In der ganzen Wegeleber Siedlung deckte sie die Dächer ab. Horst Zilling hatte damals Dienst als Hitlerjugend-Pimpf. Er wurde zum Rundbunker am Bahnhofsvorplatz beordert. Der Bunker stand unversehrt, weiß Zilling, aber die Insassen kamen nicht heraus. Sie waren alle tot, die Lungen waren geplatzt. Bis zum Abend mußte ich Leichen bergen helfen. Ich heulte. Ich war zwölf.

Mit Pappe und Wellblech flickten die Siedlungsbewohner ihre demolierten Häuser. Die ideologische Instandsetzung oblag den frischen Farb-Parolen: SIEGEN TUN WIR TROTZDEM! WIR KAPITULIEREN NIE! Tage zuvor hatte im Rathaus eine dramatische Besprechung stattgefunden. NS-Kreisleiter Detering verlangte die Verteidigung der Stadt. Der Oberbürgermeister lehnte ab, Halberstadts kulturhistorischer Bedeutung wegen und weil es angefüllt war mit Flüchtlingen und Verletzten. An die 70 000 Menschen barg die Stadt (bei 57 000 Einwohnern zu Kriegsbeginn), davon drei- bis viertausend Verwundete, verteilt auf 14 Lazarette. Die lokalen Wehrmachtsgrößen sprangen dem Bürgermeister bei; ohnehin standen keine Truppen zur Verfügung. Die erregte Debatte endete mit einem Kompromiß. Der Volkssturm sollte täglich einberufen werden. Panzersperren waren zu schanzen, die den Halberstädtern freilich wenig Zuversicht eingaben. Zwei Stunden und zwei Minuten, versprach der Volkswitz, würden die Sperren halten. Zwei Minuten brauche der Ami, sie zu überwinden, zwei Stunden lache er sich drüber schlapp.

Denn dies war die Lage: Die Panzerspitzen der 9. amerikanischen Armee befanden sich 60 Kilometer vor Halberstadt. Am 8. April erreichten sie den Nordwestrand des Harzes und näherten sich Seesen. Den Südharz umgriff die 1. US-Army. Nachdem Ende März die »Schlacht um den Rhein« entschieden war, hatten sich die Amerikaner zum Vorstoß auf die Elbe formiert. Die versprengten deutschen Truppen waren nicht mehr fähig, eine Abwehrfront zu bilden. Das Oberkommando der Wehrmacht stellte zwei neue Großverbände zusammen, die 11. und 12. Armee, und erklärte am 8. April den Harz zur Festung. Das Kommando übernahm der Oberbefehlshaber West, Generalfeldmarschall Kesselring, der unweit des Brockens quartierte, in einem Eisenbahnwaggon auf dem Abstellgleis des Bahnhofs Drei Annen Hohne.

Geographisch bildete der Harz das letzte Bollwerk vor Berlin. Das Hitlerregime hatte etliche Dienststellen von Reichsministerien dorthin ausgelagert. Außerdem deckte das Gebirge unterirdische Rüstungsbetriebe, so auch Produktionsstätten der Halberstädter Junkers-Werke, in Malachit-Höhlen, die von den grausam geschundenen Häftlingen des Konzentrationslagers Langenstein-Zwieberge ausgebaut werden mußten. Am kriegswichtigsten war die V1- und V2-Fertigung im KZ Dora-Mittelbau vor den Toren von Nordhausen. Die Stadt wurde am 3. und 4. April zerbombt. Von 35 000 Einwohnern starb mehr als ein Viertel.

Nacht für Nacht flogen die Bomber über uns nach Berlin, erinnert sich Sabine Klamroth. Wir Kinder gingen mit Begeisterung in den Luftschutzkeller, das war viel lustiger als im Bett. An Tagesalarm kann ich mich nicht erinnern. Meine Mutter sagte: Tags kommen die sicher nicht.

Die Reste und das Abrißprotokoll der 1938 zerstörten Synagoge, durch ein Fenster des Berend-Lehmann-Museums gesehen (Halberstadt, 11. März 2005).

G.P./A.   19. Nov. 1938   8 Uhr.

Mit den Abbrucharbeiten ist, auf Anordnung des Herrn

Stadtbaurat, durch Maurermeister Kurt Hambel,

Westerhäuserstr., begonnen.   Ru?   H. 6×8½

G.P./A.   19. Nov. 1938   16 Uhr.

Abbrucharbeiten überwacht.   Ru?

G.P./A.   20. Nov. 1938   10 Uhr.

Wie vor berichtet.   Ru?   H. 6.8½

G.P./A.   20. Nov. 1938   12 Uhr.

Wie vor berichtet.   Ru?

G.P./A.   21. Nov. 1938   7.05 Uhr.   H. 6×8½
                                    (von Zimmermann u. d. Herrn Stadtbaurat)
Für die Zimmerer-Abbrucharbeiten wurde Zimmereibetrieb   Bu. 6×8½
W. Bückler, Holzstr. 71 bestellt.   Ru?

G.P./A.   21. Nov. 1938   9,30 Uhr.

Abbrucharbeiten weiter überwacht.
                                    Ru?

G.P./A.   21. Nov. 1938   16.50 Uhr.

Wie vor. Zimmereibetrieb freundlich
Anweisung zum Abdecken der Kehlbalkenlage
gegeben (Unfallschutz). Ru?

                                        H:2×8½
                                        L:6×8½
G.P./A.   22. Nov. 1938   7.20-50 Uhr.   9.45-10.00 Uhr.

Überwacht. Nochmals mündl. Anweisung zum Abdecken.   Ru?

G.P./A.   22. Nov. 1938   16.30-16.45 Uhr.
Überwacht. Die Spalte ist entfernt. Ru?

G.P./A.   23. Nov. 1938   10.05-35 Uhr.   Bu. 6×8½
Wie vor berichtet. Ru? Der Dachpark übernimmt das Abfahren.
                                                        Ru?

Am 8. April liegt der Soldat Gerhard Heine mit seiner Einheit in Thale. Was er sieht und fühlt, hat er genau ein Jahr danach notiert: »11.20 Uhr tauchen, ziemlich niedrig fliegend, starke Bomberverbände auf. Sie funkeln wie Quecksilbertropfen in der Sonne. Es werden immer mehr, klar zu erkennen am leuchtend blauen Himmel. Wir zählen einen Verband mit 40 Maschinen, zwei, drei, vier Verbände. 11.28 Uhr. Ich sehe plötzlich, wie der erste Verband Rauchzeichen setzt. (…) Zurufe ›ANGRIFF AUF HALBERSTADT!‹ Mir fließt alles Blut zum Herzen. Es ist vielleicht der fünfzigste Bombenangriff, den ich miterlebe. Aber diesmal ist es Halberstadt. Meine Hände zittern, meine Stimme will nicht mehr recht gehorchen, als ich zu meinem Kameraden neben mir halblaut sage: ›Da machen sie meine Vaterstadt flach, meine ganze Familie ist drin!‹«

Bei Bedford in England sind die Fliegenden Festungen der 8. US-Luftflotte aufgestiegen, 218 an der Zahl, mit 550 Tonnen Bomben an Bord. Ihr Weg beträgt 850 Kilometer, die Flugzeit etwa zwei Stunden. Südlich des Ruhrgebietes erreichen sie deutschen Luftraum und schwenken nahe Fulda auf Nordost, in Richtung Harz. Der Führungsbomber G-PFF-362 ist besetzt mit Pilot R. A. Vielle, Navigator C. E. Putt und Bombardier G. W. David. Ihr Einsatzprotokoll vermerkt als Primärziel Leopoldshall, das ist Staßfurt. Aber angeflogen wird, dem Protokoll nach, ein Ersatzziel. *Priority No.2 Target – Halberstadt, Germany (Attacked)* vermerkt das Formular und notiert 11:31,5 Uhr als *Time of release*, das heißt: *Bombs Away Halberstadt*. Der *bombing run* währt 16 Minuten. Im *Combat Bombing Flight Record* ist auch auszufüllen, ob man beim Einsatz *seen or unseen target* gewesen sei, sichtbares oder unsichtbares Ziel. – *Seen*. – Ein Ziel für wen? Die Spalte zur Beschreibung gegnerischer Flugabwehr enthält ein lapidares *Nil*. Keine. Um 14.52 Uhr landet G-PFF-362 wieder auf der Airbase Thurleigh, wohlbehalten wie sämtliche ausgeflogenen Maschinen.

Alt-Halberstadt ist Vergangenheit.

Die Amerikaner erprobten über Halberstadt ein britisches Verfahren, den sogenannten Todesfächer, der von der Royal Air

Force erstmals am 11. und 12. September 1944 in Darmstadt praktiziert worden war. Die Methode verband die Effizienz von Punkt- und Flächenbombardement. Der Bombenteppich sollte möglichst die gesamte Stadt bedecken, deshalb pflanzte der *master of ceremony*, der Markierer, sein Rauchzeichen vor das Zielgebiet. Sodann schwenkte die erste Bomberwelle von rechts über den Markierungspunkt nach Nordwesten, die zweite von links nach Nordosten, die letzte flog geradewegs über Punkt und Zielgebiet. Der Halberstädter Punkt war eine Schule, das Auguste-Viktoria-Lyzeum.

»Ich bin mit all meinen Gedanken in Halberstadt«, schrieb der Soldat Heine. »Ich weiß ganz genau, fürchterlich genau, wie eine Stadt nach einem Angriff wie diesem aussieht, ich kenne die Hölle der Flammen, einstürzenden Gebäude, beizenden, stinkenden Qualm und Funkenflug, kenne die grauen, mörtelbestaubten Gesichter mit den weißen Augen darin, die wie Marionetten davongetragen werden, mit leblos pendelnden Armen und den dünnen Blutfäden im Mundwinkel – ich brauche meine Phantasie nicht zu bemühen, ich brauche mich nur zu erinnern.« Die Sprengbomben reißen die Dächer auf, die Wände ein, pflügen und sperren die Straßen, zerstören die Wasserleitungen. Dann regnen die Brandbomben und schaffen Flächenbrände. Das Fachwerk fakkelt wie Zunder. Das reichbemalte Büttnerhaus verbrennt sofort. Es verlodert der herrlich beschnitzte Ratskeller von 1461. Hakkerbräu und Gotisches Haus entflammen. Der Stelzfuß am Holzmarkt, 1576 errichtet, sinkt ins Nichts. Gewesen ist die Krebsschere, die Ratsapotheke, das Schmiedegildehaus, die Saure Schnauze … Horst Zilling sieht, wie der große Martiniturm im Feuerglast zusammenstürzt. Chor und Apsis von Liebfrauen sind zerstört. Die Glocken der Andreaskirche schmelzen. Der Dom erhält zwölf Treffer. Am Domplatz sterben im Luftschutzgraben 28 Menschen. Im Hotel »Weißes Roß« kommen die 27 Gäste einer Hochzeitsgesellschaft um. Frau Kreißler aus der Kühlinger Straße 38 sieht ihre Tochter als Feuerlohe. Ein Blutbad gibt es im Splittergraben an der Plantage. Am Weingarten verbrennt Jürgen Kösters Oma.

Das Klamrothsche Haus steht. Ich ging in den obersten Stock, sagt Sabine Klamroth. Ein irrsinniger Wind pfiff durch die zerstörten Scheiben. Draußen der Himmel war völlig schwarz, die Sonne apfelsinenrot, ohne Strahlenkranz. Was ich gefühlt habe? Tiefes – Interesse.

Der Soldat Heine hat sich mit Erkundungsauftrag von Thale nach Halberstadt schicken lassen. »In der Schmiedestraße wütete ein Höllenbrand. Es hat zugleich vom Holzmarkt aus und vom Westendorf her zu brennen angefangen. Häusermassen haben stürzend und sengend den Ausgang zum Westendorf versperrt, es ist kein Entkommen. Zwischen Fischmarkt und dem Westendorf, dem Domplatz und der Harsleber Straße rast ein Feuersturm, der (...) Hunderte von Opfern fordert (...) Nun ist Feuer überall, (...) die Sonne steht als cremefarbene Scheibe an einem schwarzen Himmel, der mitunter aufreißt und tiefbraune Lichtstrahlen durchläßt (...)« Tausende flüchten panisch aus der Stadt, in die Feldmark, in die Harzer Höhlen. Zweitausendzweihundert Menschen sind tot.

Drei Tage später ist für Halberstadt der Krieg vorbei.

Zuvor begibt sich noch ein Ausbruch von Anarchie, die Plünderung des Proviantamts. Entfesseltes Volk erbeutet lang entbehrte Schätze: Wurst, Mehl, Zucker, Kakao, Kisten mit Büchsenfleisch. Zigaretten, Kognak, Tee wandern en gros in Privatdepots für künftige Schwarzmarktzeiten. Zentnerschwere Käse werden fortgerollt. Ein überfrachteter Kinderwagen bleibt mit Achsbruch liegen. Schreien, Schnappen, Schleppen. Dann kommen am 11. April die Amerikaner, diesmal zu Lande, und machen dem Treiben ein Ende. Die Bürger Fritz Schönknecht, Alice Kranz und Walter Sternkopf gehen mit weißen Tüchern den Panzern entgegen, sodann vor ihnen her in Richtung Stadt, um letzte Fanatiker am Schießen zu hindern. Kein Schuß fällt. Schweigend sehen die Halberstädter die endlose Panzerkolonne. Die Soldaten lachen und photographieren. Horst Zilling trägt seine Hitlerjugend-Uniform. Er wird ergriffen und auf den Sherman gehoben. Die Fremden ziehen ihm die Naziklamotten aus. Er zittert. Sie schenken ihm Süßigkeiten.

Ich fürchtete, ich würde von den Amerikanern gesotten und gebraten, sagt Sabine Klamroth. Die Propaganda war ja atemberaubend.

Frau Klamroth, die Nazis hatten 1944 Ihren Vater hingerichtet. Sie waren damals elf. Gab es in Ihnen irgendeine Genugtuung, daß nun Befreier kämen?

Nein, ich dachte: Nun haben wir den Krieg verloren, jetzt machen die mit uns, was sie wollen.

Am selben 11. April befreiten die Amerikaner das nahegelegene KZ Langenstein-Zwieberge. Tausend Überlebende fanden sie und Hunderte Leichen. Dreitausend Häftlinge hatte die SS am 9. April auf einen Todesmarsch getrieben. Er währte bis zum 22. April. Da lebten noch fünfhundert.

Kreisleiter Detering war getürmt. Notorische Nazis, derer die Sieger habhaft wurden, mußten Leichen bergen. Das dauerte bis zum 18. März 1946. Die Amerikaner blieben nur bis zum 18. Mai 1945. Dann rückten die Engländer ein, am 1. Juli 1945 die Russen, gemäß den Beschlüssen von Jalta.

Und dann kam die DDR. Halberstadts Gedächtnis verzeichnet den 8. April 1945 als zweite Zerstörung. Die erste verbrach 1179 Heinrich der Löwe, die dritte geschah in vierzig Jahren SED-Regime. Nicht alles hatten die Bomben vernichtet. Von einst 1605 Fachwerkhäusern standen nach dem Krieg noch 929. Die alternden Bewohner konnten ihre Domizile immer weniger erhalten, die Stadt wollte sie nicht geschenkt. Man ließ die leergezogenen Quartiere verfallen und vermauerte die Gassen. Regen und Ratten mochten das Ihre tun. 447 Fachwerkbauten überlebten die DDR. Bakenstraße, Voigtei, Rosenwinkel, Seidenbeutel zeigen noch, was Halberstadt einst war. Statt einer Mitte besaß es ein halbes Jahrhundert lang Parkplätze. Seit 1998 gibt es wieder ein Zentrum, das in Traufhöhen, Platzverläufen und mit vielerlei Zitaten des Gewesenen gedenkt. Der Dom ist schön wie die Ewigkeit.

Halberstadt hat einen Ehrenbürger, der ist ein sammelndes und publizierendes Gewissen der Erinnerung. Werner Hartmann, Jahrgang 1923, wollte erfahren, warum seine Stadt so spät noch sinnlos sterben mußte. 1965 schrieb er über westliche Mittelspersonen an die militärgeschichtliche Abteilung des Pentagon und bekam Antwort vom Aerospace Studies Institute in Alabama. Die 8. US-Luftflotte habe am 8. April 1945 Ziele bei Berlin angreifen wollen, die aber innerhalb der russischen Bombenlinie lagen. Deshalb habe man den Flugplatz von Zerbst und ein Öllager in Staßfurt anvisiert. Wegen Wolken sei man auf Halberstadt ausgewichen. »Wie jedoch so oft, fielen nicht alle Bomben auf die militärischen Ziele, die für den Angriff ausgewählt waren«, auch weil zu 3/10 Bewölkung geherrscht habe.

Aber der Himmel war makellos klar.

Die US-Luftflotte wollte gewiß nicht mit vollen Bombenschächten den Rückflug nach England antreten. Außerdem schien es günstig, die rückwärtigen Gebiete der deutschen Front zu verheeren. Die Amerikaner zielten längst nicht mehr nur auf militärische Objekte, sondern betrieben Flächenbombardements wie das britische Bomber Command, mit demselben Vernichtungsfuror, der die Deutschen noch bis in die allerletzte Kriegsphase V1- und V2-Raketen auf Antwerpen feuern und dort Tausende von Menschen ermorden ließ. Zur SED-Zeit wohlgelitten war die These, die Westalliierten hätten die künftige Sowjetzone verwüsten wollen, oder vielleicht den russischen Vormarsch behindern, um, trotz Jalta, zusätzlich deutsches Gebiet zu ergattern. Gern zitiert wurde auch der amerikanische Morgenthau-Plan, demzufolge das besiegte Deutschland ein reiner Agrarstaat werden sollte. Da hätte deutsches Kulturerbe gestört.

Den Bomberbesatzungen mache ich keinen Vorwurf, sagt der alte Herr Hartmann. Das waren Soldaten wie auf deutscher Seite, die taten ihre Pflicht. Den Führenden gebe ich die Schuld.

Ein anderes Halberstadt-Kapitel ließ Werner Hartmann niemals los: die reiche jüdische Geschichte. Die jüdische Gemeinde – zeitweise umfaßte sie zehn Prozent der Bevölkerung – brachte bedeutende Köpfe hervor: den Bankier und Hoffaktor Berend Lehmann, den Reformrabbiner Israel Jacobson, die Metallunternehmer-Dynastie Hirsch ... Halberstadt war ein Zentrum der liberalen Orthodoxie. Ihr finales Datum ist der 12. April 1942,

*Domplatz und Liebfrauenkirche
(Halberstadt, 10. März 2005).*

als sich die letzten 160 Halberstädter Juden auf dem Domplatz
sammeln mußten, zur Deportation. Die Christen sahen sie und
gingen an ihnen vorbei, zum Gottesdienst. Es war der Sonntag
nach Ostern, Quasimodogeniti.

An diese Vergangenheit erinnert das Berend-Lehmann-Mu-
seum. Drei jüdische Friedhöfe birgt Halberstadt und in der Klaus-
synagoge die Moses-Mendelssohn-Akademie. Im Saal proben
Kinder ein Singspiel für das Purimfest. Eben hat sich aus russischen Zuwanderern wieder eine jüdische Gemeinde konstituiert.
Auf dem Domplatz verzeichnet ein Wald aus 35 gebrochenen
Sandsteinstelen die verschwundenen Namen Russo, Calm, Cohn,
Ney, Simatzky, Ascher, Plant, Beverstein … Unweit davon begrü-
ßen sich zwei junge Familien. Die Väter ziert deutsche Fasson. Na,
mahnt der eine sein Töchterchen, hast du dem Onkel schon Sieg
Heil! gesagt?

März 2005

Im Jahr 2006 erschien Sabine Klamroths Buch »Erst wenn der Mond bei Seckbachs steht. Juden im alten Halberstadt«. Ihre Schwester Wibke Bruhns hat die Klamrothsche Familiengeschichte in ihrem Buch »Meines Vaters Land« erzählt.

Spaß und Haß

Im Hamburger Archiv der 68er Revolte

Auch das ist längst Geschichte: Im Jahre 2001 interviewt Günter Gaus im Gefängnis den RAF-Terroristen Christian Klar. Ein peinigender Film. Klar krampft seltsam körperlos auf seinem Hocker. Der Blick irrlichtert, die stockende Sprache türmt Klötzchen auf. Gaus fragt, ob der RAF bewußt gewesen sei, wie völlig losgelöst von der Stimmung im Land sie agierte.

Das bürgerliche System, stammelt Klar, tarne sich als Volksgemeinschaft und seine Herrschaftspolitik als Allgemeininteresse. Das aufzubrechen, sei die Taktik der Stadtguerilla gewesen. Und natürlich Verbundenheit mit den Entkolonialisierungskämpfen.

Gaus: Sie haben sich verstanden als einen Teil der Freiheitsbewegung in der Dritten Welt?

Klar: Ja. Ja.

Gaus behauptet, Waffengewalt in der Dritten Welt habe er immer verstanden, aber nicht in den Verhältnissen der Bundesrepublik. Haben Sie, fragt Gaus, je überlegt, wir verlieren einen Anhang, der wenigstens der Gesinnung nach Verständnis für uns hat?

Mmh, sagt Klar. Nein. (Langes Schweigen)

Gaus, dringend: Haben Sie sozusagen meinesgleichen verachtet?

Klar: (Schweigen) Ämm. (Schweigen) Ich wüßt' jetzt nicht, daß uns das begegnet ist. Also die, die, der Bezug ist ja auf die Mächtigen ausgerichtet gewesen und denen ihre Politik …

Und so fort. Ideologisches Geröll von der Reste-Rampe. Kein reuiges Wort, kein fahnenflüchtiges Gefühl für die Opfer der Morde. Wie auch? Was Bürger Gaus ersehnt, kann Klar, der Häftling, nicht gewähren. Sonst verlöre er den letzten Halt.

Die Geschichte kehrt immer wieder. Der Gedenkkalender bestimmt die Zyklen der offiziellen Erinnerung. Wie vor zwei Jahren Nazideutschlands Finale, so memoriert das mediale Deutschland 2007 »Das rote Jahrzehnt. Unsere kleine Kulturrevolution«, so der Titel eines Buches von Gerd Koenen. Christian Klar wirkt wie ein Sponsor der Retrospektive. Der Rosa-Luxemburg-Konferenz hat er ein Grußwort im alten Sound gedichtet, den Bundespräsidenten ersuchte er – vergeblich – um Freiheit, gnadenhalber.

Wir suchen die Revolte – im Archiv. Seit 1988 sammelt das Hamburger Institut für Sozialforschung (HIS), nach seinem Gründer und Leiter landläufig Reemtsma-Institut genannt, Quellen und Belege außerparlamentarischer Opposition. Tausend laufende Meter Material bilden das »Archiv Protest, Widerstand und Utopie in der Bundesrepublik«, also keinesfalls nur eine Achtundsechziger-Kollektion.

Überhaupt verdeckt der Mythos 1968 etliches von seiner Vorgeschichte. Populär ist deren Kurzversion: In ihren ersten zwei Jahrzehnten war die Bundesrepublik mit Wiederaufbau und Westwerdung beschäftigt. Das von den USA alimentierte *Wirtschaftswunder* machte die neue Ordnung attraktiv, deshalb konvertierten die Bundesdeutschen zur parlamentarischen Demokratie. Der Kalte Krieg hatte die Entnazifizierung abgewürgt. Der Antikommunismus ließ, wie ein Rauchverzehrer, die braune Vorzeit verschwinden. In Scharen besetzten Funktionsträger des NS-Regimes die Schaltstellen des Adenauer-Staats. Aber dann entwuchsen den Vätern die Söhne. Sie brachen das Beschweigen der Vergangenheit, sie fanden unterm Lack den Rost und *unter den Talaren den Muff von tausend Jahren.* Am 2. Juni 1967 wurde während des skandalösen Schah-Besuchs in Westberlin der demonstrierende Student Benno Ohnesorg erschossen. Nahm fortan die Geschichte ihren vorgespurten Lauf – die demokratischen Empörten zur sozialliberalen Koalition, die radikalen zur RAF?

Vor Tische las man's anders. Ohnesorgs Tod als Beginn der Revolte, das sei ein Klischee, sagt Wolfgang Kraushaar vom HIS, dessen vierbändige »Protest-Chronik 1949–1959« staatsbür gerliches Aufbegehren in West und Ost synoptisch versammelt. Bereits in den fünfziger Jahren habe es in der Bundesrepublik drei große Protestschübe gegeben, die quantitativ viel umfangreicher gewesen seien als 1967/68. Zunächst 1952 die Opposition gegen das Betriebsverfassungsgesetz. Dann 1955 die sogenannte Paulskirchenbewegung gegen Wiederbewaffnung, Bundeswehr und NATO-Beitritt. Schließlich mobilisierte 1957 die Anti-Atomtod-Bewegung Millionen Demonstranten gegen die Ausrüstung der Bundeswehr mit Atomwaffen. Ulrike Meinhof, sagt Kraushaar, ist eigentlich eine Achtundfünfzigerin gewesen.

Wer waren Sie am 2. Juni 1967?

Ein Gymnasiast der König-Heinrich-Schule Fritzlar. Ich wollte schnellstmöglich studieren, Philosophie, und nach Frankfurt, um Adorno, Habermas, Alexander Mitscherlich zu hören und Kontakt zur Studentenbewegung zu bekommen. Der Tod von Benno Ohnesorg hat mich erschüttert, aber nicht so sehr wie der von Peter Fechter, den die DDR-Grenzposten 1962 im Grenzstreifen verbluten ließen. Damals war ich 14, das grub sich mir so tief ein, daß für mich nie ein positiver Bezug auf DDR und SED in Frage kam.

Wenn es den 2. Juni 1967 nicht gegeben hätte …

… wäre zweifellos dennoch eine studentische Oppositionsbewegung entstanden. In allen westlichen Industrieländern gab es eine Drift. Die Empörung über Ohnesorgs Tod war ein Impuls, der ein Themenspektrum bündelte: Protest gegen die Notstandsgesetze, gegen die alte Ordinarien-Universität, den Springer-Verlag, den Vietnamkrieg.

Tief langt Kraushaar in den Brunnen der Vergangenheit. Marcuses *eindimensionaler Mensch* erscheint. Der Guru Adorno seziert den Spätkapitalismus. Als die Studenten seinen Elfenbeinturm besetzen, ruft der Theoretiker die Polizei. Barbusige Revoluzzerinnen umtanzen ihn, Adorno stirbt. Habermas spricht vom linken Faschismus und emigriert an den Starnberger See. Rudi Dutschke, der Prophet aus Luckenwalde, predigt in Westberlin. Daselbst provoziert die Kommune I den deutschen Bürgersinn. Ihr Anwalt Horst Mahler wurde Kraushaar zufolge zum entscheidenden Akteur für die Entstehung der RAF.

Herr Kraushaar, Jan Philipp Reemtsma hat den Habitus der RAF-Täter als gleichsam unpolitisch charakterisiert. Terroristen seien Menschen mit Freude an ihrer Gewalt. Spricht da das Entführungsopfer Reemtsma?

Das, sagt Kraushaar behutsam, sollten Sie Herrn Reemtsma selber fragen.

Das HIS ist eine stille Welt. An Tischen, von Bücherwänden umstellt, sitzen lautlose Geister. Versunken lesen sie und exzerpieren Akten, deren Hüter uns durch seine Schöpfung führt. Reinhart Schwarz hat, seit 1988, das Archiv aufgebaut. Siebentausend dokumentierte Fälle von Berufsverboten. ASTA-Protokolle, Friedensbewegung, Ostermärsche, Frauenkongresse, Antirepressionskommission ... Was ist in dieser Schachtel? Oh, die Totenmaske von Joseph Wirth, gestorben 1956, Reichskanzler 1921/22, Emigrant, nachmals im Bund der Deutschen um Verständigung mit der DDR bemüht.

Wo endet Ihr Begriff von Protest?

Wenn er sich in Parteiförmigkeit überführt, sagt Schwarz. Die Gründung der Grünen war für uns das Ende des Beobachtens und Sammelns. Oder die Professionalisierung wie bei Greenpeace und Robin Wood, das verfolgen wir nicht mehr.

Bringt die Gegenwart viel Sammelbares?

Unterschiedlich. Manchmal denkt man, es passiert gar nichts mehr, auch durch die Internationalisierung. Heiligendamm wird spannend, der G8-Gipfel wirft seine Schatten voraus.

Und die Militarisierung der deutschen Außenpolitik?

Ganz wenig. Es gab eine scharfe Debatte im Zusammenhang mit dem Einsatz im Kosovo, danach nichts Vergleichbares mehr.

Die 68er haben Hekatomben rechtgläubiger Prosa erzeugt. Blätter und Blättchen bewörtern eine unglaubliche Zersplitterung. Die Flugblatt-Sammlung: Text, Text, Text, völlig unbekümmert ums Layout. Achteinhalbtausend Plakate. Das HIS-Archiv hütet drei besondere Bestände: den Nachlaß von Rudi Dutschke, Quellen zur Kommune-Forschung und die Akten des Westberliner Sozialistischen Anwaltskollektivs Horst Mahler/Christian Ströbele/Klaus Eschen. Rollschränke mit Prozeßakten aus der

Gründungsphase der RAF, teils gesperrt: Brandstiftung Fritz Teufel, Bewegung 2. Juni, Bankraub Zahlstelle TU 29. 11. 71, Schußwechsel/Tod des Studenten Georg von Rauch 4. 12. 71, Sprengstoffanschlag britischer Yachtclub 2. 2. 72, Mord an Günter von Drenkmann 1974 …

Herr Schwarz hat Erbarmen. Er greift ein Schock Ordner aus dem Nachlaß der Kommune I: Darüber könne man immer schön schreiben.

Ergötzliche Stunden. Über »Die Jahre der Kommune I (1967 bis 1969)« hat der Kommunarde Ulrich Enzensberger politische Memoiren verfaßt, die noch heute Witz, Wut und Anmaßung der Outlaws spüren lassen. Wer in die Erinnerungskisten greift, fühlt sich eher beim Kindergeburtstag. Fritz Teufel, Rainer Langhans, Dieter Kunzelmann und ihre wechselnden Genossinnen haben anscheinend sämtliche Post aufgehoben. Die Anfänge der Kommune spiegelt ein wahrhaft bürgerliches Dokument. Am 4. April 1967 schreibt Uwe Johnson aus New York, 243 Riverside Drive, an Mrs. Dagrun Enzensberger – Ulrichs Schwägerin, Hans Magnus' Ex – nach Westberlin: »Als wir Dir unsere Wohnung überließen, war es (…) nicht so gedacht, daß Du der armen Frau Kaiser Wasser auf den Kopf laufen läßt. Es war nicht so gedacht, daß Du uns fremde Leute aus welch edlen Gründen auch immer bei uns beherbergst. Es war nicht so gedacht, daß Deine Gäste lärmend unsere Nachbarn belästigen. Wir geben schamlos zu, daß wir diese Wohnung behalten wollen (…) und auch freundliche Beziehungen zu den Mietern rings um diese Wohnung.« Auszug! Binnen zehn Tagen! »Mit verständnislosen Grüßen«. Johnsons Frau Elisabeth notiert tags darauf: »Es tut mir leid – was Du von Eurer Kommune schreibst, taugt doch nur für sehr junge und sehr unorientierte Leute.«

Die Kommune I erhielt reichlich Fanpost, gern auf neckischen Karten mit Entchen, Pferdchen, Blümchen, Kosmonaut. »Geliebte Kommunardenschar!« schreibt »ein ehemals frustrierter Bürgerlicher«, Richard L. aus Mannheim. »Kann ich im Januar zu einem Sleep In für ca. 2 Wochen zu Euch kommen? Ich nehme da Urlaub von einem Werkzeug des Imperialismus. (…) Was ich in Berlin will, weiß ich nicht genau. Vielleicht Erfahrung, Spaß usw.« Die »Bundeswehr-Kommune Schwanenwerder« befürchtet Schikanen, »wenn wir das Abbild des geliebten Genossen Che hier in unserer Bundeswehrstube demonstrativ anbringen. Nichtsdestotrotz bitten wir (…) mit soldatischem Gruß, uns eines der großformatigen Demonstrationsplakate vom 21. 10. 67 per Post zukommen zu lassen.«

Einen Teil ihrer Einnahmen erzielte die Kommune mit Raubdrucken und Broschüren. Fritz Teufel droht (mit Anwalt Mahler) dem Filmteam Leckebusch, das seine Gratis-Aufnahmen von der Kommune an den WDR verkaufen will. Die Evangelische Studentengemeinde Göttingen lädt zur »Wochenendfreizeit Ehe und Kommune« und fragt: »Ist ein Mitglied Ihrer Kommune imstande und bereit, einen Vortrag über diesen Fragenbereich unter Verwertung der Berliner Erfahrungen zu halten?« Das unterblieb leider. Kommune I antwortet, »wir selbst arbeiten nicht theoretisch«. Falls man irgendwann mal in die Nähe käme, wolle man sich melden. »Mit irgendwelchen Grüßen«.

Auch Ausladungen gibt es. »Lieber Fritz«, schreibt Edelgard T. aus Berlin, »ich muß Dir leider die Nachricht geben, daß Du nicht zu uns in die Schule kommen kannst. Unsere Lehrer und Lehrerinnen haben sich zwar sehr auf eine Diskussionsstunde mit Dir gefreut, aber unser Direktor, der alte Spießbürger, hat gesagt, daß er es nicht verantworten könne (…) Würdest Du bitte keinen Absender schreiben, da ich sonst endgültig ins Heim komme.« Gabi (16) aus Mannheim erbittet ein Mao-Abzeichen. Schon dreimal sei sie von zu Hause abgehauen. »Man zog es vor, mich zu einem Psychologen zu stecken, der aber mit mir auch nichts anzufangen wußte. Salut, Genossen.« Oberprimanerin Ursula begehrt Material. Vermerk vom 13. 12. 67: »Material geschickt«. Schön ist auch der »Erledigt«-Stempel, den zwei Herzchen flankieren.

Bereits zum dritten Mal mahnt die Firma Anton Jung, Saarbrücken: Teufel habe das georderte Elektroschweißgerät weder angenommen noch bezahlt. Ähnlich tadelnswert betragen sich Kunzelmann (Betonmischer bestellt) und Langhans (gegenüber

dem Tirna-Kosmetikversand Dinslaken). Jacques S. aus Cholet/
Frankreich, Fetischist, wünscht Mitglied zu werden. Eine Kom-
munen-Neugründung meldet gehorsamst: »Das eine frigide Mädchen haben wir jetzt gefeuert, teilweise ist sie auch gegangen. Ihr
Traum war eine Zweierbeziehung, so im bürgerlichen Stil (…)
Übrigens haben alle jetzt viel längere Haare.« Friseur Helmuth F.
lädt Teufel als Stargast zur Salon-Eröffnung (300 Mark Honorar,
dazu Spesen, Essen, Getränke). Teufel empfängt auch den fuß-
würfigen Dank eines Jüngers, dessen Mao-Bibel er nicht signie-
ren wollte; der Autogrammjäger solle sich an den Großen Vorsitzenden Mao wenden. Der Absender geißelt sein kleinbürgerliches
Souvenirstreben und gelobt Besserung. Unterschrift: »Der Ler-
nende«.

Fritz Teufel, der Humorist, wurde am 2. Juni 1967 für einige
Monate inhaftiert. Das machte ihn zum Märtyrer der Kommune I.
Seine Entlassung am 1. Dezember feiern Glückwunsch-Kaska-
den. Sogar aus Ostberlin wird Teufel von antiautoritären Maiden
umschwärmt. Am 23. März 1968, um 16 Uhr, möge er mit Langhans in die Karl-Marx-Allee kommen. Treffpunkt: Mocca-Milch-
Bar. »Bringt doch bitte auch ein Bild von diesem Che Gevarra
(richtig?) mit.« Anne-Marie H. aus Bietigheim ersucht Teufel um
Durcharbeitung zweier beigelegter Bücher. Sie nennt ihr Alter (72),
»damit Sie nicht hinter der Sendung ›aus Frauenhand‹ subjektive
Motive in Erwägung ziehen müssen«. Oft und in enthemmter
Länge schreibt Elsbeth P. aus Treysa (Ordner »Spinner und Idio-
ten«): »Liebe junge Freunde in Berlin-West, Luther hat immer gefragt, wie er denn einen gnädigen Gott bekommen soll (…) auch
die Heilige Elisabeth.«

Dann endet der Spaß. Der Haß beginnt. Schockweise »Pfui
Teufel!«-Post, auch an Fritz' Eltern im schwäbischen Ludwigs-
burg: »-zig Millionen facher Abscheu«, »wiederliche Drecksau«,
»ab nach China!«, »Dieser Radikalinski gehört Strick um Hals
am nächsten Baum (…) Vorher müßte er noch kastriert werden.
(…) Dass Walte Gott!« Dergleichen viel mehr, auch schaurige
Sympathisanten-Post. Knut H., Krefeld (postlagernd), rät zu »bewaffneter Macht«: Karabiner, Flammenwerfer, Panzerfaust. »Die

Revolution läßt sich wohl nicht mit Omimethoden durchführen«. Jederzeit stehe er »für eine exzellent organisierte Taktik zur Verfügung«.

Heute wirkt 1968 wie ein Frontalunfall der Milieus und Generationen. Was war das für ein Volk, das ein paar behaarte Freaks durch Provo-Klamauk und ein bißchen Sexgepose derart mit Haß und Sehnsucht aufladen konnten? Dann folgt ein neuer Ton. Andreas Baader schreibt, mit Sauklaue, aus dem Gefängnis, wo er wegen der Frankfurter Kaufhaus-Brandstiftung sitzt: lässiger Macker-Slang, hysterisch-selbstgefällige Suaden. Es umgeben ihn »schinder«, »scheißnieten«, »die übriggebliebene euthanasieprominenz«. Dann, furztrocken, die Frage: »dutschke tot?«

Am Anfang scheint alles rein. Ein Manuskript in linksgestellter Kinderschrift, datierend vom 4. 2. 1952: »Darstellung meiner Entwicklung« (zwiefach unterstrichen, mit Lineal). »Am 7. 3. 1940 wurde ich, Rudi Dutschke, als Sohn des Postangestellten Alfred Dutschke und der Hausfrau Elsbeth Dutschke in Schönefeld bei Luckenwalde geboren. So sah ich schon sehr früh die Schrecken des Krieges. Ich hörte, daß mein Onkel bei Maikop durch einen Volltreffer in seinem Panzer ums Leben gekommen war.« Drei Seiten, adressiert »An den Herrn Direktor der Gerhart-Hauptmann-Oberschule«, der sich nach Ende der DDR keines Schülers Dutschke erinnern wollen wird. Angehängt zwei Beurteilungen: Dutschke sei pazifistisch, kirchentreu, eigenwillig, strebsam, egoistisch, »noch nicht fest mit unserem Arbeiter-und-Bauernstaat verbunden«. Ergo zum Studium ungeeignet.

Ein anderer Text, in gänzlich verschiedener Schrift – eilend, hektisch unterstrichen –, vom 7. 12. 68: »Paß auf, werde nicht nervös, lese den Brief oder schmeiß ihn weg. Du wolltest mich fertig machen. Auch wenn es Dir gelungen wäre, hätte die herrschende Clique Dich fertig gemacht. (…) Für die Schweine in den herrschenden Institutionen, für die Vertreter des Kapitals, für die Parteien und Gewerkschaften, für die Agenten der Kriegsmaschinerie und der Medien gegen das Volk, für die Parteifaschisten gegen die Massen (…) dürft Ihr täglich schuften.« Überschrieben ist das Blatt mit »Lieber J. Bachmann«; daneben korrigiert der

Autor: »nein!« Dutschke entwirft einen Brief an den Gelegenheitsarbeiter Josef Bachmann, der ihn am 11. April 1968 mit drei Schüssen umbringen wollte: »… schieß nicht auf uns, kämpfe für Dich und Deine Klasse.«

Am 31. 12. schreibt Dutschke, viel ruhiger: »Ich glaube nicht, daß Sie Faschist bleiben oder überhaupt sind. Selbstmord ist feige, besonders wenn man ein langes Leben vor sich hat. (…) Wenn Sie mir einmal schreiben mögen (…)« Es folgt Horst Mahlers Adresse.

Bachmann antwortete. Er sehe Dutschke jetzt völlig anders. Ein langes Leben lag nicht vor ihm. In der Nacht zum 24. Februar 1970 tötete er sich im Gefängnis Tegel. Rudi Dutschke ertrank Heiligabend 1979 in der Badewanne, nach einem epileptischen Anfall. Eine Spätfolge des Attentats.

Genaueres erzählt etwa Ulrich Chaussys Biographie »Die drei Leben des Rudi Dutschke«. In Filmaufnahmen sieht man Dutschke, hört seine atemlose Stimme, die eschatologische Predigt, das ungetüme Deutsch. Das Befremden bleibt größer als die Faszination. Der Graben der Geschichte klafft. Und welcher Moder steigt aus dem Nachlaß auf, mit wieviel Vernichtungsphantasie kommentiert die Landser-und Genickschuß-Generation das Attentat. Meist griffelt man altdeutsch, durchaus nicht immer anonym: Wir kriegen Dich, die nächste Kugel trifft, Deine Frau wird an den Haaren aufgehängt, die Hure wie der Hund, Kommunisten haben kein Lebensrecht. Gezeichnet: Ein Deutscher. Die Bevölkerung Hamburgs. Sonder-Korps. Verband für Freiheit, Ordnung und Recht …

Auch das scheint vorüber. Aber warum wirkt die heutige Gesellschaft so befriedet und saturiert, trotz Esser, Ackermann, Hartz IV?

Zu anderen Zeiten, sagt Reinhart Schwarz, wären diese extremen sozialen Ungerechtigkeiten ganz anders aufgegriffen worden. Vermutlich finde das Aufbegehren in den nachmittäglichen Trash-Talkshows statt. In einer fragmentierten Mediengesellschaft erziele Protest kaum gesamtgesellschaftliche Öffentlichkeit. Vielleicht ein ungewollter Erfolg der 68er Individualisierung.

Jetzt besuchen wir den Chef des Instituts. Jan Philipp Reemtsma empfängt sehr freundlich: Er schenkt Tee ein. Im lichten Raum schwebt eine Sensibilität, die auch von der heimlichen Befangenheit des Reporters rühren mag. Was darf man diesen Schicksalversehrten fragen? Der sagt: Was Sie mögen.

Lebt Deutschlands Friede auf schwankendem Grund?

Ich neige nicht zu Schichtungsmetaphern, sagt Jan Philipp Reemtsma. Ich glaube, es gibt gar nichts außer Oberfläche, es liegt alles zutage. Wenn sich keine Gewalt zeigt, warum dann von Gewaltpotentialen reden?

Aber es gibt den sogenannten Vorabend von Ereignissen.

Aber doch nur retrospektiv.

War die RAF ein notwendiger Ausfluß der 68er Bewegung?

Nein, sagt Reemtsma. Nicht notwendig, aber auch kein Zufall. Ein emotionelles, intellektuelles Milieu, das mit Gewaltphantasien spielt, bietet eine Chance für Leute, die das gern ausprobieren würden. Biermanns Che Guevara-Lied: *Jesus Christus mit der Knarre ...* Diese Idealisierung, die Ästhetisierung von Gewalt ist schrecklich. Einen anderen Menschen töten, das ist nun mal die größtmögliche Macht. Und es zieht sich durch die Geschichte, daß Menschen diese Macht mehr lieben können, als sie den eigenen Tod fürchten.

Dachten Sie vor Ihrer Entführung anders über Gewalt?

Nein, nein, sagt Reemtsma und brüht sich den dritten grünen Tee. Wissen Sie, man muß nicht im Krieg gewesen sein, um ihn zu hassen.

Halten Sie das heutige Deutschland für wesenhaft tolerant?

Nun, sagt Reemtsma, jedenfalls gibt es Gewöhnung daran, daß ganz unterschiedliche Lebensstile und Milieus koexistieren können. Die Sechziger hatten ein symbolisches Accessoire: das Nyltest-Hemd. Es sieht gut aus, egal wie man sich fühlt. Doch es atmet nicht, man schwitzt wie verrückt. Man ist völlig fertig, aber hat das feine Hemd noch an. Dann beginnt eine Minderheit, sich auszuziehen.

April 2007

Aufständische werden nicht gewählt

Thorwald Proll und Inge Viett haben die
RAF überlebt

Nein, sagt die Zeitzeugin. Nein, ich erwarte nichts Gutes von diesem Erinnerungs-Hype. Es geht doch wieder nur darum, den
Widerstand der sechziger, siebziger Jahren zu denunzieren und
zu kriminalisieren.

Der 68er Widerstand wird denunziert? Im Gegenteil, es gibt
doch einen breiten Konsens: Die Revolte war nötig, um den restaurativen Adenauer-Staat aufzurühren, das Beschweigen der
Nazi-Vergangenheit, den Mief von tausend Jahren …

Das war einmal, das wird gar nicht mehr vermittelt, sagt die
Zeitzeugin; sie heißt Inge Viett. Und das Thema RAF wird verkürzt auf die »verbrecherische Gewalt« des militanten Widerstands. Nehmen Sie zum Beispiel die Kampagne gegen die Frei-
lassung von Christian Klar.

Weshalb hätte der Bundespräsident Klar begnadigen sollen?

Das bürgerliche Recht ist Herrschaftsrecht und nicht befugt,
Menschen zu verurteilen, die gegen dieses Herrschaftsrecht an-
kämpfen.

Frau Viett, Sie gehörten zur Bewegung 2. Juni, später zur RAF.
Ich las von Ihnen den Satz: »Ich wundere mich, daß damals nicht
mehr Menschen zur Waffe gegriffen haben.«

Ja, natürlich, sagt Inge Viett. Das war unser Dilemma, mit
dieser Hoffnung hatten wir ja angefangen. Die Befreiungsbewe-
gungen in der Dritten Welt wurden hier bis weit ins bürgerliche
Lager unterstützt, von unglaublich vielen Leuten. Aber im eigenen Land galt ihnen bewaffneter Widerstand als kriminell.

Wodurch fühlten Sie sich legitimiert? Wer gab Ihnen das mo-
ralische Recht?

Aufständische werden doch nicht gewählt, sagt, lächelnd, Inge
Viett. Aufständische beginnen einfach, als Avantgarde, ermäch-

tigt vom revolutionären Geist und von den gesellschaftlichen Verhältnissen. Entweder sie haben diese Verhältnisse richtig eingeschätzt, dann werden die Menschen ihnen folgen. Oder ...

Demzufolge haben Sie damals die Verhältnisse nicht richtig eingeschätzt.

Haben wir nicht, nein.

All dies wird freundlich und mit Wärme an einem sommerlichen See gesprochen, umgeben von Wald und Wiesen der Mark Brandenburg. Der Himmel blaut, der Apfelkuchen schmeckt, doch jetzt ziehen Wolken auf. Was bleibt von dieser Geschichte? Das wollen wir von zwei Überlebenden erfahren.

Wenn eine Geschichte vergeht, wird sie historisch. Die Historie lehrt: Die 68er Revolte zerfiel in viele linke Grüppchen und politische Milieus. Ein kleiner Teil der Widerständler radikalisierte sich, griff zu den Waffen, gründete 1970 die RAF und attackierte die Staatsmacht. Am Ende der Fehde, 1998, waren 62 Menschen tot. Die RAF verkündete ihre Selbstauflösung. Sie erklärte die Revolutionierung der Massen für gescheitert und listete ihre 27 Märtyrer auf, darunter die RAF-Ikonen des *Deutschen Herbsts* 1977: Ulrike Meinhof, Jan-Carl Raspe, Andreas Baader, Gudrun Ensslin. Das achtseitige Papier schloß mit der Prophezeihung aus dem letzten Text von Rosa Luxemburg: »Die Revolution sagt: ich war, ich bin, ich werde sein.« Seitdem hat man nichts mehr von der RAF gehört.

Die Historie lebt vom zwangsläufigen Schluß. Davon weiß die Geschichte nichts. Ihr Ausgang ist offen, sie kennt nicht mal sich selbst. Zu Beginn der RAF-Geschichte gibt es noch keine Toten, auch keine RAF. Zwei Frankfurter Kaufhäuser brennen. Es ist die Nacht vom 2. zum 3. April 1968. Zwei Tage darauf werden die Brandstifter verhaftet. Sie heißen Andreas Baader, Gudrun Ensslin, Horst Söhnlein, Thorwald Proll.

Im Oktober 1968 beginnt vor dem Landgericht Frankfurt der Prozeß, den die Angeklagten zum antiautoritären Happening machen. Thorwald Proll, der Literat, posiert mit Havanna-Zigarre. Unterwegs nach Frankfurt hat er gedichtet: *Wann brennt das Brandenburger Tor / Wann brennen die Berliner Kaufhäuser /*

Wann brennen die Hamburger Speicher / Wann fällt der Bamberger Reiter / Wann pfeifen die Ulmer Spatzen auf dem letzten Loch (…) / Zerschlagt das kapitalistische System / Es lebe die sozialist. Weltrevolution (…).

Ferner hat sich Proll á la Casanova in die venezianischen Bleikammern imaginiert und ein antiautoritäres Schlußwort nach dem Vorbild der Nachtwachen des Bonaventura verfaßt. Jetzt schmettert er die Weltentlarvung in den Saal: »Vor dieser Justiz verteidigen wir uns nicht.« Denn jede Verteidigung lasse sich auf die Logik der Anklage ein und akzeptiere die Justiz der herrschenden Klasse. Die Kaufhausfeuer jedoch hätten gegen den kapitalistischen Konsumterror gebrannt und, so Ensslin, »aus Protest gegen die Gleichgültigkeit, mit dem die Menschen dem Völkermord in Vietnam zusehen«. Aus Westberlin solidarisiert sich via »Spiegel« die Kommune I: »Wir haben Verständnis für die psychische Situation, die einzelne jetzt schon zu diesem Mittel greifen läßt.«

Das Urteil: je drei Jahre Zuchthaus. Die Anwälte des Quartetts, darunter Otto Schily und Horst Mahler, erreichen Haftverschonung bis zur Revision. Die Revision wird verworfen, doch der Ladung zum Strafantritt kommt nur Söhnlein nach. Die anderen drei sind untergetaucht, zunächst in Paris. Sie haben sich auf einen Weg gemacht, der für Ensslin und Baader acht Jahre später, im Gefängnis Stuttgart-Stammheim, mit dem Tod enden wird.

Thorwald Proll lebt. Nach einigem Bedenken läßt er sich besuchen. Wir treffen uns in einem Hamburger Café. Anfangs spricht er zögerlich. Dann redet er sich frei.

Herr Proll, wer waren Sie damals?

Student für Theaterwissenschaften und Germanistik, erst in Marburg, dann in Berlin. Ich stamme aus Kassel. Mein Vater war Architekt und lebte nur seinem Beruf. Harte Arbeit, Pflichterfüllung, solche Tugenden erwartete er auch von mir. Das konnte ich nicht so richtig erfüllen. Ich war ein weicher Typ, verspielt, ein Träumer.

Haben Sie ehrgeizig studiert?

Nach dem 2. Juni 1967 nicht mehr. Der Schah-Besuch, die Knüppeleien der Jubelperser, der Tod von Benno Ohnesorg, das hat mich verändert und radikalisiert.

»Wir kamen vom anderen Stern«, heißt ein Buch, in dem Thorwald Proll sein politisches Leben erzählt. Es ist auch ein Dokument der Freundschaft zu Andreas Baader. Üblicherweise gilt Baader als Luzifer der ersten RAF-Generation. Proll hat ihn anders kennengelernt. Ich ging zu einem Treffen für eine Aktion am Ku'damm, sagt Proll. ALBERTZ ABTRETEN!, das Buchstabenballett gegen den Regierenden Bürgermeister. Da stand dieser lässige Typ im offenen Mantel, Hände in den Taschen, spitzbübisch, nicht wie ein Student. Er war ja auch keiner.

Was war Baaders Kern?

Oh, da müßt ich ja viel wissen. Was ist denn mein eigener Kern? Andreas war verspielt, verführerisch, charmant, mit Witz, schwarzem Humor und einer narzißtischen Stärke. Narziß ist selbstverliebt, aber eigentlich trauert er.

Und Gudrun Ensslin?

Starke Intellektualität, supergutes Literaturwissen. Sie hatte den Ehrgeiz zur literarischen Avantgarde. Andreas kannte ich besser.

Herr Proll, ich fühle angesichts von Baader-Photos etwas Dämonisches. Ist das eine Projektion in Kenntnis der RAF-Geschichte?

Als ich Baader kannte, war ja noch nichts Schlimmes passiert, sagt Proll. Unsere Aktionen wollten spielerisch verändern und die herrschenden Verhältnisse provozieren. Ja, wir spielten mit der Polizei. Man lief weg oder wurde eingefangen, dann war man wieder entlassen, am nächsten Abend zog man erneut los. Neue Aktionen, Kneipennächte mit endlosen Diskussionen …

Hatte Baader als Nichtakademiker Komplexe?

Das glaube ich nicht. Bei den überfüllten Meetings im Audi-Max der Freien Universität Berlin waren auch viele Nichtstudenten. Es war egal, ob jemand Drucker oder Lebenskünstler war oder schon acht Semester Germanistik studiert hatte. Der universelle Geist der Revolte sprang auf. Das war ein Beben – in

Westberlin wie in Chicago, in Berkeley, in San Francisco, an der Sorbonne. Die Studentenbewegung wurde aus diesem Geist gespeist, und ich gehörte dazu.

Doch die Bewegung zerfiel. 1968, nach dem Anschlag auf Rudi Dutschke und den folgenden Osterunruhen, wurde die Revolte gebrochen, sagt Proll. Aber man konnte nicht einfach nach Hause gehen. Man kann die Welt, die man für vorstellbar hält, nicht verlassen.

Was tut man?

Irgendwie weitermachen. Die Revolte weitertragen. Es bilden sich viele kleine Grüppchen, manche schrifttumsverhaftet, oder historisch orientiert, oder privatisierend. Eine Gruppierung wird militant. Sie bewaffnet sich, strahlt Energie aus, bringt Feuerkraft, wird enorm stark. Sie verblendet und verdunkelt die Sonne, die Studentenbewegung, die sie hervorgebracht hat. Das ist die RAF.

Wer hatte die Idee, die Kaufhäuser anzuzünden?

Wir alle hatten sie, sagt Proll. Oder besser: Die Idee hatte uns.

Die Brandstiftung geschah nachts. War es Ihnen eine Bedingung, daß keine Menschen zu Schaden kommen?

Für mich auf jeden Fall, sagt Proll. Diese Aktion war ein Schnittpunkt zwischen Symbol und politischer Kriminalität – der letzte Moment, der beides verband. Und für mich das Äußerste, was ich mir zugetraut habe.

Spürten Prolls Gefährten seine Grenzen? In der Pariser Illegalität genossen Bader/Ensslin/Proll für zwei, drei Wochen ihre frische Outlaw-Existenz. Sie lebten in der Wohnung des linken Journalisten Regis Debray, der just in Bolivien weilte, um Che Guevara zu interviewen. Sie streiften durch die Stadt und kauften sich Lederjacken. Sie hörten Stones- und Janis-Joplin-Platten, schossen Blumen auf dem Rummelplatz, tranken weißen Rum und photographierten sich gegenseitig im Café. Fröhliche Bilder: Gudrun Ensslin behimmelt Baader, der die Kamera mit manieriertem Tragödenblick beschenkt. Proll trägt seine runde getönte Brille, die ihn allzeit ins Blaue schauen läßt. Hier, ein neues Gesicht, eine strahlende junge Frau mit Kaffeelöffel. Das ist Astrid Proll, Thorwalds Schwester, die das Trio in Paris besuchen kommt.

Dann wollen sie weiter, mit dem Auto nach Italien, um Gleichgesinnte zu finden. Am Steuer sitzt Astrid Proll. Ihr Bruder steigt nicht ein. Er soll oder will nicht mit. Irgend etwas hindert ihn oder läßt ihn zurück. Heute sagt er: Ich hab da auch selber zu beigetragen.

Dann ist das Auto fort und Thorwald Proll allein.

Was nun? Er geht nach England, driftet, will nach Irland, oder vielleicht nach Amerika? Er steht vor der amerikanischen Botschaft und geht wieder weg. Er schreibt ein bißchen, er findet eine freakige Wohngemeinschaft. Allmählich fängt er sich. Er muß die Vergangenheit zu Ende bringen. Er reist zurück in die Bundesrepublik, stellt sich und sitzt die Haftstrafe ab. Die anderen machten RAF, sagt Proll. Das bekam ich als isolierter Zuschauer mit.

Hat Sie das überrascht? Entsetzt?

Was es bezwecken sollte, hab ich nicht verstanden. Daß sie zu ihren Taten in der Lage waren, hab ich irgendwie bewundert.

Was haben Sie bewundert?

Die Power, die Energie, die Kraft zur Tat.

Ist das ein heutiges Gefühl?

Ein erinnertes. Weil in der Erinnerung der Punkt kommt, wo man noch aufhören kann. In der RAF-Wirklichkeit mußte ja jede Tat die vorige erwidern und überhöhen, darauf folgt immer eine Realität, die man sowieso schon kennt. Das kann nicht gutgehen.

Was bleibt Ihnen aus jener Zeit?

Etwas Sentimentales. Daß man zusammen war. Aber dann wurden das andere Leute für mich. Meine Reise war längst zu Ende. Ich bin damals davongekommen.

Proll schlägt sein Buch auf, die Seite 5. Dort steht als Motto ein Ausspruch des irischen Schriftstellers Sean McGuffin: *Comrade Proll, we survived.*

Seit drei Jahrzehnten ist Thorwald Proll Buchhändler in Hamburg-Altona. Er führt das Geschäft mit seiner Frau. Er hat Lyrik veröffentlicht und den Memorabilienband »Mein 68«, im eigenen »Verlag auf hoher See«.

Ein leichtes Schweben trägt den Mann durch diese arge Welt. Wir sprechen über die Proteste beim G8-Gipfel in Heiligendamm. Proll gefallen die neuen Formen zivilen Ungehorsams, die der Gewaltspirale entgehen. Zum Schluß sagt er: Zur Kaufhausbrandstiftung stehe ich. Die Aktion war mutig, symbolisch und spektakulär. Das ist mein Anteil an der Studentenbewegung, am universellen Geist der Revolte.

Inge Viett zu treffen ist nicht leicht. Mails werden gewechselt, die Skepsis ist groß. Den bürgerlichen Medien, schreibt Inge Viett, bringe sie kein Vertrauen entgegen. »Meine durchgängige Erfahrung ist die von Unseriosität, Respektlosigkeit, Täuschung und schrecklicher Dummheit.« Freilich gebe es inselhaft echtes Interesse, so daß sie abzuwägen habe, wo sie sich schützen, wo sich öffnen sollte. Der Reporter mailt, als Christ gelte für ihn: Du sollst nicht töten! Als Journalist wolle er verstehen und verstehen lassen. Inge Viett antwortet: »Ich erwarte nicht, daß Sie Sympathisant bewaffneter Rebellionen sind. Aufrichtigkeit und gegenseitiger Respekt sind eine ausreichende Basis.«

Und so sitzen wir endlich an dem märkischen See. Inge Viett ist mit dem Rad gekommen, eine sportliche Frau mit kurzem Haar. Sie hat sehr schöne Hände. Um den Hals trägt sie, in Silber gefaßt, einen kleinen roten Stern. Inge Viett zählte zu den RAF-Aussteigern, die Anfang der achtziger Jahre durch Stasi-Vermittlung in der DDR eine neue Identität fanden – bis es keine DDR mehr gab. 1990 wurde sie festgenommen und 1992 zu dreizehn Jahren Haft verurteilt. Seit 1997 ist sie wieder frei. Ihre Autobiographie »Nie war ich furchtloser« hat sie im Gefängnis geschrieben. Das intensive Lebensbuch enthält durchaus ideologische Passagen, doch vor allem spricht »ein rebellisches und ambitioniertes Herz«.

Ein Kriegskind ist sie. Der Mutter wurde das Sorgerecht entzogen, die vier Töchter kamen ins Heim. Inge war sechs, da übergab sie das Jugendamt an Pflegeeltern in einem Dreihundert-Seelen-Moordorf bei Eckernförde, dessen Mythen und soziale Monstrositäten sie eindrücklich erzählt.

In den Städten, schreibt Inge Viett, hätten die Nazis das Proletariat der Aufklärung entwinden müssen; »die dörflich-bäuerliche Verständniswelt hingegen war der faschistischen Ideologie sehr nah. Alles Fremde, Andersartige wurde mißtrauisch abgelehnt, war Ziel bösester Projektionen (…) Alles Schwache wurde vernutzt, alleingelassen, beiseitegestoßen. Der Faschismus verfeinerte diese Nichtmenschlichkeit zur Unmenschlichkeit, (…) nahm ihr den Makel der Niedrigkeit, Debilität und Unmoral und stattete sie mit dem Mythos von der starken Rasse aus. Ich wuchs im Nachhall dieser Ideologie heran.«

Mit fünfzehn läuft sie fort. Ich hatte keinen Plan für mein Leben, sagt sie. Ich dachte nur: Alles ist besser als dies. Ich traf Menschen, die mir halfen und denen ich Achtung entgegenbringen konnte. Ich lernte: Es gibt das Miese und das Edle.

Sie jobt und lebt unstet, in Wiesbaden, St. Pauli, auf Sylt, dann in Berlin. Sie liest Bücher – Camus, Sartre –, die sie rauschhaft fesseln, ohne daß sie viel versteht. Zu ihrem Erweckungserlebnis wird eine Nordafrika-Reise. Sie ist 25, ein Hippie-Mädchen, das angesichts der Bettler- und Krüppelheere einen Elendsschock erleidet. »Zurück kam ich völlig verwandelt. Erbittert, empört und nicht mehr bereit, auch nur ein Jota auf die verlogenen Rechtfertigungen der Eliteländer zu ihrem fortdauernden Parasitentum an den armgehaltenen Ländern zu geben.« Sie reinigt ihre Kreuzberger Wohnung von »Mummenschanz« und »Szene-Konsum-Kitsch«: »Ich wollte Klarheit, Eindeutigkeit, Einfachheit. Ich mied die Kaufhäuser, die Luxusstraßen. Sie ekelten mich. Der Überfluß ist obszön.«

Die Vibrationen der Revolte erreichen auch Inge Viett. 1972 schließt sie sich der militanten Bewegung 2. Juni an, der kleinen Berliner Schwester der RAF. 1980 werden beide fusionieren.

Was waren die Unterschiede?

Die RAF wollte den Imperialismus in seinen strategischen Zentren angreifen, sagt Inge Viett. Die Militanz war höher. Wir waren eher in der anarchistischen Szene verankert. Kleine, voneinander unabhängige Zellen sollten den Kapitalismus attackieren, mit mehr als Protest, aber auf sehr niedriger militärischer Ebene, auch wegen der Akzeptanz in der Bevölkerung.

Zu einem spektakulären Erfolg wird 1975 die Entführung des Berliner CDU-Vorsitzenden Peter Lorenz. Der 2. Juni preßt fünf inhaftierte Genossen frei und läßt Lorenz nach einer Woche unversehrt laufen. Das schildert Inge Viett in ihrem Buch mit ausführlicher Freude, sehr im Kontrast zu einer Tat im Jahr zuvor. Aus Rache für den Tod des hungerstreikenden RAF-Häftlings Holger Meins wollte der 2. Juni Berlins höchsten Richter in ein selbstgebasteltes »Volksgefängnis« stecken. »Die Aktion geht anders aus. Der Präsident des Berliner Kammergerichts, von Drenkmann, wird beim Entführungsversuch erschossen.«

Frau Viett, warum diese schockierende Knappheit?

Aus juristischen Gründen, der Fall Drenkmann wurde nie aufgeklärt. Über Befindlichkeiten will ich nicht reden.

Die Entführung Hanns Martin Schleyers 1977 bezeichnen Sie als »ganz falsche Aktion«.

Ja, weil klar war, daß der Staat sich eine solche Machtprobe nicht bieten lassen würde.

Sie begann mit der Erschießung von vier Leibwächtern.

Das hat die militärische Option ins Abseits gestellt, die Linke ist darüber zusammengebrochen.

Die Ermordung Schleyers nennen Sie dann »eine folgerichtige Entscheidung«.

Den Mann wieder rauslassen, nachdem die Genossen tot waren? Ich glaube, ich hätte mich damals auch dagegen entschieden?

Und heute?

Ihn laufenzulassen, wäre politisch klüger gewesen, ein Angebot zum Rückzug. Anderseits – der Mann hätte es nicht verdient gehabt, als Held und Märtyrer in gleicher Weise weiterzuleben wie zuvor.

Da trennen sich unsere Ansichten.

Ja. (Pause.) Richtig.

Wir sprechen seit Stunden. Inge Vietts Widerstandsleben ist ein multipler Roman: Banküberfälle, zwei Gefängnisausbrüche, Illegalität, arabische Ausbildungslager, Exil … Illegal in Paris, schießt sie 1981 auf einen Polizisten, der sie per Motorrad verfolgt – weil sie keinen Schutzhelm trägt. Der Mann ist bis heute schwerstversehrt. Erst Jahre später kann sie das Opfer und die Tat zutiefst bedauern. Ich bin ganz und gar kein gewalttätiger Mensch, sagt Inge Viett. Als *Gegen*gewalt, als *revolutionäre* Gewalt halte ich Gewalt in bestimmten politischen Situationen für notwendig.

Jan-Philipp Reemtsma sagt: Der Terrorist hat eine habituelle Freude an seiner Macht.

Das ist ungeheuerlich, das liegt mir völlig fern. Das entspringt natürlich seiner Traumatisierung.

Haben Sie Reemtsmas Entführungsbuch »Im Keller« gelesen?

Das möchte ich nicht. Die Traumata sind Individualgeschichte. Ich rede von einer großen kollektiven gesellschaftlichen Entwicklung, in die ich mich eingereiht habe. Seit zweihundert Jahren ist die bürgerliche Demokratie, einst angetreten im Namen von Freiheit, Gleichheit, Brüderlichkeit, für die humane Entwicklung absolut kontraproduktiv. Kriege, Eroberungen, Mord, Elend, Armut für Profit, das ist die Spur der bürgerlichen Klasse, des kapitalistischen Systems.

Hielten Sie die DDR für moralisch legitimer als die Bundesrepublik?

Ja aber selbstverständlich.

Inge Viett kam 1982 in die DDR. Sie lebte und arbeitete als Eva-Maria Sommer in Dresden. 1986 wurde sie erkannt und von der Stasi unter neuer Legende nach Magdeburg verpflanzt. Die DDR galt ihr als achtbarer Versuch einer nicht auf Profitstreben gegründeten Gesellschaft. Sie genoß die egalitären Verhältnisse, das arbeiterliche Selbstbewußtsein, die Kultur. Sie übersah nicht die Ärmlichkeit der Medien, die Enge der Ideologie, den Mangel an Freiheit.

Frau Viett, die SED-Führung mißtraute dem Volk geradezu neurotisch.

Ja, diese vom Faschismus traumatisierte Generation konnte keine Öffnung und Weiterentwicklung der Gesellschaft herbeiführen.

Sind Sie ein fortschrittsgläubiger Mensch?

Nein, es gibt in der Menschheitsgeschichte immer Aufbrüche und Rückschläge. 1990, diese Fukuyama-These vom Ende der Geschichte, das war so was von dämlich.

Was ist die BRD in zehn Jahren?

Mächtiger, gefährlicher, neoliberaler, sozial noch viel mehr polarisiert. Es muß eine Alternative zur Profitgesellschaft geben.

Schließen Sie eine militante Opposition für die Zukunft aus?

Keineswegs, es ist nur die Frage, ob sie sich entwickeln kann. Wer tötet, fällt aus der Welt.

Ich will darüber nicht streiten. Ist der Kapitalismus aus der Welt gefallen? Die Abschaffung des Adels 1789 war ein notwendiger revolutionärer Akt. Es ging doch nicht anders, nie.

1989, schlägt der Reporter vor, aber das Ende der DDR war ja für Inge Viett nicht revolutionär, sondern ein geschichtlicher Niedergang. Daß bei der Wende kein Blut floß, schreibt sie auch der Moral des sozialistischen Geheimapparates zu.

Was ist schön in Ihrem Leben?

Meine Wohn- und Lebensgemeinschaft, lächelt Inge Viett. Ein schöner Urlaub, eine wunderbare Wanderung. Ein Tracy-Chapman-Konzert. Ein warmes Brötchen, eine gelungene Aktion gegen den Krieg. Daß mir die Härte des Lebens nicht die Fähigkeit genommen hat, Beziehungen zu knüpfen. Ohne die anderen ist das Individuum doch nur ein toter Körper.

Juli 2007

Süße Krankheit Gestern

»Der Turm« veredelt Uwe Tellkamps Dresden
zum klassischen DDR-Untergang

Die Reise zu Tellkamps Turm begann mit dem Wetterbericht.
Wenn schon kein Schnee zur Verfügung stand, um die epische Kulisse buchgerecht einzuzaubern, dann sollte sie wenigstens leuchten. Die Tagesschau versprach den letzten goldenen Oktobertag.
Der Morgendunst hob sich, als der Zug Dresden erreichte und
zwischen Neustadt und Hauptbahnhof die Elbe überquerte. Die
Kuppel der Frauenkirche schimmerte licht, »die Hofkirche lag
wie eine behäbige Ente querschiffs zum Fluß und schien in Schlaf
gebacken inmitten der Aufregungen des Morgenverkehrs; die
Elbe, graubraun geschuppt, glich einem Saurier, der träge vor-
wärtskroch«.

Nein, das tat die Elbe nicht.

Wir kamen, um die Tellkampschen Betörungen zu prüfen.
Was tat die Elbe? Sie glitt behaglich durch die Auen. Sie durch-
bummelte die Stadt, irrtümlich schien uns: gen Süden, entlang der
Weinhänge, begleitet von Radlern und Hunden. Sie passierte das
Lingnerschloß, bis sie das Vorstädtchen Loschwitz erreichte, wo
den Strom das Blauen Wunder überspannt. Wir liefen über die berühmte Brücke, laut Tellkamp ein »filigranes Doppelzelt«. Oder
ein übers Wasser gestürzter Eiffelturm.

Hier beginnt der Roman: mit dem Rumpumpel der Stand-
seilbahn, die seit 1895 durch zwei Tunnel und über einen Viadukt
aus den Dresdner Niederungen in die Oberwelt führt. Tellkamps
Turm, der Weiße Hirsch, entstand zwischen 1890 und 1905 als
Siedlungsgebiet gehobener Kreise. Die Bergstation ist ein Tempel.
Gegenüber liegt der Luisen- alias Sybillenhof, wo Tellkamps
Turmgesellschaft Fasching feiert. Zu Recht heißt die Terrasse der
Balkon von Dresden. Ein elysisches Panorama tut sich auf. Tief
unten im Tal gleißt der silberne Strom.

Tatsächlich, wie verwunschen liegt der Weiße Hirsch. Vermutlich wollten die Architekten ein Märchenbuch illustrieren, mit kleinen Burgen und Schlössern, mit Türmen und Zinnen, mit hölzernen Loggien und Jugendstilbalkonen, mit Dachreitern, Spitzkugeln, Kissenhauben, mit Faunen, Putten, wasserspeienden Delphinen und Zäunen aus schmiedeeisernen Joringelblumen. Goldlaub rieselt von den Platanen, an den Wänden lodert wilder Wein. Das Kirchlein scheint aus Finnland hergehext, und die Pastorin heißt wahrhaftig Wunderwald. Allerdings ging Patina verloren. Nach der Wende wurde hier auf deutsche Art saniert, so wie es Rechtsanwälte, Galeristen, Wellness-Unternehmer lieben. Die zogen her, viele Alteingesessene fort.

Da geschieht es, auf der Plattleite. *Er* kreuzt unseren Weg, von links nach rechts: Chakamankabudibaba, der korpulente Zauberkater, mit wehendem Roßschweif.

Entschuldigung, wo ist das Tausendaugenhaus, in dem Sie mit Meno Rohde wohnen? Und die Sternwarte des Barons von Arbogast?

Der Kater will sie uns zeigen und läuft voran. Die Plattleite ist Tellkamps Turmstraße, die Magistrale des Romans. Schon finden wir Arbogasts Observatorium, einen weißen Rapunzelturm mit grünem Kupferhut. Im Schaukasten hängt das Vermächtnis des Großgelehrten: »Die Betrachtung von Planeten, Kugelsternhaufen und der größten Nebelflecke in Teleskopen dieser Abmessung ist einer der besten Wege, um dem Menschen die gewaltigen Maßstäbe des Kosmos näher zu bringen und ihn innere Bescheidenheit zu lehren.« So sprach, vor seinem Tode 1997, Arbogast: Manfred von Ardenne, der adelige Multiforscher der DDR.

Alle deutsche Welt liest derzeit den »Turm« als Schlüsselroman. Das liegt ja nahe. Altberg trägt Franz Fühmanns Züge, Groth spricht wie Stefan Heym, Paul Schade wie der Prolet-Poet Kuba, Mellies wie Hermann Kant. In Viktor Hart ist dringend Marcel Reich-Ranicki zu vermuten. Der alte Londoner ähnelt Jürgen Kuczynski. In Eschschloraque erkennt man Peter Hacks, »den Klassizisten und sozialistischen Marschall des Maßes«. Nicht den Schauspieler Eberhard Esche? Nicht auch Stephan

Hermlin? Aber was hat Tellkamps Parteifürst Barsano mit Hans Modrow gemein?

Auch die Wege verwirren sich. Nach »Ostrom«, in den Bannkreis der Nomenklatura, führt gar keine Brücke. Zwar finden wir ein Haus Abendstern. Wir meinen auch Haus Wolfsstein und die Karavelle zu enttarnen. Aus dem Tausendaugenhaus weht Operngesang. Ein Mann tritt heraus: Wollnse einziehen? Is gerade was freigeworden. Hat aber Wasserschaden.

Hier also lebte Meno Rohde mit dem Kater? Hier Niklas Tietze, der Arzt und Klassik-Gourmet? Hier, in der Eulenburg, Christian, und Uwe Tellkamp seit 1977? Wir träumen die Erzählung in die falschen Mauern. Ein »FAZ«-Kollege, der hier mit Tellkamp spazierenging, hat verkehrte Adressen publiziert. Die echten sagt uns Tellkamp – später, wenn wir ihn besuchen, in einer anderen Welt.

Der Kater ist fort.

Ein junger Mann wird erwachsen, und eine Welt geht unter. So bündelt Jens Bisky von der »Süddeutschen Zeitung« den »Turm«. Es ist Frankfurter Buchmesse. Neben Bisky sitzt auf dem Blauen Sofa Uwe Tellkamp, akkurat gescheitelt, wohlgewandet, konzentriert auch nach dem fünfzigsten Interview. Vor drei Tagen hat er den Deutschen Buchpreis bekommen. Bisky fragt: Ist Ihr Buch eine Abrechnung mit einem Scheißstaat?

Solche Schlagworte stören mich, sagt Tellkamp. Das würde die Lebensleistung sehr vieler Menschen abwerten. Darum ist ja mein Buch so dick: weil man darstellen muß.

Sie hegen starke Zuneigung zu einigen Ihrer Figuren, auch zu solchen aus »Ostrom«.

Ich glaube, ohne Liebe kann man keine vernünftigen Bücher schreiben, sagt Tellkamp. Wut ist ein guter Treibstoff. Es sollte aber nicht die Wut des Autors sein, sondern die seiner Personen.

Der Ostler Bisky findet, »Der Turm« katalogisiere die DDR – den Rost, den schwarzen Schimmel, die Gifte des rottenden Landes. – Man erinnert sich fortwährend, meint auch die ARD-Moderatorin Evelyn Fischer, geboren in Weimar. Man sagt beim Lesen immerzu: Ach ja! Wie autobiographisch ist denn Ihr Roman?

Uwe Tellkamp an der Standseilbahn (Dresden, Herbst 2008).

Letztlich ist alles Autobiographie, sagt Tellkamp. Ich kenne ja jede Farbe, jeden Klang, jeden Geruch.

Wie unterscheiden sich Ost- und Westpublikum?

Im Westen, sagt Tellkamp, dominiere Neugier. Ost-Leser, insbesondere Dresdner, hätten Schwierigkeiten, den »Turm« als Roman anzuerkennen. Man werfe ihm vor, vieles sei doch ganz anders gewesen. Er halte aber nichts vom Kult der Authentizität. Seine Personen seien Skelette, die mit dem Fleisch des Erzählens umgeben werden müßten. Das sei ein Akt der Leben wiederherstellenden Phantasie.

Und die vielen Märchenmotive? Die Rosenschlucht, die Zahl Sieben? Sind Sie ein Romantiker?

Im Sinne von Ausbruch und Utopie gewiß, sagt Tellkamp. Er

glaube an Märchen. Für ihn sei die DDR ein Dornröschenland gewesen. Deshalb die schlafenden Uhren, die Arabesken, die Rosenranken um das Land. Die Zahl Sieben umfange die geschilderte Zeit.

Am 10. November 1982 starb Kreml-Chef Leonid Breshnew. Am 9. November 1989 fiel die Mauer. Da endet das Buch: mit einem Doppelpunkt. Tellkamp erklärt, er werde weiterschreiben. Den Christian sehe er dann in Leipzig, den Meno vielleicht als Pressesprecher von VW? Darauf sei er selbst gespannt.

Am Stand der »Frankfurter Rundschau« wird Tellkamp oktoberlich mit Dresdner Christstollen traktiert. Ralf Walther, gebürtig aus Heidelberg, bewundert Tellkamps Dresden-Patriotismus. Eigentlich, sagt er, schreiben Sie über eine Klasse, die in der DDR den falschen Standpunkt hatte: das Großbürgertum.

Bildungsbürgertum, sagt Tellkamp, Refugienbürgertum. Großbürgertum klingt mir zu besitzmäßig. Viel Geld hatte dort bis auf Ausnahmen keiner. Es ging um Literatur, Musik – um Raum zum Atmen, um Gegenpositionen zu den herrschenden Zumutungen.

Ihr Buch wird Schulstoff, verspricht Walther. Tellkamp sagt: Warten Sie's ab.

Vorerst gilt Tellkamps »Turm« als *der* Wenderoman. Er wurde schon öfter geschrieben – demonstrativ von Erich Loest mit »Nikolaikirche«, poppig und gleich dreimal von Thomas Brussig mit »Helden wie wir«, »Am kürzeren Ende der Sonnenallee« und »Wie es leuchtet«. Auch Christoph Heins »Frau Paula Trousseau«, Joochen Laabs' »Späte Reise«, Clemens Meyers »Als wir träumten« und Helga Schütz' »Grenze zum gestrigen Tag« sind eigentlich Wenderomane, wenngleich ohne Mauerfall-Finale. Mit der Erfahrung des Umbruchs rufen diese Bücher vorige Zustände herauf und bewahren Welt von gestern.

Doch Markt und bürgerliches Publikum ersehnten das repräsentative Opus magnum zur 89er Zeitenwende. Epoche sollte es malen, den Großen Abgesang intonieren, wie Thomas Manns »Buddenbrooks« und »Radetzkymarsch« von Joseph Roth. Ein Schrein war zu zimmern, ein wertbeständiges, politisch unstrit-

tiges Buch zur Aufbewahrung der späten DDR und ihres Untergangs.

Diesen künftigen National-Klassiker gibt es nun. Er heißt »Der
Turm«. Das Buch spricht mit hundert Zungen. Seine 976 Seiten
führen in Außen- und Innenräume der versunkenen Republik:
Musennester, Seelennischen, Krankenhäuser, proletarische Höl-
len, Armee, Knast … Die Ostgeschichte wird gesamtdeutsch an-
schlußfähig. Die Sprache sättigt, der Klang läßt sich saufen wie ein
Bachsches Orgelwerk. Tellkamp zieht alle Register. Er stemmt das
Große und streichelt das Geringe, penibel, mit zärtlichen Verben.
Der Kachelofen zwitschert leise, ins Spülwasser klimpert ein Trop-
fen Fit. »Der Turm« ist auch ein Museum der DDR-Produkte. Das
freut den Osten. Den Westen mag beheimeln, wie Tellkamp Kultur ausstellt: daß seine Dresdner Bildungsbürger »den Kompaß
über den knarrenden Parketten unbeirrbar auf Weimar gerichtet
hielten«, daß Goethe der »Generalissimus ihrer Meinungen« war,
ihr »Gemütsfürst«, der »Prägekönig ihrer Zitaten-Münze«.

»Der Turm« ist ein Konsensschmöker. Das werden wir Tellkamp sagen.

Fern von Dresden lebt er. Weit nach Südwesten ist er gezogen, weil seine Frau dort Arbeit fand. Sie ist Krankenhaus-Ar-
chitektin in einem Freiburger Planungsbüro. Uwe Tellkamp sagt,
daß er von Freiburg nur die Dreisam und die Spielplätze seines
Söhnleins kenne. Er sei dessen Mama. Er hütet ihn am Nachmittag, er kocht für ihn. Meno Nikolaus ist knapp zwei Jahre
und liebt Bratkartoffeln.

Kommen Sie zu mir nach Hause, sagt Tellkamp am Telephon.
Da haben wir Ruhe.

Ein bescheidenes Haus an der Freiburger Peripherie. Er wartet schon vor der Tür. Wir setzen uns in die Küche. Tellkamp kredenzt Kaktusfeigen-Tee und Menos Tierpark-Kekse.

Wo schreiben Sie?

Er zeigt es. Er schreibt auf hoher See. Unter das Ikea-Hochbett
hat er sich ein Kabäuschen gebaut. 2,20 mal 1,60, das muß genügen, sagt er. Sie haben eine Kajüte, darin schiffen Sie in die Welt
hinaus, darin trägt Sie's wieder heim. Alles andere ist Luxus.

Was basteln Sie da? Warum kleben Sie Gedichte in das Buch?

Das, sagt Tellkamp, ist mein Kindheitsbuch schlechthin: »Das kleine Buch der Tropenwunder«, Inselbücherei 1954. Dieses komplett Andere, diese Farben gegenüber dem Grau der DDR, die völlig unerreichbaren Tropen. Die Bilder lassen Lücken, da hinein setze ich Gedichte.

Uwe Tellkamp ist vierzig Jahre alt, durchreflektiert, analytisch, musisch. Er steckt voller Sprachmusik. Zugleich wirkt er ganz jung, ein Mann mit kindlichem Plaisir. Seinen Parteifürsten Barsano läßt er »Mosaik« sammeln, das einzige und beste Comic-Heft der DDR. Natürlich weiß Tellkamp, in welcher Ausgabe der Ritter Runkel von Rübenstein Anno 1284 vom venezianischen Dogen ein Schiff fordert, um gen Orient zu segeln und den Sarazenen den Schatz seines Vaters abzuringen. Dies geschah in Heft 90 (Mai 1964). Tellkamp behauptet: Auch der Major von Treskow war beim Dogen, in der Serie vor Ritter Runkel.

Nein, Treskow war auf Hochzeitsreise in Triest, mit seiner Braut Berthulda von Zickenthal und Zasterwitz, welche ausrief: »Sieh doch nur, Eitel-Egbert, diese edle Architektur!« Und der Major: »Ick sehe keene. Ick sehe bloß lauter langweilje Häuser.«

Hochzeitsreise stimme, sagt Tellkamp, Triest auch, aber Venedig, das könne er beweisen. Er rennt ins Nachbarzimmer und schleppt seine Schatzkiste herbei. Er kramt in Stapeln »Mosaik« und hat selbstverständlich recht: Nr. 88 (März 1964). Auch die 14 dänischen Olsenbande-Filme kennt Tellkamp auswendig.

Es gebe ein Geheimbuch hinter seinen Texten, sagt Tellkamp. Das sei »Die Schatzinsel«. Immer gehe es bei ihm um Reisen hin zu Schätzen; im »Turm« sei Bildung der Schatz. Eine Orientreise erzähle der Roman. Bei seiner Verhaftung höre Christian Stimmen krächzen wie von bösen Kranichen. Das ist natürlich Tannhäuser, sagt Tellkamp. Christian trägt ja auch Tannhäusers schwarzweißes Gewand, denken Sie an die Manesse-Handschrift …

Herr Tellkamp, »Der Turm« ist ein Glasperlenspiel der Assoziationen. Aber teilt sich das mit? Wie viele adäquate Leser haben Sie?

Keine Ahnung. Ich schreibe für Marsmenschen.

Das ist kokett.

Nein. An der Oberfläche muß man ein Buch schmökern können, da entgeht Ihnen natürlich einiges. Wer mehr will, kann in die Tiefe steigen. Aber auch ein Brasilianer ohne jede DDR-Beziehung soll sich vorstellen können, wie die Atmosphäre war, wie Menschen redend sich bewegten. Ich will nicht über etwas reden, ich will etwas reden.

Die Sprache soll sich sprechen – diese Freiläufigkeit der Tellkampschen Schöpfung kehrt im Gespräch immer wieder. Tellkamp bemißt das Epische danach, ob die Personen leben. Sie laufen los und entwickeln Eigensinn. Sie fordern ihre Konstellationen, ihre Gegen-, Neben-, Mitfiguren; sie wollen sich schattieren mit anderen Schatten; sie weisen über sich hinaus. Alles andere nennt Tellkamp Kurzgeschichte, nicht Roman. Er habe den Eindruck, der große epische Atem sei seit Uwe Johnson ausgehaucht. Günter Grass, sagt Tellkamp. Ein Haudegen, großartige Szenen, doch er erschafft keine lebenden Personen. Eigentlich ist Grass Zirkuskünstler, oder Moritatensänger. Er zeigt mit dem Stab auf Bildtafeln und erklärt sie. Und seine politischen Kommentare …

Herr Tellkamp, schreiben Sie nie aus Eifersucht, daß der Osten im Westen nicht vorkommt?

Nein, sagt Tellkamp. Sich hinsetzen und was zu einem Thema verfassen, das ist Journalismus.

Wollen Sie nicht Ihre Welt verschriften?

Das Epische verfertigt sich beim Schreiben. Ich weiß zuvor nicht, was ich kenne.

Wie schreiben Sie?

Jeden Tag. Wenn nicht, dann werde ich krank. Und weil Sie das nicht glauben: Am Abend der Buchpreisverleihung war ich um 21.30 Uhr im Apartement des Suhrkamp-Verlags und habe geschrieben. Das kann ich Ihnen beweisen.

Wie lange schreiben Sie?

Solange ich kann. Jetzt muß ich Zeiten einhalten, wegen meines Sohns. Zwischen 8 und 14 Uhr muß es werden.

Faule, matte, geistig umwölkte Tage?

Nee. Geht nicht. Ich kann auch keinen Urlaub machen, das ist für mich 'ne schreckliche Zeit.

Hat Sie Ihr Erfolg wirklich überrascht? »Der Turm« ist doch ein Konsensschmöker.

Ja, die Einhelligkeit stimmt mich 'n bissl mißtrauisch. Ich halte das Buch für schwieriger als angenommen. Die, denen ich weh tue mit meiner DDR-Sicht, habe ja keine Medienmacht, um sich zu äußern.

Das Publikum liebt Abgesänge.

Ja, aber warum?

Moll-Sehnsucht, Ihre »süße Krankheit Gestern«.

Glaub ich nicht, sagt Tellkamp. Vielleicht Sehnsucht nach Verstehen. Abgesang heißt abgeschlossen, das suggeriert Verständnismöglichkeit. Aber ich kriege zu hören, daß ich die Personen überlade und zu Schmerzensmännern ausbaue. In Wahrheit sei die DDR viel ärmer, unpathetischer, schmuckloser – viel weniger mythologisch ausbeutbar gewesen. In den herrschenden Diskursen steht immer Pathos/Ost gegen Ironie/West. Wir aus dem Osten sind pathetisch und müssen uns rechtfertigen. Das gibt mir zu denken.

Was meinen Sie mit Pathos?

Nacktheit. Im Osten war die Inanspruchnahme durch Politik so stark, daß man zeitweise nackt war gegenüber dem Staat. Man hatte nicht die Alternative, angezogen wegzugehen und zu sagen: Das geht mich nichts an. Ironie hat zur Voraussetzung, daß man Nein sagen kann. Aber im Westen existiert eine Art von Freiheit, die von sich selbst Abstand nimmt. Der totale Ironiker relativiert alles, ohne etwas dafür zu setzen.

Sind wir Ostler zwanghaft ernst?

Schicksalsbeladen. Im Osten gibt es wenig Sinn für Spiel. Uns hat der große Pädagoge Staat nicht die Möglichkeit gegeben, die Schulklasse zu verlassen. Das zeugt sich fort. Auch die heutigen Kinder wachsen mit geprägten Bezugsfiguren auf.

Herr Tellkamp, Sie sagen öfter, etwas sei bezahlt. Mit eigener Erfahrung? Ihr Christian durchfährt als Panzerkommandant die Elbe, ein Kamerad stirbt. Sie haben Ähnliches erlebt. Soldat Christian verweigert 1989 den Einsatz gegen Dresdner Demonstranten und wird inhaftiert – wie Sie.

Ich könnte den »Turm« nicht im Saarland spielen lassen, sagt Tellkamp. Die Autobiographie ist der Kern, an den sich die Korallen lagern. Sie ist das gegrabene Bett für den Fluß der Phantasie. Aber wenn ich Fluß denke, dann Elbe.

Es gibt ein Kapitel ganz zum Schluß, das nehme ich Ihnen übel. Nr. 71, »Die Hauptaufgabe«. Diese grauenhaften Schilderungen von der Ostfront, die Hinrichtungsszene, das haben Sie nicht bezahlt.

Altberg erzählt es. Das ist Sekundärstoff, als solcher steht er im Buch.

Das steht Ihnen nicht zu.

Wieso nicht? Das ist wieder typisch Osten: das Erlebte mit dem Geschriebenen kurzzuschließen. Aber ich *erlebe* Krieg beim Schreiben.

Unsinn! Anmaßung!

Doch! ruft Tellkamp. Ich habe da den Stahlhelm auf! Das ist Pathos!

Geklaut! Das würde ich mir versagen.

Warum? sagt Tellkamp. Nehmen Sie Kempowski, »Das Echolot«, lauter authentische Stimmen. Aber Kempowski verrät die Literatur an das Authentische. Das Problem ist, daß der halberfrorene Soldat vor Stalingrad wahrscheinlich viel schlechter schreibt als jemand, der nicht dabei war. Ich war immerhin noch bei der Armee, aber es kommt nicht darauf an, was ich erlebt habe, sondern was ich gestalten kann.

Herr Tellkamp, Sie kennen nicht Grenzerfahrungen, die Sie nicht erfahren mußten.

Ich will Literatur! ruft Tellkamp. Ich will Roman! Es kotzt mich an, daß ich mich immer dafür verantworten muß, daß ich anfange zu – spinnen.

Nein, aber kein Bewahrter kann die Existenzverbrennung fühlen.

Genau dorthin müssen Sie! ruft Tellkamp. Im Dunkel, wo Sie noch nichts wissen, dort ist die Wippe, von der Sie springen müssen. Lobo Antunes hat mal gesagt: Jetzt schreibe ich einen Roman über Transvestiten, weil ich davon keine Ahnung habe. Der

Schriftsteller ist amoralisch. Nicht unmoralisch; ich habe meine Ansichten. Thomas Mann guckt seinen Figuren manchmal über die Schulter, das mag ich nicht. Bei Tolstoi, bei Dostojewski ist der Autor völlig gelöscht. Das meine ich mit Autobiographie: Als Autor bin ich alles und nichts. William Faulkner ...

Jetzt geht die Wohnungstür. Annett Tellkamp und der kleine Meno kommen. Oh, Schnecki! ruft Tellkamp glücklich und nimmt seinen Spatz auf den Arm. Meno präsentiert dem Gast ein Bilderheft aus Pappe und spricht: Buch!

Am Abend liest Uwe Tellkamp im alten Freiburger Straßen-bahn-Depot. Dreihundert Menschen überfüllen die Halle. Wir laufen vorher noch eine Runde durchs Dunkel. Tellkamp erzählt vom problematischen Verhältnis zu seinen Eltern. Der Vater zürnt, weil der Sohn, der studierte Mediziner, nicht mehr als Arzt arbeitet. Unvermittelt fragt Tellkamp: Glauben Sie, daß es im Osten wirklich freie Nischen gab? Ich nicht, das wurde alles be-zahlt.

Nun liest er, gut und ohne Putz. Sehr selbstgewiß kann er die DDR erklären, ihren verrotteten Idealismus, die gescheiterte Fu-sion von Marx und Goethe, die Ostalgie. Das Perfide an der DDR war, daß an den Menschen Manipulationen vorgenommen wurden, sagt Tellkamp. Unterhalb dessen und dagegen gab es eine Kommunikation, nach der sich heute viele sehnen. Aber diese menschliche Nähe ist Zweckwärme gewesen. Wenn die Ostdeutschen wirklich warmherziger wären, dann wären sie es heute noch. Das Abgründige des Systems lag darin, daß Sie als Gefangener ein Maß an Freiheit erlebten, wie Sie's als Freier nie wieder kriegen.

Dann rauscht der Applaus. Tellkamp signiert. Eine Dame spricht: »Der Turm« ist für Freiburg das ideale Buch. Weil wir von all diesen Dingen keine Ahnung haben.

November 2008

Die Wende im Westen

Hildesheim spürt 1989

Eigentlich beginnt diese Hildesheim-Geschichte in Halberstadt. Einst waren beide Städte weitberühmte Fachwerk-Paradiese. Hildesheim wurde *Nürnberg des Nordens* genannt, Halberstadt *Rothenburg am Harz*. Beide vergingen im Bombensturm. Hildesheim starb am 22. März 1945, Halberstadt am 8. April. Hernach gehörte Hildesheim zur Bundesrepublik und Halberstadt zur DDR. Von dort stammt der Reporter, väterlicherseits.

Ich glaube an die Verwandtschaft der verbrannten Städte, sagt die Magdeburger Schriftstellerin Annett Gröschner, die an der Hildesheimer Universität literarische Publizistik lehrt. Unter dem Neuen lebt die Erinnerung der gewesenen Stadt.

In Halberstadt ließ das SED-Regime die Fachwerk-Reste verrotten, zum ohnmächtigen Zorn der Lokalhistoriker und Altstadt-Freunde wie Armin Dieckmann. Zahllos und unerschöpflich waren Onkel Armins Verwünschungen der SED-Barbarei, die Alt-Halberstadts Reste verfallen ließ. Dagegen Hildesheim! Als kriegsversehrter Invalidenrentner durfte Onkel Armin in den Westen reisen und brachte unglaubliche Kunde heim: In Hildesheim war das sehnende Erinnern derart stark, daß am Markt das »Hotel Rose«, ein Nachkriegsklotz, wieder abgerissen wurde. Dafür erschuf man neuerlich mit Liebesmüh das 1945 verbrannte Knochenhauer-Amtshaus von 1529, den welthöchsten Fachwerkbau. Das Geld stammte weitenteils von privaten Spendern. 1989 stand das Haus. Die Mauer fiel.

Was hat die Wende im Westen verändert? Das Klischee sagt: nichts. Da sehen wir mal nach, in Hildesheim.

Ja, wunderbar ist der historische Markt, laut Wilhelm von Humboldt der schönste der Welt. Achtgeschossig ragt das Knochenhauer-Amtshaus auf, umringt von weiterer Fachwerk-Pracht.

Mächtige Kirchen durchwuchten die Stadt. Auf ihrem grünen Hügel thront St. Michaelis wie eine romanische Burg. Im Kreuzgang des Doms sproßt Hildesheims Wahrzeichen, der tausendjährige Rosenstock, dessen verschüttete Triebe 1945 aus den Trümmern krochen. Ergreifend ist das jüdische Mahnmal am Lappenberg, wo einst die Synagoge stand.

Dank Eingemeindungen zählt Hildesheim gut 100 000 Bewohner. Ein Großstädtchen, sagt Ratssprecher Horst Richter. Wirtschaftlich dominiert der Mittelstand. Größter Arbeitgeber ist Bosch-Blaupunkt mit 1500 Beschäftigten. Die Arbeitslosigkeit liegt bei acht Prozent. Soeben wurde Hildesheim zur besten Gründerregion Deutschlands gekürt.

Herr Richter, wen muß ich unbedingt besuchen?

Richter lächelt: Ilse Wittenberg.

Die Grande Dame der Hildesheimer Politik wohnt in der herben Nordstadt, wo – so wird sie formulieren – unsere ausländischen Mitbürger ihr Unwesen treiben. Die Sattlerstochter ist berühmt als Rote Ilse, weil sie jahrzehntelang die örtliche SPD anführte und flott ein rotes Auto fuhr. Mittlerweile ist sie 82, das Auto seit vorgestern verkauft. Am Kaffeetisch serviert sie Gebäck und Geschichte.

Auch Madonnen, Enten, Pinguine, geschnitzt vom verstorbenen Gatten, lauschen gebannt, wie das *Blitzmädel* Ilse den Krieg überstand. Durchs brennende Leipzig, sagt sie, dann Prag. Wlassow drehte seine Truppen gegen die Wehrmacht, wir türmten, in einem Bus voll Verwundeter. Vor den Dörfern nahmen wir Geiseln und setzten sie auf die Kotflügel, gegen Scharfschützen-Feuer. Ich schoß vom Beifahrersitz mit dem MG in die Luft, vom Rückstoß hatt ich so 'ne dicke Schulter.

Warum schossen Sie in die Luft?

In die Bäume. Falls da Heckenschützen saßen. Ist aber nichts gefallen. Unsern Fahrer hat's trotzdem erwischt. Och, was ich alles erzähle, nu ist der Kaffee kalt.

Und die Geiseln?

Die ließen wir am Ortsausgang laufen, mit was zu essen. 1950 hab ich geheiratet. Als unsere beiden Mädchen kamen, sagte mein Mann: Gottseidank, kein Kanonenfutter!

Neubaugebiet Markt: Bäckeramtshaus, Knochenhaueramts-
haus, Stadtschänke und Rokokohaus wurden von 1983 bis
1990 wiedererrichtet (Hildesheim, 4. März 1999).

Wie fanden Sie zur Politik?

Willy Brandt, sagt Ilse Wittenberg feierlich. Der redete hier
auf dem Markt, keine Phrasen, der war 'n Kumpel. Da sagte
mein Mann: Ilse, den könn' wir wählen.

Brandt, der Ost-West-Versöhner. *Jetzt wächst zusammen, was*
zusammengehört. Und was nicht? Köstlich sind Ilse Wittenbergs
druckvolle Memoiren von ihren Besuchen *drüben.* Nach dem
Grenzfall zerbrach jeglicher Kontakt zur sächsischen Partner-
Kirchgemeinde, und Ost-Verwandte zeigten sich anmaßend bis
undankbar. Wir waren selber Schuld, sagt Ilse Wittenberg. Weil
wir immer Pakete geschickt haben, glaubten die, uns fliegen die
gebratenen Tauben in den Mund. Die Frau meines Cousins, die
dachte wohl, wir hätten sonstwas für Reichtümer. Da hab ich ihr
mal meine Rentenunterlagen gezeigt. So!, hab ich gesagt. Jetzt will
ich nix mehr zu dem Thema hören! Aber gar nix mehr!

Zurück ins Zentrum. Vom himmelhohen St. Andreas-Turm kann man fast bis Peking gucken und sogar ins feindliche Hannover, wo, wie wir erfahren, ein geducktes Volk komplexbeladener Neider haust, grün vor Eifersucht auf Hildesheim, die heimliche Kulturhauptstadt Niedersachsens. Gibt's etwa in Hannover das Roemer- und Pelizaeus-Museum mit seiner enormen ägyptischen Sammlung? Oder eine Universität, die jährlich 800 Theaterspezialisten in alle Welt entsendet? Und Hildesheims blühende Off-Theater-Szene! Und natürlich das traditionsbewußte Stadttheater, dem sich kürzlich die Landesbühne Hannover anzuschließen hatte, wobei Hildesheim die Sparte Tanz verlor.

Hannover ist wirklich Scheiße, enthüllt Andreas Hartmann, der Theaterphotograph und Bildredakteur der »Hildesheimer Allgemeinen Zeitung«. Als wir ihn treffen, herrscht schon tiefe Nacht. Wir haben bereits Kleists mörderisches Drama »Familie Schroffenstein« sowie hocheffektive Getränke intus, in einer Bar namens »Sorgenfrei«. Doppelt so groß und näher an Hamburg, sagt Hartmann, dann wäre Hildesheim ideal.

Und die Nazi-Demo letzten Samstag in der Nordstadt?

183 Rechte, 1500 Gegendemonstranten, sagt Hartmann. In Hildesheim selbst gibt's keine organisierte rechte Szene.

Was hat sich verändert seit 1989?

Die Verteilungskämpfe, sagt Hartmann. Meine feste Stelle würde ich heute nicht mehr bekommen. In den 80ern ging's uns richtig gut. Der echte Westdeutsche hatte sein stabiles Arbeitsverhältnis und zahlte volles Rohr Sozialabgaben. Noch gibt es eine Erbengeneration, die ihre Kinder aushält.

Im Osten nicht.

Im Westen sind diese Ressourcen auch bald aufgezehrt.

Abbau West dank Aufbau Ost?

Ich gehöre nicht zu den Claqueuren von Helmut Kohl, sagt Hartmann, es war katastrophal, wie die Einheit gemanagt wurde. Aber die Grenzöffnung war nur Teil einer Umschichtung von Machtstrukturen in der ganzen Welt. Wer hat denn 1989 von Globalisierung oder Islamismus gesprochen?

Zu Mauerzeiten lag Hildesheim an der Peripherie des sogenannten Zonenrandgebiets. Von den Paß-Vergünstigungen des Kleinen Grenzverkehrs machte aber kaum ein Hiesiger Gebrauch, falls *drüben* nicht Verwandtschaft darbte. Oder man durcheilte die DDR per Transit. Auch Hartmann kannte den Osten nur von Berlin-Besuchen – bis zum Frühjahr 1990, als das Theater Hildesheim die Halberstädter mit einem Gastspiel beschenkte. Drüben war alles grau, sagt Hartmann. Unfaßbare Straßen. Das Theater in unglaublich zurückgebliebenem Zustand. Das Publikum weder zahlreich noch begeistert.

Was wurde gespielt?

»Endlich allein«, amerikanische Komödie.

Vielleicht damals unideal.

Kann sein, sagt Hartmann. Na, die Kantine war klasse.

Dann kippt die Bar »Sorgenfrei« ihre letzten Zecher aus. Es gibt auf Erden keinen stilleren Ort als Hildesheim bei Nacht. Nur ein paar schläfrige Lindenblätter wispern im Wind. Aus dem Giebelfensterchen des Knochenhauer-Amtshauses funzelt mittelalterliches Licht. Wir erspähen die Inschrift: KRIEG, FEUER, DIE ZEIT LACHT DER HÄUSER HERRLICHKEIT.

Keineswegs sorgenfrei gerät der nächste Morgen. Sorgsam schwankend zwischen Pflicht und Wortfindungsproblemen besteigen wir das neugotische Rathaus. Im ersten Stock empfängt uns der Oberbürgermeister. Kurt Machens, Ur-Hildesheimer Tischlersohn, ist ein blendender Fünfziger mit schlohem Schopf, Lippenbärtchen und orangenem Schlips; wohlmeinende Bürger verliehen ihm den Titel Omar Sharif von Hildesheim. Er selbst, von Hause aus Chirurg, nennt sich gern Damen- und Herrenschneider. Machens amtiert seit 1992. Seit gestern ist er vorbestraft, einer schwarzen Kasse wegen, aus der ein Verein mit dem genialen Decknamen *Pecunia non olet* kommunale Wohltaten finanzierte. Privat bereichert hat sich Machens keineswegs, aber einer Schule Computer spendiert, der jüdischen Gemeinde eine Thora-Rolle und so fort. Von seiner CDU wurde Machens ausgeschlossen, vom Wahlvolk triumphal im Amt bestätigt.

Was hat der Mauerfall in Hildesheim bewirkt?

Den Fortfall von Geldern, sagt Machens, allzeit freundlich und sonor. Zonenrandgebiets-Zuschüsse, Strukturhilfemittel, Finanzausgleich. Wir müssen uns nun selber kümmern. Wir warten nicht auf Großinvestoren, wir fördern unseren Mittelstand. Die Bundeswehr ist kürzlich abgezogen. Die Briten sind schon länger fort. Wir wären ja hier Hauptkampfgebiet gewesen. Genau hier hätte man sich mit taktischen Atomwaffen geschlagen.

Und was brachte Ihnen die Wende persönlich?

Ich habe jetzt die herrliche Freiheit, nach Rügen zu fahren, das andere Berlin zu erkunden, mir den Wurmberg vom Brocken aus anzuschauen. *That's it.*

Was war Ihnen die DDR?

Ostverwandte hatten wir nicht, sagt Machens. Meine früheste Erinnerung ist, daß man Weihnachten, noch ehe der Baum angezündet wurde, Kerzen ins Fenster stellte, zum Gedenken an die Brüder und Schwestern im Osten. Später hörte das auf.

Die Grenze war ja nicht fern.

Man fuhr in den Harz und sah sich die Sperranlagen an, sagt Machens. Hinterm Zaun begann was Drohendes, auch von den Lehrern vermittelt: der böse Ostblock, der ganz viele Panzer hatte. Ja, und das DDR-Fernsehen konnte man hier empfangen, das Sandmännchen. Arthur Schnitzler ist mir noch ein Begriff, dieser demagogische »Rote Kanal«. Einmal ließ der Schnitzler hier die Schlangen zur Eröffnung des Modehauses Kressmann filmen und sendete das unter dem Titel: Versorgungsengpässe im Westen. Das fand ich so klasse und dreist.

Machens' Ost-Erinnerungen sind vielleicht nicht durchweg von letzter Schärfe. Arthur Schnitzler hieß in Wahrheit natürlich Karl-Eduard von Schnitzler, der »Rote Kanal« war der »Schwarze Kanal«. Der Name Kressmann ruft noch Älteres herauf: das gleichnamige Geschäft am Halberstädter Breiten Weg – bis 1945. Wir besuchen das Textilhaus und werden schon auf der Treppe bestätigt. Ein großes Photo zeigt Kressmanns Alt-Halberstädter Niederlassung, nebst denen in Bernburg und Schwerin. Die brüderlichen Chefs empfangen uns, Carl und Axel Kressmann, zwei vitale Mittvierziger, die an die fabelhaften Baker-Boys erinnern.

*Die tausendjährige Michaeliskirche, im Zweiten Weltkrieg
schwer getroffen, zählt zum UNESCO-Weltkulturerbe
(Hildesheim, 14. Oktober 2007).*

In Halberstadt liegen die Gründer begraben. Spannend ist die
Familiensaga von Kressmanns Schweriner Enteignung 1951 und
der Restitution vier Jahrzehnte später. Zur DDR-Zeit war die
dortige Dependance ein HO-Magnet-Kaufhaus mit Vollsorti-
ment. Als dann die Altneueigentümer die Rückwandlung zum
gehobenen Textilhaus annoncierten, schlug man bei der HO die
Hände überm Kopf zusammen: Ogottogottogott, wer soll denn
nun die Versorgung der Bevölkerung garantieren! Wir beruhig-
ten sie, sagt Carl Kressmann. Wir sagten: Es werden andere kommen, die Schuhe verkaufen. Unser Problem in Schwerin war anfangs eher der Mangel an Konkurrenz. Als Monopolist verlieren
Sie den Maßstab für Qualität.

Schwerin läuft gut, inzwischen unterhält Kressmann in Wis-
mar ein drittes Haus. Hildesheim ist das größte, mit etwa neunzig Angestellten, darunter etliche Ostler. Eine Halberstädterin

opfert uns ihre Mittagspause: Cornelia Winkelmann, 1990 gen Westen verzogen, ihrer großen Liebe wegen. Zurück nach Halberstadt? Niemals. Ihre Eltern leben noch dort, da hat sie öfters den Vergleich. Die unfreundlichen Leute drüben, der gegenseitige Mangel an Respekt, und an jeder Ecke das ewige Futtern und Trinken. Die Unzufriedenheit, das Gejammer. Gewiß – keine Arbeit, keine Perspektive.

Der Sozialabbau trifft doch längst auch den Westen.

Natürlich, sagt Frau Winkelmann, plötzlich wieder Ostlerin. Jetzt sind hier im Westen ganz viele gegen ganz vieles in der Politik. Uns haben sie immer gefragt, wie wir uns das in der DDR gefallen lassen konnten. Nun merken sie, daß man nichts machen kann, oder versuchen's nicht mal.

Jetzt fahren wir vor die Tore der Stadt, nach Drispenstedt. Dort spürt man den Wandel der Zeiten. Der Ortsteil, nach dem Krieg für Ausgebombte und Blaupunkt-Arbeiter errichtet, galt damals als was Besseres, was sich im Spitznamen *Dollomieten* niederschlug. Auch Lehrer und Ärzte besiedelten die Viergeschosser. Heute findet sich die ordnungsliebende Altbevölkerung türkisch und rußlanddeutsch überfremdet.

Nicht, daß in Drispenstedt der Haß regierte. Nicht, daß es zu Ausschreitungen käme. Was aber fehlt, sind bürgerlich stabilisierende Faktoren, sagt der Ganztagsschul-Direktor Reinhard Rössig. Seit 32 Jahren ist der SPD-Mann im Amt. Vom deutsch-deutschen Mauerfall will er weniger reden als von den wachsenden Mauern zwischen den Ethnien und Milieus. Praxisferne Politik-Eliten entwerfen multikulturelle Programme, sagt Rössig. Die Umsetzung kann nicht klappen. Man packt alle Problembereiche der Gesellschaft hier rein und sagt: Nun macht mal schön. Die Schule soll's dann richten. Aber hier können viele Familien weder richtig Deutsch, noch haben sie einen Bildungs- und Kulturbegriff.

Nach Ost-Maßstäben wirkt Drispenstedt leidlich intakt. Viel Grün, ein Baumlehrpfad, am Bushäuschen Liebesgedichte. Sehr junge Mütter. Unterschicht-Flaneure mit Hunden. In der Kaufhalle kleine Preise und ein rauher Ton. Gern säßen wir noch länger bei dem alten Rußlanddeutschen auf der Bank und hörten von seiner Jugend im Warthegau, wie man ihn zur Wehrmacht preßte, wie er unter Stalin zehn Jahre im Lager Workuta Kohle grub und wie die Drispenstedter Türken die Hausordnung mißachten. Der Freund begütigt: Dumme und Kluge gibt's in jedem Volk.

Im Stadtteiltreff sind wir verabredet mit drei jungen Männern, die hier Sozialarbeit und Stadtteilmanagement betreiben. Die deutsche Einheit? Hat Geld gekostet, aber schöne Sache, sagt Alex Hornburg, und daß der Osten seit mindestens zehn Jahren an selbstgemachten Problemen kranke, die der Westen nicht zu verantworten habe. – Ich bin nicht der Westen, ich bin Oliver Hinkelbein, sagt sein Kollege, ich muß vieles lernen, zum Beispiel, warum eine rechte Kontinuität entsteht. – Es scheint in der Ostgesellschaft viele zu geben, die keine Selbstorganisation gelernt haben, sagt Frank Auracher, und er finde die These bestechend, daß mit dem Mauerfall das Großkapital viel ungenierter wurde.

Unbedingt, erklären die drei, müßten wir abends in die Kulturfabrik Löseke am Bahnhof, den Hildesheimer Szenetreff. In der alten Papierfabrik finden wir in Scharen, was sonst in Hildesheim unsichtbar scheint: Studenten. Der Laden brummt. Dienstags trinkt man für jedes bezahlte Glas eins gratis. Mittwochs öffnet der Club VEB, was Volkseigene Bar bedeutet. Top-Bands aus ganz Europa spielen für Null unter FDJ- und DDR-Fahnen. Zu schlucken gibt es Ost-Getränke: Vita-Cola, Pfeffi-Likör, Wurzelpeter, Lübzer Pils. Hab ich anfangs kistenweise mit dem Hänger aus Halberstadt geholt, sagt der urige Clubchef Michael Lorenz, ein gebürtiger Schotte. Jetzt gibt's das auch hier. Nee, ideologisch haben wir mit dem Honecker-Regime nichts am Hut, wir betreiben nur ein bißchen Wiedervereinigung vom Westen aus.

So vergingen die Tage, so kamen wir herum. Wir erfuhren von den Ost-West-Projekten der Kulturfabrik. Der Ratsmitarbeiter Carsten Ossenkop schilderte uns, wie er 1990 in der Partnerstadt Halle die neue Verwaltung aufbauen half. Am meisten erschüttert habe ihn dort der Ausspruch eines Magistratsmanns: Zum Glück hat die gefälschte Kommunalwahl 1989 mein Stellvertreter organisieren müssen, ich war zur Kur, sonst hätte ich heute das Verfahren am Hals.

Ossenkop hätte in Halle bleiben können. Er schlug die Karrierechance aus, kam zurück und bereute es keinen Tag. Der Osten blieb eine Episode, aber jüngst war Ossenkop wieder *drüben*, zu einem Schlauchbootrennen auf der Saale. Schuldirektor Rössig hat an der Ostsee Urlaub gemacht. Ratssprecher Richter pflegt die Beziehung zu den Verwandten in Eisenach. Und ein Drittel der Westdeutschen war noch nie im Osten.

Insgesamt wirkte Hildesheim wie ein stabiler Segler mit tiefem Kiel. Nee, hier kann nix passieren, sagte Andreas Hartmann, der Photograph. Möge es so sein. Was hatten wir erwartet? Ostdeutschlands Umwälzung auch im Westen anzutreffen? Die Massenarbeitslosigkeit? Die Abwanderung der Jugend? 1990 war keine gesamtdeutsche Stunde Null. Ein Land ging zu Bruch und schloß sich, als Minderheitsgesellschaft, einem anderen, intakten an – zu dessen Bedingungen. Der Osten brauchte den Westen, nicht umgekehrt.

Was ist Hildesheim in zehn Jahren? Freundlich, bürgerlich wie heute. Ein bißchen gealtert. Der neue Bahnhof steht dann und die Einkaufs-Passage. Martina Prante, die schnellzüngige Feuilletonchefin der »HAZ«, erzählte uns vom Hildesheimer Filz und den ortsüblichen Animositäten. Zum Abschied rief sie frohgemut: Wenn Sie in dreißig Jahren wiederkommen, bin ich immer noch hier!

Ach, vielleicht ziehen wir selber hin. Ist doch viel schöner als Berlin.

Oktober 2007

Das Rom der Protestanten
Wittenberg, mit und ohne Luther

Himmel und Menschen! Die kleine Stadt quillt über. Wahre Luthervölker strömen, aus Treuenbrietzen und Amerika, und wogen durch Wittenbergs Gassen. Gaukler zaubern, Spielleute schmettern ihr Tandaradei. Es fließt der Met, es brutzelt das Räubersteak, die Gotteshäuser bersten.

Vor der Schloßkirche, wo 1517 der Heldenmönch Martinus seine 95 Thesen wider den Ablaßhandel angehämmert hat, ballen sich Hunderte von Konfirmanden. Benedikt? brüllt ein Jesus-Punk mit Klampfe. Das Jungvolk schreit: NEIN! – Martin? – JAAA!!! Ein Luther-Redivivus im Talar wandelt durchs Volk, läßt sich knipsen und verkündigt – Jott befohlen! – original nachempfundene Lutherworte. Ein verzagter Arsch entläßt keinen fröhlichen Furz, ein blindes Huhn trinkt auch mal einen Korn, besser noch Luther-Urtyp: »ein kännlein bir gegen den teufel, ihn damit zu verachten«. Solches braut, wie einst Katharina von Bora, die getränkekundige Ludwiga Zerbs, Luther-Nachfahrin im vierzehnten Gliede. Und von der Soljanka-Küche schallt der berühmteste aller Lutherchoräle: »Partisanen vom Amur«.

Ja, so munter geht es zu im Rom der Protestanten, am Tag der Reformation. Der war gestern. Heute würde Luther bekanntlich ein Apfelbäumchen pflanzen, falls morgen die Welt unterginge. Sie tut es nicht, auch nicht in Wittenberg – soviel vorweg, obwohl wir düstere Prognosen hören werden. Wie ausgewechselt scheint die Stadt. Der Mummenschanz ist abgeräumt, die Straßen liegen kahl. Luther und Melanchton bewachen den verwaisten Markt. Ein karger Stand bietet Astern, Kürbisse, Kohl. Die Marktkirche verschüttet ihr Mittagsgeläut. Gemächlich radeln Senioren. Im Rischebach treibt Laub. Am Schwanenteich harkt eine junge Frau Platanenblätter.

Wie lebt es sich in Wittenberg?

Och, mir gefällt's. Bloß keine Arbeit.

Aber Sie arbeiten doch.

Ein-Euro-Job. Leider nur zehn Monate.

Fast 30 ist Simone Beyer. Zierpflanzenbau hat sie gelernt. Und hatte noch nie eine feste Stelle, nur mal eine ABM, dann eine Umschulung, dann eine Weiterbildung, und so fort. Das sei auf deutsch gesagt totaler Gugelmosch.

Warum bleiben Sie in Wittenberg?

Ich hab doch die Muddi hier. Der Vaddi is ja verstorben seit zwei Jahren schon, da is die Muddi sonst allein.

Aber was wird aus Ihrem Leben?

Ich hab ja noch meinen Verlobten, der hat'n Hopserjob.

Im nahen Jugendzentrum Pferdestall räumt Frank Lange auf. Frank ist 19, ein beredter Junge im Antifa-Shirt, der nach veritabler Punk-Karriere seinen Wunsch nach einer bürgerlichen Zukunft entdeckte. Koch will er werden und hat eine Lehrstelle gefunden – im hessischen Melsungen. Hier ist es sinnlos, sagt er. Hier schreibste Bewerbungen ohne Ende, kannste vergessen.

Wie hast du die Stelle gekriegt?

Im Internet recherchiert, über »meinestadt.de«.

Wieviel Prozent deiner Altersgruppe bleiben in Wittenberg?

Vielleicht zwanzig. Die auf's Gymnasium gehen, die wissen genau, hier kriegen sie nichts – weg. Die anderen leben oft so in den Tag. Früh in die Kaufhalle, Bierchen holen, trinken …

Gibt's hier mehr linke oder mehr rechte Jugendliche?

Fünzig Prozent links, würd ich sagen, dreißig rechts, zwanzig ganz normal. Im Neubaugebiet sieht's anders aus, da wurde neulich alles mit 88 und Sieg Heil besprüht.

Macht der Sozialabbau die Linken oder die Rechten stärker?

Beide.

Der Pferdestall ist weder links noch rechts, erklärt der Streetworker Alexander Witt und erzählt von Toleranzplätzen, vom Beachvolleyball, wo Linke und Möchtegern-Nazis auf derselben Bank säßen. Eigentlich sei es leicht, Jugendliche anzusprechen, auch die auf der Straße. Gegen das Saufen helfe nur Beschäftigung.

Was machen Sie in zehn Jahren?

Ich kann nur bis 2007 denken.

Wollen Sie fort?

Das Arbeitsamt sagt, man muß dorthin, wo der Markt ist. Ich antworte: Nein, ich will hier bleiben. Sonst können wir demnächst ein Schild aufstellen: Rentnerstadt.

In manchen Dörfern ringsum wird pro Jahr vielleicht ein Kind geboren, sagt Witts Kollegin Heike Becker.

Im Prinzip betreibe ich Bestandssicherung, sagt Heidrun Herfurth, Pastorin im Neubaugebiet Friedrichstadt. Die Gemeinde überaltert. Die Jungen ziehen der Arbeit nach, aber was macht es mit dem Menschen, wenn er keine Wurzeln schlagen kann?

Was empfinden die Leute?

Unsicherheit. Doch, es wird viel gejammert. Und verdrängt, was in der DDR gewesen ist.

Wittenberg, auf halber Strecke zwischen Leipzig und Berlin gelegen, war zur DDR-Zeit Industrie-Anrainer. Nordwärts geht das Umland in den Hohen Fläming über. Südöstlich liegt Wolfen/Bitterfeld, dessen gigantische Chemie-Anlagen Luft, Erde und Gewässer kontaminierten. Vor Wittenbergs Toren qualmt Piesteritz, wo über 10 000 Menschen Arbeit fanden. Heute sind es 700; das Schlüsselwort der postindustriellen Epoche heißt Computerchemie. Die Werkssiedlung Piesteritz, achtzig Jahre alt, ist seit der EXPO 2000 musterhaft restauriert: eine possierliche Satelliten-Kommune mit Dorfplatz, Rathaus, Kirchlein und apfelsinengelben Zweigeschossern, hintern denen sich, in adretten Gärtchen, Wäsche bläht. Nicht einmal die blanken Schlote des nahen Werks erinnern an die Fron des Giftzeitalters, aber die alte Frau Wipper sagt: Jeden Morgen haben wir eine schwarze Schicht vom Fensterbrett gewischt.

Lutherstadt heißt Wittenberg offiziell seit 1938. Der Beiname, von Hermann Görings Innenministerium zuerkannt, bewirkte wenig im Staate DDR, dessen Geschichtsdoktrin den apokalyptischen Bauernführer Thomas Müntzer favorisierte. Luther galt als »Fürstenknecht«, bis Erich Honecker schwante, daß seine »Nation der DDR« historisch auf breiteren Füßen stehen müßte.

Auch brachte Luther im Westen mehr Renommee als Müntzer. Also ward 1983, zum 500. Geburtstag, ein opulentes Luther-Gedenken dekretiert. Der Markt wurde aufgehübscht, aus aller Welt strömten Gäste. Das tun sie bis heute.

Denn nun kommt das Gute. Wittenberg, vom Bombenkrieg verschont, ist wieder schön. Zwar darbt der Arsenalplatz, bis 1992 Verbotene Stadt der Roten Armee, bislang als Auto-Brache vor sich hin. Doch es leuchten die Fassaden, die Renaissance-Portale. Luthers Augustinerkloster und das Melanchtonhaus vermitteln den Genius loci der Reformation, wie in der Marktkirche Cranachs Bilder. Die berühmte Predella des Altars: Luther, der aus seiner Kanzel auf den todwund geschlitzten Heiland weist und die Wittenberger »Christum lehrt«.

Wunderbar kuriert sind die Cranach-Höfe. Die beiden weitläufigen Ensembles, in denen der Malerfürst samt Werkstatt eine durchaus kapitalistische Großproduktion unterhielt, waren völlig verkommen, zu Pütscherläden und schlechten Wohnungen verbaut. Abriß drohte, da geschah die Wende. Heute bergen Cranachs Häuser Ateliers für zeitweilig residierende Maler, Gästewohnungen, einen Malsaal für Kinder. Die alten Wandfresken sind freigelegt, die Räume in ursprünglicher Färbung restauriert. Wie klein war Cranachs Wittenberg! Die Frontfenster blicken auf Rathaus und Markt, hinten stieß das Anwesen auf die Stadtmauer. 2000 Bewohner zählte der Ort, dazu ebensoviele Studenten. Heute leben hier 47 000; für 2020 werden 43 000 Einwohner prognostiziert.

Die Rettung der Cranach-Höfe ist eine Auferstehungsgeschichte des bürgerlichen Wittenberg. Viele Aktivisten fanden sich schon anfangs der achtziger Jahre in Friedrich Schorlemmers Friedenskreis. Wenn wir Photos der Häuser von 1989 sehen, sagt Eva Löber von der Cranach-Stiftung, dann scheint es uns selbst unglaublich, daß wir den Mut aufgebracht haben. – Nach der Wende erwarb die Stadt beide Grundstücke, für fast fünf Millionen Mark. Aus einer Bürgerinitiative wurde 1994 die Stiftung, deren Förderverein 170 Mitglieder zählt.

Lucas Cranach war lange Jahre Bürgermeister von Wittenberg. Sein Nachfahr heißt Eckhard Naumann, ein SPD-Mann,

Luther. Und Luther vor allen/Deutschlands unsterblicher Sohn/Luther ist niemals gefallen/Stimme und Faust der Nation.

der seit 1990 parteiüberwaltend regiert. Der antipompöse OB pflegt eine grüblerische Ironie und spricht – jesacht is jesacht – mit erwärmend anhaltscher Zunge. Zu Ostzeiten war Naumann Verfahrenstechniker im Stickstoffwerk. Früher hab ich Computer programmiert, sagt Naumann, da hatt ich's mit dummen Kisten zu tun, die machten, was ich wollte. Menschen neigen zur selektiven Wahrnehmung und zum Eigeninteresse.

Herr Naumann! Nicht möglich!

Doch, behauptet Naumann. Moderieren, motivieren, Menschen mitnehmen, das sei wichtiger als Tempo, habe er gelernt.

Was geschah hier seit 1989? Gab es typische Phasen?

Zunächst die Euphorie, sagt Naumann. Dann kam die Stagnation, der Frust. Jetzt herrscht Pragmatismus. Wir warten nicht mehr, daß andere unsere Dinge regeln. Das bürgerschaftliche Mitwirken ist viel besser als vor zehn Jahren.

Was ist Ihnen am besten gelungen?

Die Lutherstadt wiederherzustellen, die protestantischen Bildungstraditionen. Wir haben die Luthergedenkstätten, das Predigerseminar, die Evangelische Akademie, das Zentrum für globale Ethik, die Leucorea mit Instituten der Uni Halle-Wittenberg ... All das bringen wir demnächst unter ein Dach namens Campus Wittenberg.

Und was ging schief?

Eine klassische staatsfinanzierte Hochschule mit studentischem Betrieb, die fehlt uns sehr, da sind wir leer ausgegangen.

Die Arbeitslosigkeit liegt bei 20 Prozent. Der Verlust vieler Industriebetriebe, von Piesteritz ...

Piesteritz sei ja nicht tot, sagt Naumann und spricht von Degussa, Maschinenbau, der weltgrößten Melaminproduktion ... Größter Arbeitgeber ist ein Krankenhaus: das Paul-Gerhard-Stift mit über tausend Angestellten. Hochqualifizierte fänden auskömmliche Arbeit und zögen sogar zu. Aber, fragt Naumann, was tun wir mit jenen, die nicht so bildungsfähig und flexibel sind wie propagiert wird? Von denen profitiert die NPD.

Ist Rechtextremismus in Wittenberg ein Problem?

Nicht so signifikant, sagt Naumann, doch lege er keine Hand ins Feuer. In der Mitte der Ost-Gesellschaft gebe es kräftige Elemente von Rechts-Gesinnung: Sprachgewohnheiten, Witze, Aggressivität bei Konflikten. Da habe sich nichts geändert seit 1992 und Rostock-Lichtenhagen.

Die seltsamste Adresse von Wittenberg lautet Juristenstraße 1–2. Ein symbolisches Haus für eine auseinanderfallende Gesellschaft: Vorn betritt man die Deutsche Bank, hinten geht's zur Suppenküche, wo mürbe, grindige Menschen sich wärmen und Grützwurst essen. Darüber liegen die Räume der Diakonie, die Schwangerenhilfe, die Konfliktberatung. Die Chefin Barbara Qadduri erzählt vom Nachtasyl, vom Sozialkaufhaus, von Absturz, Suff und wie sich die Depression bereits vererbe, in zweiter, dritter Generation. Die Armut greife immer weiter aus. Mittwochs, zum Markttag, herrsche Hochbetrieb, da komme das Landvolk zum Markt, per Bus oder Rad und leiste sich städtisches

Gern tritt Martin Luther als Stadtkirchmeister Bernhard Naumann auf (Wittenberg, Reformationsfest, 31. Oktober 2006).

Essen: für 1,30 Euro in der Suppenküche. Dort würden tickende Zeitbomben von tickenden Zeitbomben bedient. Also, unsere Klienten sind nich de Leckersten, lacht Frau Qadduri, die ein robustes Talent zum menschenfreundlichen Sarkasmus besitzt, im dafür idealen halleschen Idiom.

Wie halten Sie das aus?

Wahrscheinlich muß man 'ne Macke hamm. Ich mach die Arbeit jerne. Man muß die Leute akzeptieren, wie sie sind, auch in dieser Lage.

Gelingt Ihren Schützlingen manchmal die Rückkehr ins bürgerliche Leben?

Seit 1994 einem.

Sind sie politisch verbittert?

Soll Frau Merkel hier doch mal Freiheit vorleben! Mit nüscht kann ich die Mitarbeiter nicht bezahlen. Das Land hat mir die Erziehungsberatung um 12 000 Euro gekürzt, und dann erregen sich Politiker über Fälle von Kindsmißhandlung. Reine Schaumschlägerei!

Der Umbruch des Ostens durchfurcht die Biographien. Barbara Qadduri ist früher medizinisch-technische Assistentin gewesen. Johannes Winkelmann, Wittenbergs visionsgeladener Kulturmanager, war Konstruktionsingenieur im Stickstoffwerk. Fritz-Peter Schade, ehedem Jagdflieger, wirkt nun als Chef der Wohnungsbaugesellschaft. Er fährt uns durchs Neubaugebiet und zeigt nachhaltige Beispiele der Stadtverbesserung. Rückbau und Aufwertung, sagt Schade. 1600 Wohnungen reißen wir ab, aber es entsteht Neues, ein durchmischtes Wohnquartier, mit Ärztehaus, Altersheim, Schule. Wir haben es geschafft, 80 Prozent der Mieter mitzunehmen. Allerdings braucht die Freude am Wohnen Leute, die das Wohnen bezahlen können. Dazu gehört Arbeit. Und jetzt das Highlight!

Die Verblüffung gelingt. Ein Traumschloß erscheint, mitten im Plattenbau-Revier, mit heiteren Türmchen und goldenen Kuppelvasen, mit geschwungenen Balkonen und bunten Fensteraugen, aus denen Bäume grünen. Jugend wimmelt. Dies ist das Luther-Melanchton-Gymnasium, besser bekannt als Hundertwasserschule. Der weltberühmte Hausverzauberer Friedensreich H. verwandelte kurz vor seinem Tode im Jahr 2000 einen potthäßlichen DDR-Funktionsbau zum urbanen Gemütsregulator, nachdem ihm Wittenberger Schüler einen Bittbrief geschrieben hatten. Ja, ein wahres Märchen ist es, das Direktor Martin Sandau uns erzählt. Bemerken Sie die Sauberkeit? fragt Sandau. Wir üben da keinerlei Druck aus, das steckt einfach in den Köpfen drin: Dies ist meine besondere Schule.

Die Tür geht auf, zwei Mädchen treten ein: die Schülersprecherin Annina Querner und ihre Freundin Rita Schröck. Wären alle jungen Wittenberger wie die beiden, dann müßte die Stadt um ihre Zukunft nicht bangen. Toll sei es hier, superschön. Ach, schon wenn man aus der Ferne die geliebten Türme sehe, sei man

Jenseits von Luther (Wittenberg, 2. November 2006).

froh. Natürlich, sie wollen studieren und was erleben von der Welt. Aber dann heim!

Seid ihr typisch?

Glaub ich nicht, sagt Rita. Annina: Viele sagen, Deutschland, was soll ich hier? Die versuchen gar nicht, was zu ändern. 80 Prozent meines Jahrgangs wissen nicht mal im Nahostkonflikt Bescheid.

Herr Sander, werben Sie für's Hierbleiben?

Nein, sagt der Direktor, das wäre aufgesetzt. Aber ich weigere mich zu resignieren.

Haben sich die Schüler seit der Wende verändert?

Nein, sagt Sander, es sind immer junge Menschen, die in der Entwicklung stehen. Und wir wollen nicht nur bilden, sondern auch erziehen.

Doch, die Schüler hätten sich verändert und die Eltern auch. Das findet Ines Petermann, die – unweit des Gymnasiums und doch eine Welt entfernt – die Sekundarschule leitet. Zukunftsangst herrsche, Null-Bock-Stimmung gehe um. Viele Eltern seien sehr mit sich befaßt und infizierten die Kinder mit Resignation. Wochenend-Ehen würden normal, Familien zerfielen. Manche Kinder lebten schon mit dem dritten Vater, früher hätten die Menschen nicht so hin- und hergetauscht. Es macht mich fuchtig, sagt Frau Petermann, wenn ich höre: Wir sind Hartz-IV-Empfänger, wir können ja nicht ... Was können Sie nicht? sag ich dann. Sie können mit Ihren Kindern in den Wald gehen, an die Elbe, spielen, dazu braucht's kein Geld.

Schlägt Ihr Ärger ins Politische um?

Mit Wut erreiche ich wenig. Wir machen Ganztagsangebote, wir wollen die Schüler auffangen, damit wenigstens ein Teil begreift, daß es was anderes gibt als Fernsehen und Alkohol.

Wie vermitteln wir Sinn und Würde jenseits von Karriere? fragt Stefan Dorgerloh, der Direktor der Evangelischen Akademie. Freiheit als Gemeinwohl finden wir ganz schön, aber das Unglück, die Arbeitslosigkeit, gehört dem Einzelnen. – Freiheit ist eine soziale Kategorie, sagt Dorgerlohs Kollege Friedrich Schorlemmer, seit Jahrzehnten ein geistiger Nukleus der Stadt. Unsere Produktionsformen erübrigen den Menschen. Gewinnmaximierung, die Menschen ausspuckt, das ist Mammonismus, das hat mit einer Gesellschaft von Freien nichts zu tun.

Was ist Wittenberg in zehn Jahren?

Eine Stadt, in der grauhaarige Menschen ihre Rente verbrauchen. Wir sind hier Verkaufsfiliale und Verjüngungsborn für westliche Bundesländer. Es gibt bei den Jungen einen Nachzugseffekt wie 1989: Schnell raus, sonst ist drüben das Boot auch voll.

Wissen Sie, wie das umzukehren wäre?

Schorlemmer schüttelt den Kopf.

Eine Woche Wittenberg. Es ging uns gut in Luthers fester Burg. Wir kommen wieder, vielleicht am zweiten Juniwochenende, wenn die Wittenberger ihr Stadtfest »Luthers Hochzeit« feiern. Aber man scheide nicht, ohne das Haus der Geschichte zu besuchen. Auf vier Etagen sind vierzig Jahre ostdeutscher Alltags-Historie inszeniert, mit Flüchtlingsstube, Wohnküche, Jugendzimmer und mondäner Bar. Holzkraniche, Makramee-Eulen sowie der Ätzschnaps »Blauer Würger« sorgen für Erinnerungsgejuchz. Die Leiterschrankwand »Sibylle« begeistert nur noch bedingt, der sowjetische Farbfernseher »Raduga« revitalisiert keine Freundschaftsgefühle zum Lande Lenins. Verharmlost die pittoreske Schau das SED-Regime? Wie man die Dinge ansieht, so schauen sie zurück.

Christel Panzig, die Direktorin, finanziert mit dem Haus der Geschichte ein anderes Projekt: *oral history* hat sie gesammelt, in tausend langen Interviews mit sogenannten kleinen Leuten. Es gehe darum, zu zeigen, daß jedes Leben geschichtswürdig ist. Da dachten wir an die Luther-Inschrift im Augustinerkloster: »Niemand lasse den Glauben daran fahren, daß Gott an ihm eine große Tat tun will.«

November 2006

Alte Meister, frisches Bier

Bayreuth, mit und ohne Wagner

Wir wollten zu Jean Paul und klingelten falsch. Ein Schlohbart öffnete und erklärte, hier wohne das ostfränkische Wörterbuch. Das Wörterbuch, mit bürgerlichem Namen Doktor Alfred Klepsch, bat uns in ein Gelaß voller Kästen und Kisten. Seit 1928 befragt das Wörterbuch postalisch ländliche Franken, deren Rückpost meldet, daß die Hündin *Hundsmatz* heiße, das Birkenkätzchen *Brotwäschtla*, die Löwenzahnkugel *Latern*.

Warum sammeln Sie das?

Für's Weltgedächtnis, sagte Doktor Klepsch.

Dann wollten wir zu Wagner. Er war außer Haus. Die Villa Wahnfried erleuchtete die Dämmerung, bewacht von einer Gralshüterin, die uns einließ und gar heftig mit »Siegfried« beschallte. Im Heldengeschmetter studierten wir die ausgestellte Vita – treppauf, treppab, Amouren, Partituren und Wagners Umzugswahn, bis allhier »mein Wähnen Frieden fand«. In der Bibliothek der Wahnfriedflügel, auf dem der Meister, Kopfstand machend, den brasilianischen Kaiser empfangen hatte. Im Garten das Grab. Wir fragen die Gralshüterin, warum die Marmorplatte keinen Namen trage. Ihr Walkürenblick durchbohrte uns wie Hagen von Tronjes Speer. Richard, sprach sie, wollte es so.

Stärkung tat not; wir fanden sie im nahen Brauhaus Schinner. Die Tür ging auf. Eine Sonntagssippe schob herein. Ahnen, Eltern, Kind scharten sich um den Ecktisch. Von der Wand sprach al fresco eine riesige Parole Fraktur: »Im Bier liegt Kraft, die Freude schafft. Gerste und Hopfen sind Lebenstropfen.« Gerste und Hopfen wurden aufgetragen, dazu *Schäuferle* und *Klöß'*. Das Fleisch dampfte, die Sippe genoß. Die Haustochter ging mit der Sauciere herum, auf daß der Kloß nicht dürste. Der Kloß ist das oberfränkische Zentralgestirn.

Geschah das heute? War's in Altdeutschland? Bayreuth scheint ein Zeitentunnel der Geschichte mit deutsch-pathetischem Überbau. Wagner thront über der Stadt wie das Festspielhaus auf dem Grünen Hügel. Auch Wagners Schwiegervater Franz Liszt besitzt dank seines hiesigen Todes Museum und Grab, beides nahe Jean Paul, den die Zeit vom Bestseller zum Obskuranten degradiert hat. Noch weniger weiß die Gegenwart von Wilhelmine, der Lieblingsschwester des Alten Fritzen, die, nach Bayreuth verheiratet, das Kaff zur Residenz veredelte. Das weltherrlichste Barocktheater, die Tapetenpracht im Neuen Schloß, die Parks, die Eremitage – alles wollen wir sehen. Und die alltägliche Stadt.

Am Samstagabend kamen wir an. Sofort landeten wir in einem Konzert von Joachim Kühn & Rabih Abou-Khalil. Der Libanese meditierte auf der Oud, Kühn pflügte lisztig den Flügel, 500 Bayreuther bejubelten Jazz. Hätte Richard das gewollt?

Jazz- und Wagner-Publikum überschnitten sich durchaus, sagt Kaspar Schlößer vom Jazzverein. Natürlich seien die Wagner-Festspiele ein Motor der Stadt, die sich erstaunlich entwickelt habe, mit Einkaufs- und Freizeitangeboten, mit Restaurants und Kneipen. Schlößer kam 1986 aus Remscheid zum Studium in diesen Herrgottswinkel der alten Bundesrepublik. Er blieb und betreibt heute eine Werbeagentur. Die Uni, erst 1975 gegründet, habe Bayreuth wachgeküßt.

Nicht der Mauerfall?

Wenn Sie vor 1989 von Nürnberg kamen, konnten Sie mitten auf der Autobahn Picknick machen, sagt der Wirtschaftsprofessor Jochen Sigloch. Tote Hose, Ende der Welt. Im Norden die DDR, im Osten die tschechische Grenze. Ich kam 1978 und wollte gleich wieder weg. Und bis Sie hier den ersten Aborigine kennenlernten … Langsam öffneten sich die eingeborenen Kreise, die neue Uni profilierte sich, mit einer Schnittstellen-Philosophie. Sportökonomie, Geoökologie, das sind sehr erfolgreiche Studiengänge.

Und die heutigen Studenten?

Etwas brav, wenig politisch, karrieresüchtig, unglaublich arbeitsam. Ich stamme aus der 68er Generation, ich sage ihnen immer: Das Leben ist nicht durchweg planbar und die Studienzeit nicht nur zum Studieren da.

Wir reden in einer jung bewimmelten Sushi-Bar, der Professor wird viel gegrüßt. Sigloch ist ein behaglicher, zutunlicher Herr. Liebenswert sei Bayreuth, kein Kleinod, doch ein behüteter Ort, um Kinder aufzuziehen. Ach, er habe kaum bemerkt, wie hier die Jahre vergingen.

Und was fehlt?

Nachhaltige Industrie.

Wir wollen zum Bürgermeister. Das Rathaus ist ein zwölfstöckiges Bauverbrechen, dessen glückliche Insassen als einzige Bayreuther das Rathaus nicht sehen müssen. Im Foyer des zweiten Stocks geht dem Besucher das Herze auf. An der getäfelten Wand prangt Jean Paul, mit Poetenfeder und Kanarienvogel, flankiert von klugen und törichten Jungfrauen: den Portraits der Bundespräsidenten. In Schauvitrinen gleißen Kegelteller und Vereinspokale. Ach, da bronzt Ulrike Meyfarth, etwas täppisch modelliert, dafür ganz nackt. Dies ist kein Probestück eines Zirkels bildhauender Arbeiter, sondern echter Arno Breker (von 1983), wie die Büsten von Wagner, Liszt und Cosima im Festspiel-Park. Und jedes Jahr vergibt die Stadt Ulrike en miniature an Bayreuths Sportler des Jahres – als Breker-Bambi, gewissermaßen.

Ein freundlicher Rottweiler empfängt uns, der Öffentlichkeitsreferent Joachim Oppold, wie Professor Sigloch zugereister Schwabe. Nach der Grenzöffnung habe Bayreuth Zuzug gehabt. Jetzt brösele die Bevölkerungsstruktur – nicht dramatisch wie in Wunsiedel oder Hof, doch müsse man achten, daß man nicht zur Loserregion verkomme, zum Transitgebiet zwischen München/ Nürnberg und Thüringen/Sachsen. Fünf Gymnasien habe Bayreuth und garantiere genügend Kindergartenplätze. Familien halten und holen, das wolle der neue Oberbürgermeister.

Der heißt Michael Hohl. Kam 1981 aus Koblenz, studierte, blieb als Anwalt. Mit ihm nahm die CSU 2006 nach sechzigjährigem Ringen der SPD das Bayreuther Rathaus ab. Der jugendliche Mann ist stadtweit beliebt, doch wie kommt in sein Amts-

*Richard Wagners Kopf von Arno Brekers Hand, 1939
(Bayreuth, 19. November 2006).*

zimmer diese schwarze Büste von Karl Marx? Das sei Wagner,
behauptet Hohl. Wagner verdanke man auch Bayreuths Nach-
kriegs-Segen, die Ansiedlung des BAT-Zigarettenwerkes (heute
900 Arbeitsplätze); der US-Boß sei Wagnerianer gewesen, und die
Marke HB bedeute »Helft Bayreuth!«. 73 000 Einwohner hat
Oberfrankens Hauptstadt, achteinhalb Prozent Arbeitslose, wenig Proletariat und viele Beamte. Hier gibt es die welthöchste
Dichte von Brauereien, sagt Hohl und spricht sein Credo: Wagner – Wirtschaft – Wissenschaft – Wellness. Ideal wäre es, wenn
sich Scheichs bei uns ihre Krampfadern operieren ließen, und ihr
Harem würde hier einkaufen. Jetzt muß ich zu einem Termin.
Kommen Sie mit?

Wir fahren zur Peripherie der Stadt. Im Kompetenzzentrum
Neue Materialien eröffnet Hohl das 2. Bayreuther Forum Wirtschaft und Wissenschaft. Das Institut, vom Freistaat Bayern ge-

gründet, hilft Mittelständlern bei der Technologie-Erprobung, um die deutsche Kluft zwischen Forschung und Produktion zu überbrücken. Dankbar referiert der Unternehmer Freiherr Dietrich von Dobeneck, wie ihm das Zentrum ein Verfahren entwickelte, per Elektronenstahl-Schweißung ICE-taugliche Weichen zu produzieren. Hier bin ich gut aufgehoben! ruft von Dobeneck. Wissenschaft und Mittelstand applaudieren.

Zwei schmerzliche Defizite bemerkten wir kürzlich in Wittenberg. Der Lutherstadt fehlt eine Hochschule, also akademische Jugend, und – nach vierzig Jahren DDR – das ungebrochene Bürgertum. Davon lebt, das trägt Bayreuth. Die Stadtgeschichte kulminiert im Liebhardtschen Palais, das Fürstin Wilhelmines Baumeister Joseph St. Pierre einst dem markgräflichen Privatminister errichtete. Seit 1873 residiert hier die Klavierbauer-Firma Steingraeber & Söhne. Der Prinzipal Udo Schmidt-Steingraeber, ein jungenhafter Fünfziger, zeigt den Rokoko-Saal, schlägt Liszts Flügel an und fliegt mit uns durch sechs Jahrhunderte Instrumentalgeschichte: das Cembalo und die Geburt der Polyphonie, das Federkiel-Gezupf von Spinett und Clavicord, die revolutionäre Hammertechnik in Bartolomeo Christoforis Gravecembalo col piano e forte am Hofe der Medici. Stahlseiten kamen auf, Filzhämmer, die englische Klarheit, der Wiener Hall. Mozarts tupfiges Tempospiel, Beethovens wummernde Wucht. Liszt, die ersten Megastars. Das Publikum wurde immer obertongeiler, sagt Steingraeber. Höhere Saitenstimmung vermehrt die Teiltöne, das Rückenrieseln, also Erotik und Animation.

In Steingraebers Werkstätten wird man zum Schnüffler. Köstlichste Hölzer und Leime. Vier Jahre braucht ein Instrument vom ersten bis zum letzten Tag der Fertigung. Jedes Bauteil ist Klangkörper, alle Klimata der Erde müssen eingearbeitet werden. Sechzig Flügel, achtzig Pianos pro Jahr baut Steingraeber, der kleinste unter den Weltspitzen-Produzenten, mit 36 Arbeitern und vier Lehrlingen, die der Chef Traumyoungsters nennt. Zugleich ist Steingraebers Palais Kulturzentrum, mit jährlich 60 Konzerten – ohne öffentliche Förderung.

Wir gehen noch auf ein Bier. Bayreuth versucht händeringend, sein Image über Wagner hinaus auszudehnen, sagt Steingraeber. Fränkische Festwochen, Barockfestspiele, Canto Bayreuth, aber alles ehrenamtlich, als kostengünstiger Eigenbau. Es kommt immer nur Provinz raus.

Bayreuth ist Weltstadt auf Zeit, spricht, sehr bestimmt, die Kulturmanagerin Sissy Thammer. Für sechs Sommerwochen sei hier alles ein bißchen plemplem, da machten die Geschäfte ihren halben Jahresumsatz, und die Wochentage hießen Rheingold, Parzifal und Lohengrin. Was, Schickimicki? Hier? Ein hochalbernes Medien-Klischee, spricht Frau Thammer überlegen. Bayreuth sei höchst bodenständig und preiswert im Vergleich mit Salzburg. Am 28. August ist schlagartig Schluß, sagt Frau Thammer, dann genießen wir wieder *unser* Bayreuth.

Jeden Sommer organisiert Sissy Thammer ein angesehenes Jugend-Kulturfestival, 1950 initiiert von Jean Sibelius, der im nazibelasteten Bayreuth einen Ort der internationalen Begegnung schaffen wollte. Bayreuths Hitler-Kontamination kennt ausführlichst Sven Friedrich, dem die Villa Wahnfried, das Franz-Liszt- und das Jean-Paul-Museum unterstehen. Hitlers Wagner ist nicht meiner, dekretiert der Hamburger Friedrich. 1993 zog er als glühender Wagnerianer in den Bannkreis des Grünen Hügels. Wagners Antisemitismus? Unleugbar, allerdings *vor* dem Holocaust, diesen Unterschied dürfe man sich gelegentlich mal gönnen. Natürlich sei Hitler hier ein- und ausgegangen. Bis 1944, sagt Friedrich, regierte im Festspielhaus der affirmative Positivismus, mit Flügelhelmen und Walkürenzöpfen und echtem Pferd; nicht wenige hätten das heute noch gern. In den 50ern habe Wieland Wagner die Bühne entrümpelt, da sei die Theaterreform der Jahrhundertwende doch noch hier eingetroffen. Oberfränkische Kulturverspätung, grient der spitzzüngige Friedrich, der Christoph Schlingensiefs »Parzifal«-Inszenierung in die Luft sprengen möchte, wegen intellektueller Körperverletzung und inflationärer Produktion sinnfreier Aussagen.

Was wäre Bayreuth ohne Wagner?

Kulmbach. Weiden.

Und Bayreuths Jugend? In der Albert-Schweitzer-Hauptschule

empfängt uns Konrektor Heinz Freiberg. Was er erzählt, klingt sehr nach Wittenberg: Nur die Hälfte der Schulabgänger wisse, wie es weitergeht. Lehrstellenmangel herrsche, Frust und Antriebslosigkeit; Hauptschüler konkurrierten aussichtslos mit Abiturienten. Zwei junge Leute treten ein: Gert Michel, vor zehn Jahren mit den Eltern aus Kasachstan gekommen, und Winnie Rabenstein, ein blondes Punk-Girl aus dem Flecken Bischofsgrün. 70 Prozent der Mitschüler hätten Null Bock, sagt der bedächtige Gert, von denen halte er sich fern. Er werde hier was finden, Verkäufer, oder zum Bund – Feldjäger vielleicht? Winnie will zur Fachoberschule und unbedingt fort. Nach Berlin! Berlin!

Berlin ist nachts gefährlich, sagt Gert. Bayreuth ist gut, hier kennt man jeden.

Eben, sagt Winnie. Jeder guckt dich an, wenn du anders rumläufst.

Willst du später zurück?

Wenn ich alt bin, lächelt Winnie. Wenn ich grau bin. Wenn ich sterben will.

Im Jugendamt erzählen uns Christian Hübsch und Peter Krodel von Bayreuths Notwohngebieten. Der Gesellschaft gingen die Vorbilder aus, die Autoritäten verfielen. Dabei sei Bayreuth, nach Krodels Lieblingswort, gut aufgestellt mit Jugendzentren, betreuten Spielplätzen, Schülercafés. In der markgräflichen Vorstadt St. Georgen habe das Projekt »Soziale Stadt« vieles zum Guten geändert. Die Skate-Anlage in der alten Schokoladenfabrik: einmalig in Nordbayern.

Dort empfängt uns betäubender Lärm, und der erstaunliche Michael Kleber. 26 Jahre ist er, bereits Ex-Profi (die Knie!) und ein Selfmade-Sozialpädagoge mit Liebe zu den Dutzenden von Teens, die da donnernd über die selbstgebauten Rampen brettern – viele Stunden, Tag für Tag. Wieviel Energie wird da verbrannt, aber was wäre die Alternative? Abhängen, saufen, Computerspiele, Kriminalität.

Die soziale Ader hab ich immer gehabt, sagt Kleber. Ich sage den Kids: Ihr braucht eine Zukunft. Aggro-Hiphop, Gangsta,

Gert Michel will ein anderes Leben als Winnie Rabenstein (Bayreuth, 21. November 2006).

Ghetto-Bitch, das ist nicht eure Welt. Aber alle hören solche Musik, für die Kinder sind das die Vorbilder.

Ist Rechtsradikalismus hier ein Problem?

Im Landkreis. In Bayreuth weniger.

Ich will's ganz vorsichtig formulieren, sagt Stadtkirchenpfarrer Hans-Helmut Bayer. Rechts ist hier ein Grundton. Bayreuth war für die Braunen leichtes Terrain, andererseits gab es diese bewußt evangelische Grundhaltung. Als die Nazis 1934 den Bischof Meiser unter Hausarrest stellten, fuhren fränkische Bauern nach München und bildeten eine Menschenkette um das bischöfliche Haus. Das war nicht ohne.

Bayer ist ein ruhiger Mann des freien Worts. Beim stadtoffiziellen Friedensgebet am Volkstrauertag gedachte er auch jener Menschen, die durch deutsche Waffen sterben. Der Landminen- und Feuerwaffen-Handel sagt Bayer, ist eine schreiende Sünde in diesem Land, und keiner wagt es auszusprechen. Er redet von

Hartz IV, von der »Tafel«, die Bedürftigen billigst Lebensmittel überläßt, zweimal die Woche – früher seien 300 gekommen, jetzt weit über 1000. Frau Bayer, gleichfalls Theologin, leitet die Telephonseelsorge. Erheblich hätten die Anrufe der Bedürftigen zugenommen.

Auch Bayers Sorgen sind groß. Überall in der Stadt hängen Fahnen: Rettet die Stadtkirche! Im August stürzten Steinbrocken aus dem Gewölbe. Wir gehen hinüber ins Gotteshaus. Ein Gerüst füllt das Schiff bis unter die Kreuzbögen. Wir klettern hinauf. Risse klaffen – Spätfolge eines Brandes, dessen Glutnester den Sandstein pulverisierten. Ein Wunder, daß die Bögen hielten – bald 400 Jahre lang.

Der Brand war 1621. Wer die ganze Bayreuther Geschichte erfahren will, der gehe zu Bernd Mayer, dem Dritten Bürgermeister. Mayer weiß, sammelt, publiziert alles Hiesige, aber nicht als Winkelschrat, sondern als Jean Paul verwandter Weltgeist in der Provinz. Fast schaut er aus, als sei er soeben dem »Siebenkäs« entstiegen, oder dem »Schulmeisterlein Wutz«. Mayers Rat ließ uns am letzten Tag Jean Paul doch noch finden, weit vor den Toren der Stadt, in der Rollwenzelei. Allmorgendlich verließ der Dichter sein streitbares Weib und wanderte hinaus zum Zoll- und Schankhaus der Dorothea Rollwenzel. In deren Oberstübchen schrieb er, mit Blick zum Rauhen Kulm, las Frau Dorothea vor, bekam von ihr sein Leibgericht (Kartoffeln) und trank unermeßlich Bier. »Der Geist des Getränks, der die Fibern anderer Gehirne betäubt, erzeugte in dem Seinigen die Träume eines Gottes«, so steht es in Gustav von Heeringens »Wanderungen durch Franken« (um 1840).

Die karge Klause ist getreu erhalten, bis heute ohne elektrisches Licht. Die Dekanswitwe Gertrud Sommer führt uns treppaufwärts. Diese Stufen hat nach Jean Pauls Tod schon mancher Pilger erstiegen. Das Gästebuch enthält Alfred Kerrs berühmtes Diktum vom 7. August 1902: »Vergessen Dich die Deutschen heut? *Du* bist der Meister von Bayreuth!« Auch Richard Strauß und Hitler haben sich eingeschrieben; die Signatur des letzteren ist vielfach betatscht: eine perverse Successio apostolica. »Oh

Jean Paul, wer könnte Dich vergessen«, rief Gustav von Heeringen dem Verewigten nach. »Jeder Biertrinker aber tröste sich damit, daß Du auch einer warst.«

Dezember 2006

Die Grenzverbindung
Zittau und Liberec liegen wieder in derselben Welt

Man reise mit Weile in dieses entlegene Deutschland. Der Zug läßt Dresden hinter sich. Das Land steigt aus dem Tal der Elbe und hügelt sich zur Oberlausitz auf. Dörfer, in Mulden geschmiegt. Gärten, Osterlämmer, Bockwindmühlen, Umgebindehäuser. Die textilindustrielle Vergangenheit, kleine aufgelassene Fabriken, einschlotige Ziegelbrachen, anbei die Villa des Prinzipals. Nach zwei Stunden *finis Germaniae*: Zittau im Dreiländereck.

Daß hier die Welt zu Ende sei, das glauben viele. Oder was bleibt zu hoffen, wenn von 44 000 Bürgern 20 000 fortgegangen sind, wenn die Arbeitslosigkeit weiterhin 20 Prozent übersteigt. Jeden Sonntagabend walzt auf der Görlitzer Autobahn der Strom der Job-Exilanten gen Westen. In der Nacht zum Samstag kehren sie zurück. Ein Jahr EU-Osterweiterung – was hat sich in Zittau geändert?

Ich war jetzt vier Monate im Krankenhaus, sagt der ältere Mann. Da kriegt man nicht so viel Veränderung mit.

Die Tschechen haben schon vorher hier eingekauft, sagt die Verkäuferin vom Kleiderladen.

Es gibt keine Staus mehr am Grenzübergang, sagt der alerte Herr.

Bald kommen die ganzen Ausländer hier arbeiten, sagt das Trinkertrio auf dem Markt. Auf'm Arbeitsamt heißt es doch jetzt schon: Machense sich keine Hoffnungen.

Es werden noch mehr Fahrräder geklaut von den Polen, sagt das Motorradmädchen.

Kennen Sie Leute drüben?

Nee, sagt sie. Ihr Freund: Man fährt zum Tanken rüber, das war's.

Für uns sind grenzüberschreitende Kontakte ganz normal, durch die gemischten Studiengänge an der Neiße University, sagt das verliebte Paar an der Johanniskirche.

Rentnerstadt, hier mußte fort, sagen die punkigen Kinder.

Wir leben hier angenehm, sagen die drei alten Damen an der Blumenuhr. Wir nehmen das Gute wie das Schlechte.

Das Gute: Zittau ist schön. Hier zerschlugen keine Bomben Renaissancefassaden und Barockportale. Es ist nicht Gold, was glänzt in dieser Stadt, die einst *die Reiche* hieß. Es ist Geschichte. 1346 hatte sich Zittau mit Görlitz, Bautzen, Löbau, Kamenz, Lauban zum Oberlausitzer Städtebund zusammengeschlossen, als Erstling dieser sechs. Tuchmacherei, Salz- und Getreidehandel, Braugewerbe, Handelsbeziehungen bis nach England und Ungarn schufen Wohlstand. Allerdings verwüsteten im Siebenjährigen Krieg die Österreicher die Stadt, weshalb nun auf dem Markt ein Schinkel-Rathaus thront. Alte Brunnen sprudeln, der Hefftergiebel prunkt, das Grätzsche Haus. Die Kreuzkirche birgt Zittaus Orplid: das Große Fastentuch von 1472, acht Meter hoch und sieben breit, eine Bilderbibel in 90 Motiven, Jahrhunderte lag es verschollen im Depot. 1945 wurde es von Rotarmisten für geeignet zum Zeltbau befunden.

Das Schlechte: dramatischer Leerstand. Halbe Straßen, ganze Blocks sind ausgestorben, Empire-Fassaden spucken Stuck. Verlassen gähnt die Akropolis von Stadtbad, das Schauburg-Kino, der Koloß Mandau-Kaserne.

All das überschaut von seiner Zinne der St. Johannis-Türmer Reinhard Rokitte, der mittags über Zittaus Dächern Choräle trompetet und den fabelhaften Rundblick erläutert: Da hinten liegt Liberec, bis 1945 Reichenberg, daneben der 1012 Meter hohe Jeschken, der tschechisch Jested heißt. Der Tagebau hier vorn ist Turow, Polen.

Der Untergang der DDR war Zittaus Glück – einerseits. Die Stadt lag am Braunkohlerevier. Der Abbau hätte ihr Umland verzehrt. Seit den siebziger Jahren wurde nichts mehr für die Infrastruktur getan. Zittau, sagt Rokitte, wäre zur Insel geworden und irgendwann in die Grube gerutscht. – Andererseits erledigte die

Wende Zittaus Industrie. Textilwirtschaft und Maschinenbau starben. Robur, das ostblockweit berühmte Autowerk, beschäftigte
zweieinhalbtausend Menschen. Heute betreiben achtzehn Ver-
bliebene eine Nischenproduktion. Sie fertigen Robur-Ersatzteile,
rüsten Feuerwehren um, bauen Bergbau-Vehikel und bilden einen Lehrling aus. Dafür ziert nun das verödete Werkstor in der
Bahnhofstraße eine arbeitnehmerfreundliche Tafel zum 17. Juni
1953.

Drinnen sitzen Gabriele Herrmann und Frank Mierdel im
DDR-Ambiente und erzählen mit der Ironie von Überlebens-
künstlern, wie die Treuhand Roburs Ende weidlich zu befördern
wußte. Einige Robur-Gewerke haben als Kleinausgliederung
überlebt. Von den Textilbetrieben blieb eine Baumwollspinnerei.
Auf Ostdeutschlands Messias, den auswärtigen Großinvestor,
darf man hierzulande am wenigsten warten. Wer investieren will
und bis nach Zittau kommt, sagt Mierdel, der geht auch noch einen Schritt weiter, nach Tschechien oder Polen.

Nicht jeder. Der Heidenheimer Textilspezialist Ploucquet kam
nach Zittau, auch der Motoren-Zulieferer Cloyes aus Arkansas.
Im Gewerbegebiet, inmitten nagelneuer Fertigungsstätten, treffen wir Wolfgang Hanke. Der rustikale Unternehmer vom Jahrgang 1936, gebürtig aus Lippe, ist ein Beispiel für die Zwangs-
mobilität von Markt und Kapital. Im badischen Meckesheim
betrieb er Werkzeugmaschinenbau für die kabelverarbeitende Industrie. 1992, sagt er, kam der Einbruch. Unsere Abnehmer saßen alle in den Zonenrandgebieten, wegen der Förderung. Die fiel
nun fort, da verschwanden sie über Nacht nach Osteuropa. Aufträge bekamen wir Null. Automation ist nicht interessant bei
Stundenlöhnen von einsfuffzig.

Im Januar 1993 ging Hanke mit 64 Mitarbeitern in Konkurs.
Im Juli kaufte er die Firma zurück und fing mit zwölf Leuten wieder an, im ostslowakischen Michalowsk. Dort beschäftigt Hanke
heute 80 Angestellte. In Zittau sind es 43.

Lehrstand statt Nährstand (Zittau, 13. April 2005).

Gustav Richter

WOHNUNG
BÜRO / LADEN
ZU VERMIETEN

05228 / 272

Buch- und Papierhandlung

Warum sind sie nicht ganz nach Michalowsk gegangen?

Na, Slowake wollte keiner werden.

Hanke schwärmt vom Standort Zittau: ideale Lage, Hochschule am Ort, Prag, Breslau, Krakau vor der Tür, und Sachsen zahlte die Hälfte seiner Investitionen. Wenn Sie nach Zittau gehen, habe man ihm gesagt, dann können Sie sich die Dicke des roten Teppichs, den wir Ihnen ausrollen, selbst aussuchen.

Hanke zeigt ein Fabrikat, ein Gerät zum Kabelanschlagen. Das, sagt er, haben wir vor der Wende für 5200 Mark verkauft, heute für 850 Euro. Die Chinesen bieten die Dinger für 650 Euro. Gott sei Dank sind die so schlecht, daß sie keiner haben will – noch. Die Chinesen lernen ja schneller, als uns lieb ist.

Was verdienen Ihre Angestellten?

Zehn, zwölf Euro pro Stunde, manche weniger. In Baden waren das 25 bis 40 Prozent mehr, dafür sind hier die Lebenshaltungskosten um 20 Prozent niedriger. Und so ein hilfsbereites Arbeitsklima wie hier hab ich mein Lebtag nicht gekannt. Der Badenser lebt gegeneinander, jeder für sich. Da saufen Sie mit einem abends in der Straußenwirtschaft, am nächsten Tag wechselt der die Straßenseite, wenn er Sie sieht.

Besser miteinander erfolgreich als aufeinander neidisch. Diese Maxime des Neugersdorfer Maschinenbau-Fabrikanten Ernst Lieb zitiert Gudrun Laufer von der Handelskammer. Wir hören vom Ausbildungsring Oberlausitz, einer 1999 begründeten Kooperation Dutzender Klein- und Mittelständler der Region Löbau-Zittau. Das schaffe Arbeitsplätze und Gemeingeist. In zehn Jahren, sagt Frau Laufer, wird der demographische Trend sich umkehren, da können die jungen Leute sich das Gewerbe aussuchen. Das Problem sind die schlechten Schüler, denen keine Ausbildung ein Ziel steckt. Die landen leicht rechts.

Im übrigen findet Gudrun Laufer, die Grenznähe sei von Vorteil, sie erweitere den Markt. Seit zehn Jahren arbeite man mit der Handwerkskammer Liberec zusammen. Auch hiesige Firmen profitierten bereits vom Lohngefälle, wenn sie in Tschechien fertigen lassen, und tschechischen Unternehmen kämen die Aufträge zupaß.

Was ist die Zittauer Mentalität? Das Dreiländereck als Ende der Welt? Oder geht's hinterm Fluß weiter?

Jeder, wie er es erlebt, sagt Gudrun Laufer. Wenn ihnen drüben das Auto aufgebrochen wird …

Viele haben Angst vor ausländischen Billigarbeitern.

Die können vorerst nicht so leicht herein, sagt Frau Laufer. Es gibt ja diese Sperrklausel: EU-Beitrittsdatum plus drei plus zwei plus drei Jahre. Auch danach wird nicht die Masse kommen. Die Tschechen sind sehr bodenständig.

Ich sehe eher, daß Deutsche nach Tschechien gehen, sagt Zittaus Oberbürgermeister Arnd Voigt. Die Löhne dort bleiben nicht so niedrig. Deutsche Fliesenleger und Heizungsmonteure verdienen in Tschechien teils schon heute mehr als hier. Nachteile haben wir in der Bildung. Das Lernen der Nachbarsprachen kriegen wir schwer hin.

Voigt spricht über die Verbundenheit der Grenzstädte Zittau, Hradek (Grottau) und Bogadynia (Reichenau), über gemeinsame Projektgruppen Sport, Gewerbe, Verkehr … Nein, die Zittauer hätten keine Ressentiments gegenüber ihren Nachbarn, darauf sei er stolz. Es wachse, hüben wie drüben, ein grenzüberschreitendes Bewußtsein für die Region, die einst Preußen und Habsburg verband und Berlin mit Prag und Wien.

Die Geschichte bindet. Ein Drittel der Oberlausitzer Bevölkerung hat böhmisch-schlesische Wurzeln, sagt der Historiker Uwe Lammel. Schon nach dem 30jährigen Krieg war das Zittauer Land Zufluchtsraum für böhmische Protestanten. Mit dem Prager Frieden von 1635 kam das Gebiet zu Sachsen. Bis ins 19. Jahrhundert wurde hier Gottesdienst in tschechischer Sprache gehalten.

Jetzt fahren wir über die Grenze. Der Zug kurvt durchs reizend geschwungene Böhmerland. Er durchschneidet ein Zipfelchen Polen, bis er nach drei Viertelstunden Liberec erreicht. Einst hieß es Reichenberg, *das Tor zum Isergebirge*. Bis 1918 gehörte Reichenberg zu Österreich und war danach die größte deutsche Stadt in der ersten tschechischen Republik. 1930 zählte sie 39 000 Einwohner, davon drei Viertel Ex-Österreicher respektive Sudetendeutsche. Hier lebte Hitlers Werkzeug Konrad Henlein, ein

Turnlehrer, der sich zum Heim-ins-Reich-Führer aufschwang. Daß die Sudetendeutschen Hitler zuliefen, lag auch an der Torheit der Prager Regierung, die ihre Republik nur als Staat der Tschechen und Slowaken verstand. Im Frühjahr 1939 waren Henlein und Hitler am Ziel. Die Sudetengebiete wurden okkupiert, die Tschechen ausgetrieben. Nach 1945 schlug das Pendel grausam zurück.

Heute ist Liberec eine wimmelnde Stadt mit 100 000 Bewohnern. Sie wirkt wie ein kleines Wien, das sechzig Jahre nicht gemalert wurde. Barockfassaden memorieren Bürgerglanz, dazwischengesprengt sind sozialistische Plattenbau-Schurkereien. Man suche die Kreuzkirche mit der Pestsäule von 1719. Man finde, in der Veterna ulice, der Windgasse, die pittoresken Wallenstein-Fachwerkhäuser. Alle Wege führen zum Rathaus, einem märchenhaften Neorenaissance-Getürm.

Die 89er Wende grub auch die Liberecer Wirtschaft um. Die Staatskonzerne schwanden – der Schwermaschinenbau, die Textilindustrie, deren Gründervater Wallenstein hier im Dreißigjährigen Krieg seine Armeen betuchen ließ. Dafür haben Japaner und Amerikaner kräftig in Liberec investiert. Eva Brezikova von der Liberecer Handelskammer spricht von der größten Privatindustriezone Tschechiens. Die Arbeitslosigkeit betrage neun Prozent, das entspreche dem Landesdurchschnitt. Was fehle, seien Dachdecker, Schlosser – ganz normale Handwerker. Jeder wolle Abitur.

Wie ist das Verhältnis zu Deutschland?

Das hat sich nicht sehr verändert in den letzten Jahren, sagt Frau Brezikova. Es fehlt eine schnelle Straße zwischen beiden Ländern, das ist bisher am polnischen Widerstand gescheitert. Lastwagen müssen einen Riesenumweg machen.

Ist 1945 noch ein Thema? Beneš-Dekrete, Vertreibung, Angst vor deutschen Ersatzansprüchen?

Das Märchenschloß von Liberec, 1893 errichtet, als Rathaus genutzt (14. April 2005).

Das holt immer jemand vor den Wahlen hoch. Dann hört man jahrelang nichts darüber.

Hinter dem Liberecer Rathaus wuchtet das Theater. Vis à vis liegt der schönste Bau der Stadt. Die gläserne Versöhnungsbibliothek, 2001 vollendet, ist Zweckbau und Symbol. Täglich 2000 Menschen streifen durch den lichten Kubus, schmökern und studieren; auch Schlummersofas sind vorhanden. Das Haus birgt ein zweites. Im Eckfittich der Bibliothek nistet die neue Synagoge, ein schwebend montiertes Dreieck: Davids halber Stern. Am Ort der Bibliothek stand, bis zum Reichskristallfeuer des 9. November 1938, das Gotteshaus der Reichenberger Juden. Zweieinhalbtausend Menschen gehörten zur Gemeinde. Die deutschen Vernichtungslager überlebten 37.

Heute hat die Liberecer jüdische Gemeinde 70 Mitglieder. Die meisten seien Zusiedler aus der Ukraine, sagt die Bibliothekarin Blanka Kovalinkova. Die Bibliothek war die Vision von Vera Vohlidalova, der emeritierten Geisthüterin von Liberec, die dafür das Bundesverdienstkreuz bekam – und aus Prag Zunder, weil der Bau so teuer wurde. Tschechien, Deutschland, die Schweiz gaben das Baugeld, die jüdische Gemeinde stiftete die Fläche. »Eine Bibliothek ist ein Bild und Gedächtnis der Gesellschaft«, liest man am Eingang, in Spiegelstahl geätzt. »Es soll uns daran erinnern, daß Menschen verschiedener Glaubenszugehörigkeit, unterschiedlicher Hautfarben und Kulturen immer unter uns gelebt haben, leben und leben werden.«

Auch Deutsche wohnen noch in Liberec. Wir besuchen ihr Begegnungszentrum in der Ruprechticka 254. Zwei betagte Herren, Lothar Porsche und Erwin Scholz, erzählen von ihrem schweren Leben in der alten ČSSR. Nicht alle Deutschen wurden nach dem Krieg vertrieben. Eine Viertelmillion blieb. Sie durfte bleiben (Mischehen, KZ-inhaftierte Antifaschisten) oder mußte es, um als technische Elite die ehedem deutschen Betriebe in Gang zu halten. Deutsche wurden jämmerlich bezahlt, ihre Kinder zur Knochenarbeit ins Landesinnere verschickt. Uns haftete ja immer das Schlimmste an, sagt Erwin Scholz: der Ruf, wir wären Mörder.

Später besserte sich manches – kurzzeitig 1968 im Prager Frühling und dann nach der 89er Wende, als Minderheiten endlich Anerkennung fanden und Liberec seine Reichenberg-Geschichte nicht länger verbarg. Heute gibt es noch 40 000 böhmische Deutsche. Unsere Kinder haben wir deutsch erzogen, sagt Scholz, aber die Enkel bekennen sich nicht mehr eindeutig zum Deutschtum.

Bedauern Sie das?

Das ist der Gang der Dinge. Ist auch nicht mehr so wichtig im neuen Europa.

Am Abend sind wir dann nach Zittau heimgefahren. Und hörten dort noch viel Grenzüberschreitendes. Die Professoren Peter Schmidt und Peter Dierich erläuterten das transnationale Wesen der Hochschule Zittau/Görlitz. 4000 Studenten hat sie, davon 2500 in Zittau, und ist mit den Technischen Hochschulen Wrocław und Liberec zur Neiße University verbunden. Dierich schwärmt vom Europa-Jugendorchester aus 90 Schülern der Euroregion Neiße. Kulturelle Kooperation sei leichter als wirtschaftliche, weil da das Sozialgefälle weniger durchschlage.

Wie geht es Zittau in fünf Jahren?

Da bin ich nicht so optimistisch. Aber in 15 oder 20 Jahren wird das Verbindende das Trennende der Grenze überwiegen.

Zum Schluß die Polizei. Wir besuchen den Leiter des Ermittlungsdienstes Zittau, Hauptkommissar Jochen Graßhoff, der uns mit jovialem Frohsinn über die dreiländereckige Zusammenarbeit belehrt, und über den Rückgang der Ausländerkriminalität. Vor dem EU-Beitritt sei das hier Kampfgebiet gewesen. Geklaut und geschmuggelt werde immer noch üppig. Graßhoff zeigt seine Richtziffern: Gut wäre, wenn 60 Prozent der Straftaten aufgeklärt würden, 28 Prozent der besonders schweren Diebstähle, und wenn nie mehr als 320 Verfahren offen seien.

Dann besteigen wir den Diesel. Der spart Sprit, sagt Graßhoff, allerdings hört der Kriminelle nachts den Motor meilenweit. Noch lauter als der Diesel tönt Graßhoffs Handy. Es orgelt die Hymne der Sowjetunion, weil Graßhoffs Frau Russin ist. Wir fahren die Neiße ab, die Grenze. Kleine mürbe Brücken queren den Fluß, nur symbolisch verbarrikadiert. Wer will, kommt rüber, wie er will. Graßhoff lobt nüchterne Radler und tadelt unabgeschlossene Fahrräder: Kann in sieben Minuten schon in Polen sein.

Der Dreiländerpunkt liegt im Fluß. Das Wasser schwappt durch die Wiesen und weiß von keiner Nation. Herrliche Gegend, sagt Graßhoff. Muß man mal ganz ohne Kriminalität betrachten.

April 2005

Der Aufstand der Zuständigen

Pirna wehrt sich gegen Rechts

Die Stadt sah schaurig aus. Schlamm deckte die Straßen. Sperrmüll türmte sich. In den verwüsteten Geschäften atmete man Moder. Gräben klafften, aufgerissen von den Sturzwassern der Erzgebirgsflüsse Seidewitz und Gottleuba, die am 12. August 2002 binnen Minuten Pirna verheerten. Und dann kam die Elbe. Der Pegel stieg auf nie zuvor erreichte 10,56 m und machte Pirna zum sächsischen Venedig. Der berühmte Markt, 1754 von Canaletto gemalt, ging abermals als Bildnis um die Welt: Bürgermeister Markus Ulbig umgondelte sein Rathaus im Kahn.

Ein Drittel der 40 000 Einwohner war evakuiert. Inmitten der Depression traf Hilfe ein, aus ganz Deutschland, sogar aus Kanada. In den alten Sandsteinhäusern summten die Trockenmaschinen. Um ein Zeichen zu setzen, führte Ulbig die ausgelagerte Verwaltung alsbald ins Rathaus zurück. Die Partnerstadt Remscheid stiftete einen Weihnachtsmarkt. Heute erstrahlt Pirna schöner denn je.

Die Flut ist die eine der beiden Geschichten, die Pirnas Stadtoberhaupt bekannt gemacht haben. Die zweite handelt von Markus Ulbigs Einsatz gegen Rechts. Deutschlandweit genießt ja die Sächsische Schweiz einen speziellen Ruf: herrliche Landschaft, braunes Volk. Tatsache oder Klischee?

Wir treffen im kleinen Ratssaal zwei junge Aktivisten, die sich seit Schülerzeiten für Demokratie engagieren. Sven Forkert ist bei der Stadt als Koordinator gegen Extremismus angestellt. Sebastian Reißig arbeitet für die Aktion Zivilcourage e. V., ein überparteiliches Bündnis, das sich mit einer Fülle von Projekten bemüht, die jugendliche Drift nach Rechtsaußen aufzuhalten.

Warum sind die Rechten gerade hier so stark?

Nach der Wende hat sich die NPD Sachsen als Musterland

ausgeguckt und planmäßig Strukturen aufgebaut, sagt Forkert. Außerdem zerstritten sich die rechten Kameradschaften und die Partei hier nicht wie anderswo. Die DDR wirkt sich auch aus, das kann man nicht wegdiskutieren.

Mangelnder Kontakt zu Ausländern, sagt Reißig, Gratis-Antifaschismus, Obrigkeitshörigkeit. Die Demokratie wurde von vielen mit Strukturverlust identifiziert. Drüben gab es nach dem Krieg ein Wirtschaftswunder. Hier gibt es Massenarbeitslosigkeit.

30 000 Industriearbeitsplätze verschwanden, sagt Forkert. Strömungsmaschinenbau, Kunstseidewerk, die Wismut, alles weg.

Wächst die rechte Szene?

Der Polizeidruck ist enorm geworden, sagt Reißig. Billige Mitnahmeeffekte wie früher gibt's da nicht mehr.

Heerscharen laufen ihnen nicht mehr zu, sagt Forkert. Die rechten Gewaltdelikte sind stark rückläufig, erstmals seit fünf Jahren. Trotzdem wird niemand als Demokrat geboren. Demokratie ist 'ne zivilisatorische Leistung.

Was ist der Oberbürgermeister für ein Mensch?

Sehr offen sei der Markus Ulbig, energisch, konstruktiv. Ein Vorreiter gegen Rechts, doch kein Einzelkämpfer. Landrat, Polizei, die Bürgermeister des Kreises zögen inzwischen mit. Sven Forkert sagt: Hier ist der Aufstand der Anständigen mit dem Aufstand der Zuständigen zusammengefallen.

Jetzt überqueren wir die Elbe, hinüber in den Ortsteil Copitz. Dort finden wir Sachsens schönsten Kirchenneubau und darin den Pfarrer Dieter Rau. Der erzählt vom Religionsunterricht der Gymnasialklasse 9 und 10. Von neun Jungen der Gruppe, sagt Rau, haben sich fünf offen als rechtsradikal bekannt. Ob sie das bleiben, weiß ich nicht. Natürlich gibt's in diesem Alter Konfrontation, gegen Schule, Kirche, Staat.

Herr Rau, nicht in jedem halbwüchsigen Hirn wohnt die komplette Auschwitzlüge.

Aber genau damit werden sie angefüttert, sagt Rau. Ich habe auch den Verdacht, daß in den Familien seltsame Gespräche geführt werden. Dieses Verbrämen der Vergangenheit, selbst in der Gemeinde, da werd ich 'n bissl unruhig.

Was entgegnen Sie dann?

Ich frage: Wollen Sie, daß diese Zeiten wiederkehren? Und ich erzähle von meinem Vater, der mit einem Arm aus dem Krieg nach Hause gekommen ist.

Mindestens 50 Prozent der Jugendlichen seien für rechtes Denken ansprechbar, vermutet Jugendamtsleiter Dietmar Schneider. Aber die Jugend sei immer nur Symptomträger. Wie ein Brennglas bündele und artikuliere sie Zustände und Anschauungen der Gesellschaft. In den Dörfern ringsum stirbt soziale Infrastruktur, sagt Schneider. Schulen werden geschlossen, Sparkasse und Post nicht mehr bedient. Solche Leerräume füllt die NPD. Identitätsverluste kompensiert sie mit simplen Losungen.

Was hilft dagegen?

Bildung, sagt Schneider. Vermitteln, daß es auf komplexe Fragen keine plumpen Antworten gibt. Und kulturelle Alternativen helfen. Kirche, Naturfreunde, Pfadfinder, Sportvereine, Kinder- und Jugendfeuerwehr, da lernt man, was für andere zu tun. Markus Ulbig war einer der ersten Ost-Bürgermeister, die das Problem Rechtsradikalismus beim Namen nannten.

Beim Sportverein Grün-Weiß wollen wir den Hochgelobten treffen. Ulbig weiht dort, im Neubau-Stadtteil Sonnenstein, eine Skatingbahn und ein Multispielfeld ein. Ein schmaler, jungenhafter Mann ist der OB: Brille, weiße Jeans, oranges Hemd. Lieblich sächselnd spricht er den repräsentativen Satz: Sonnenstein bei Sonnenschein, da kann man sehen, daß dieser Stadtteil auch 'ne Zukunft haben wird.

Beifall. Das rosa Band wird zerschnitten, die Skater rollen an. Wurst brutzelt, Bier und Brause fließen. Ulbig, das ist sichtbar seine Stärke, geht frohgemut von Mensch zu Mensch und hört geduldigst auf die Sorgen seiner Stadt. Dann fährt er den Reporter durchs Neubaugebiet. 8500 Menschen leben hier, um Abrisse komme man nicht herum – leider nach der Sanierung. Dort der Siebzehngeschosser sei schon leergezogen.

Sonnenstein – der lichte Name rührt von der maroden Schloßanlage, die hoch über der Altstadt thront. 2010 soll sie saniert sein, dann zieht die Kreisverwaltung ein. Schloß Sonnenstein ist

ein bestürzender Ort. Das NS-Regime betrieb dort eine Mordan-
stalt zur Vernichtung *lebensunwerten Lebens*. An die Euthana-
sie-Verbrechen erinnert in Pirna ein Dutzend assoziativer Mahn-
tafeln. Eine Spur von 14751 kleinen bunten Kreuzen führt vom
Elbufer durch die Stadt, den Berg hinan, bis in die Gaskammer.
Erst seit dem Jahr 2000 dokumentiert eine Gedenkstätte die grau-
sige Geschichte, deren Kenntnis viele ältere Pirnaer in ähnlicher
Weise verdrängten wie zahlreiche Weimarer Buchenwald.

Herr Ulbig, traf Ihre Offensive gegen Rechts auf Widerstand?

Es hat ein Umdenken erfordert, sagt Ulbig. Die Stadt setzte
auf Tourismus, da hörte ich öfter: Das kann man doch nicht machen! Aber es hat keinen Sinn, die Realität unter den Teppich zu
kehren. Und ein klares Bekenntnis des Mannes an der Spitze ist
gefordert.

Ulbig wurde 2001 zum OB gewählt. Im selben Jahr fand der
Prozeß gegen die SSS statt, die »Skinheads Sächsische Schweiz«.
Die rechtsextremistische Organisation wurde verboten, Ulbig begann ein bürgerschaftliches Netzwerk für Demokratie zu knüpfen. Sein heutiges Leben wurde ihm nicht an der Wiege gesungen. Ein Arbeiterkind ist er, aus dem erzgebirgschen Zinnwald,
1963 geboren. Ältester von fünf Geschwistern, katholisches Elternhaus. Ulbig lernte Funkmechaniker und war als Reparateur
von Radios und Fernsehern nicht unzufrieden. 1986 lernte er
seine Frau kennen, eine Kindergärtnerin. 1987 heirateten sie. Er
zog zu ihr, der Wohnung hinterher, wie das in der DDR üblich
war. So geriet Markus Ulbig nach Pirna. Die Wende, sagt er, hab
ich unter Waffen erlebt. Die Nationale Volksarmee zog mich
1989 ein, da hatten wir schon zwei Kinder. – Heute sind es vier.

Nach der Wende sattelte Ulbig um. Er absolvierte die sächsische Verwaltungs- und Wirtschaftsakademie und begann eine Be-
amtenlaufbahn im höheren Dienst. Für einige Jahre diente er im
Dresdner Innenministerium. Sachsen pflegt eine Wechselstrate-
gie: Ministerialbeamte sollen Kommunalerfahrung sammeln, und
umgekehrt. Ulbig kandidierte in Pirna für die CDU und wurde gewählt.

Wie ist die Sitzverteilung im Rathaus?

14 751 Menschen wurden in der NS-Zeit auf dem Sonnenstein ermordet (Pirna, 19. Juli 2007).

CDU zehn Plätze, PDS/Pirnaer Bürger zehn, SPD/Freie Wähler acht, NPD zwei.

Das heißt, Sie müssen koalieren.

Das gibt's in Pirna nicht. Es gibt eine nach demokratischen Prinzipien ausgestrittene Zukunftsvorstellung für diese Stadt.

Jetzt wuchtet Ulbig einen mächtigen Ordner herbei, schlägt ihn auf und entfaltet Buchhaltungs-Leporellos von handtuchartiger Größe. Pirna, lernen wir, hat 2003 seine komplette Haushaltsplanung auf die sogenannte Doppik umgestellt: die doppelte Buchführung in Konten. Das bedeute die Abkehr vom bundesweit üblichen kameralistischen System, das Jahr für Jahr rechnet und oft improvisiert. Was gerade wichtig ist, versucht man irgendwie im Haushaltsplan unterzubringen, sagt Ulbig, aber dieses konventionelle Rechnungswesen bildet die Konsequenzen ungenügend ab. Für längerfristige Verpflichtungen, Verschleiß etc. werden keine Rücklagen gebildet.

Aber diese Riesentabellen ...

Jeder Bürger kann alles im Internet prüfen, sagt Ulbig. Wenn wir was Neues planen, muß was anderes raus oder nach hinten rücken. Unsere gelisteten Vorhaben gehen bis ins Jahr 2017.

Was sind Sie dann?

Oberbürgermeister von Pirna, sagt Ulbig. Falls in ihm ein anderer Ehrgeiz waltet, so verbirgt er das gut.

Wir lernen noch manches: 1700 Menschen verlassen jährlich die Stadt, etwa ebensoviele ziehen zu. Die offizielle Arbeitslosigkeit liegt bei 17 Prozent. Der Tourist verweilt im *Tor zur Sächsischen Schweiz* durchschnittlich vier Tage. Die Verkehrsanbindung sei prächtig, mit Dresden vor der Tür. Insgesamt zähle Pirna keineswegs zu Ostdeutschlands Problemzonen. Jetzt aber müssen wir uns sputen. Ulbig will unbedingt noch die Bibliothek vorführen. Wir schweifen durch ein wundervoll restauriertes Patrizierhaus, in dem mehrstöckig Leben wimmelt. Sehen Sie die Schiffskehlbalken, schwärmt Ulbig. Kommen Sie, ich zeige Ihnen noch die Keller ...

Pirnas Altstadt war zur DDR-Zeit restlos proletarisiert und ramponiert. Heute leuchtet das Canalettohaus, die gotische Deckenmalerei von St. Marien, das grandiose Renaissance-Ensemble des deutsch-tschechischen Schillergymnasiums. Dessen Rektor Bernd Wenzel sei das Schlußwort überlassen: Das Bedürfnis, gut zu sein, ist in Pirna überall zu spüren. Es wird nur unterschiedlich gelebt.

Juli 2007

Mutter Pfortes Kinder

Von Nietzsche bis Werfel: Schulpfortas Erziehung

Der Berliner kennt den Rest der Welt, da kann man nur staunen. Zwei Hauptstädterinnen, lauthals gesprächig, kamen von München, mit dem ICE. Jena war passiert, der Zug durcheilte den Burgenlandkreis. An der Saale hellem Strande thronten auf ihrem Kalkmassiv die erhabenen Ruinen Saaleck und Rudelsburg. Berliner Jubel: Guck, die Elbe! Das Elbsandsteingebirge! – Unsinn, wußte die Freundin, hier ist die Sächsische Schweiz.

Es sei gestanden: Der Reporter, um Schlichtung gebeten, hat den Damen Burg Saaleck als Elbeck verkauft.

Und dort die alten Gemäuer mit dem Türmchen?

Die Festung Königstein.

Ach, die wirkt ja wie ein Kloster!

Gewiß. Und jetzt besuchen wir die alten Gemäuer mit dem Türmchen. Vom Bahnhof Naumburg fährt das Taxi eine Viertelstunde. Schon sind wir am Ziel: Sancta Maria ad Portam, ehedem Kloster, 1137 von Zisterziensern gegründet, seit 1543 fürstliche Landesschule Pforta. Hochberühmte Zuchtstätte von Fichte, Ranke, Nietzsche, Bethmann-Hollweg ... Gemeinhin Schulpforta genannt, kurz Pforte, schwärmerisch Mutter Pforte. Unter Hitler Napola, zur DDR-Zeit Rotes Kloster.

Dieser dritte Advent ist ein wichtiger Tag im Pfortenser Jahreskreis. Das Weihnachtskonzert steht an. Nicht nur die Schüler, auch Verwandte, Freunde, Alumni portenses vergangener Zeiten strömen und füllen, wohl achthundert Menschen, die Klosterkirche. Kein Schmuck, kein Tand ziert das gotische Schiff, nur karges Geleucht und der Christbaum im Chor. Das gregorianische Magnificat steigt auf: *Hodie Christus natus est.* Wie schwebt der Ton, wie rein steht der Klang im Gewölbe. Bach, Mendelssohn, Reger, sizilianische und spanische Choräle, zwei wunderbare

Stunden lang. Aber eisig frißt die Kälte. Unser Nachbar, vermutlich der Heilige Martin, teilt mit uns seine Decke. Wir werden diesen grauen Hünen kennenlernen.

Nach dem Konzert bewimmelt sich der Kreuzgang. Kerzen leuchten in den Nischen, Glühwein wird ausgeschenkt. Martina Keller, de iure Schulsekretärin, de facto Pfortes Perle, stellt uns Hans-Jörg Däumer vor, dem Rector portensis. Ferner hat uns Frau Keller zwei junge Flügeladjutanten zugeteilt. Georg Polzer, den Schulsprecher, treffen wir morgen. Unsere Einweisung übernimmt Franz Werfel, der Theater-Prinzipal. Wir verziehen uns in einen Klassenraum, machen Licht und stöbern ein Pärchen auf. Werfel erklärt den Schulstaat Pforta. 380 Schüler leben hier, von der 9. bis zur 13. Klasse, alle im Internat. Die Älteren helfen den Neuen. Man lernt im N-, S- beziehungsweise M-Zweig, also mit Schwerpunkt Naturwissenschaften, Sprachen oder Musik. Zwei Drittel der Pförtner sind Mädchen, die übrigens erst seit 1949 Zulassung finden. Werfel ist Klasse 12 S und macht 2007 Abitur, denn Sachsen-Anhalt schafft soeben das 13. Schuljahr wieder ab.

Warum wollten Sie nach Schulpforta?

Bitte sagen Sie du.

Franz, ein warmblütiger Wismaraner, hat Großeltern im nahen Goseck. An einem regenromantischen Herbsttag 2002 kam er hier vorbei, in seiner Harry-Potter-Zeit. Ungern gehört wird das abgedroschene Attribut »Pforta, das Hogwarts von Sachsen-Anhalt«, doch die Assoziation liegt nahe. Franz bestand die Aufnahmeprüfung und fühlt sich seit dreieinhalb Jahren in Pforta geborgen. Bloß Musik aus dem Nachbarzimmer macht mich wahnsinnig, sagt Franz. Mainstream-Mist mache ich nicht mit, auch nicht bei Klamotten. Wie stehen Sie zu Renft?

Und der politische Mainstream? Die übliche Ignoranz?

Dafür ist der Sozialkundeunterricht zu gut. Es gibt starke Links-Sympathien, aktive Sozialdemokraten, PDS-Wähler, Ökos. Ein paar Jungs aus der 13 M sind in der CDU aktiv.

Gibt es auch Rechts-Tendenzen?

Das wär ja wohl das Letzte, da könnten wir als humanistische Bildungsanstalt einpacken.

Als Auferwecker des Portenser Geistes gilt der Altrektor, Karl Büchsenschütz, der von 1992 bis 2005 amtierte. Herr Büchsenschütz, sagt Franz, hat immer vom engen Verhältnis zwischen diesen Mauern und ihrem Inhalt gesprochen. Wir wissen ja noch nicht, was aus uns wird, aber in so einer Reihe zu stehen, 20 000 Schüler seit 1543, das ist Wahnsinn.

Was für Theaterstücke spielt ihr?

Zuletzt Sartres »Schmutzige Hände« und »Publikumsbeschimpfung« von Handke.

Die Keilglocke schlägt vom Turm. Franz muß eilen. Um 23 Uhr ist Lichtschluß, für Neuner und Zehner eine Stunde früher. Keilen, also läuten, müssen die Neuner, auf die Glocke hören alle. Die Lichter verlöschen. Es scheint, daß Pforte schläft.

Schon bimmelt es wieder, zu barbarischer Stunde. Um sechs Uhr wecken, das spricht allem Humanismus Hohn. Im Speisesaal mümmeln nachtschwere Gestalten ein frugales Morgenmahl. Alsbald beginnt der Unterricht. Rektor Däumer gibt Mathematik. Elastisch eilt er in die Klasse 10 M, lobt das gestrige Konzert, gratuliert Theresa Knüpfer zum Geburtstag. Ein Liedwunsch? Theresa wünscht, ein Schüler dirigiert lateinischen Gesang. Dann Radizieren, Logarithmieren, Exponentialfunktionen. Der Reporter fühlt sich minderbemittelt. Däuber erteilt eine Aufgabe und verläßt mit uns den Raum.

Was passiert jetzt in der Klasse?

Die arbeiten selbständig. Das ist der Geist von Pforta. Die Schule wird getragen von der hohen Motivation der Schüler. Hier wächst und formt man sich im vorgegebenen Sozialgefüge. Faulpelze und Hallodris kommen hier nicht rein.

Pforta als Eliteschule …

Der Begriff Elite sei verpönt, erklärt Däumer. Man wisse, was man könne, aber stelle sich nicht aus. Motivation stehe höher als der Intelligenzquotient. Die Schüler förderten sich gegenseitig. Ein Problem ist, daß alle als die Besten nach Pforta kommen, sagt Däumer. Aber wenn hier nur die Besten sind, muß man sich einordnen lernen.

Däumer, Jahrgang 1951 und hörbar Anhaltiner, ist seit 1972

Lehrer. Ob sich der Schülertyp verändert habe? Wenn, dann die Erwachsenen, denen das Kind sich anpaßt, sagt Däumer. Das Kind als solches ist dasselbe wie vor 3000 Jahren: ein Rohdiamant, den wir schleifen.

Wir reden im Rektorzimmer. Die drei Bilder dort habe er aufgehängt, sagt Däumer, sonst stamme die Einrichtung von seinem Vorgänger. Karl Büchsenschütz gebühre alle Ehre. Wir erfahren, daß Däumer Leistungsschwimmer war und ist. Zweimal wöchentlich trainiert er, kraulte unlängst mit Erfolg in San Francisco und nutzt als Bildschirmschoner Zeitungsphotos seiner selbst, wie er durchs Wasser pflügt. Däumer lebt nicht hier, er pendelt, 50 Kilometer, von Bad Bibra und zurück. Rector portensis, das erfordere eigentlich ständige Präsenz.

Seltsam halb wirkt dieser freundliche Schulvorsteher, wenn er klagt, wie unter dem zehrenden Rektorat Hobby, Freundeskreis, Familie litten. Es scheint, Däumer amtiert als Zwischenlösung, zur Überbrückung von Karl Büchsenschütz' Vorruhestand. Die Neuausschreibung läuft. Wir lasen die Anzeige des Kultusministeriums Sachsen-Anhalt, in der »ZEIT« vom 16.11.2006: Gesucht wird ein Übermensch. Eigentlich sucht man Büchsenschütz.

Jetzt erscheint unser zweiter Adjutant, Georg Polzer aus der 12 N. Mit seiner Brille und dem roten Zauberschal wirkt er wahrhaftig wie ein ranker Harry Potter. Ein Kopfmensch ist Georg, ein Analytiker. Wir fragen: Ist das Internat Schulpforta ein hormonelles Pulverfaß?

Wie meinen Sie? Interaktionen?

Ja.

Auf jeden Fall, sehr viel, klar, das wird positiv angenommen.

Georg führt durchs Schulhaus und die Internatsgebäude. Acht gibt es; sehr beliebt ist Nr. 1, der Hammelstall. Wir inspizieren ein anarchisches Doppelzimmer mit Budencharme. Die Aula ziert, in schinkösem Öl, der Gründervater: Kurfürst Moritz von Sachsen, der an den Landesschulen Pforta, Grimma und Meißen begabte Knaben sechs Jahre lang bilden ließ, ungeachtet der Herkunft und gratis, auf daß es »an Kirchendienern und

Georg Polzer mit den Schlüsseln zur Aula und anderen Schulpforten (19. Dezember 2006).

anderen gelahrten Leuten in unseren Landen nicht Mangel ge-winne«. Das heutige Schulgeld beträgt monatlich 160 Euro; Ar-beiterkinder sind in Pforta trotzdem rar. Soziale Schranken spiel-ten hier keine Rolle, sagt Georg, das Düsseldorfer Bürgerkind. Jeder sei jedermanns Gegenüber.

Wie kann man das draußen in der Welt praktizieren?

Sicher hilft es, einander frei zu begegnen, ob man nun Arbeit-geber oder Arbeitnehmer ist.

Was wollen Sie mal werden?

Informatiker. Dann in die Wirtschaft.

Wir laufen durchs weite Gelände, vom Knabenberg zum Park mit der großen Platane, vom Fürstenhaus zur Kleinen Saale. Die Mönche gruben dem Hauptstrom ihr Mühlwasser ab. Am Fried-hof bei der Kirche ragt ein gotischer Kandelaber: die Totenleuchte von 1268. Davor Blumen, Kerzen, ein bekreuzter Stein. »Für Roman«, steht auf einer Schleife, »7. Juli 2004«.

Freunde für's Leben, die hab ich hier leider nicht so gefunden, sagt Georg nun doch. Pfortes Geist gehe ein bißchen verloren. Die Konsumhaltung der Gesellschaft dringe ein, das Nehmen ohne Geben. Statt sich gemeinschaftlich zu engagieren, verlangten viele Jüngere Bildung für die eigene Karriere: Lehrer, biete mir was. Und die Autorität verfalle, wenn die Alten die Neuner gleich zum Biertrinken mitnähmen. Man scheue das tiefergehende Gespräch und lasse sich vollaufen – draußen natürlich. Nein, er trinke und rauche nicht. Doch, das Leben in Pforte sei hart.

Georg wirkt ein reiferer Geist in einem jungen Körper. Dieses irritierende Gefühl vermitteln viele Pförtner – nicht die noch kindlichen Gesichter der Neuner. Georg versammelt ein halbes Dutzend zu einem Frischlings-Kränzchen, in dessen Verlauf wir die typischen Anfangssorgen hören: Lernstreß, Freizeitmangel, Heimweh, Sehnsucht nach dem eigenen Zimmer. Und dieser dämliche Brauch der Taufe, das Zwangsduschen der Neuen am ersten Abend! Anderseits finde man hier endlich Gleichgesinnte, mit gehobenen Interessen. Plötzlich entdecke man in anderen Menschen sich selbst.

Wenn man durch Naumburg oder Bad Kösen bummelt, das ist manchmal nicht schön, sagt Julia Janecek. Krasse Blicke, abschätzig, das tut weh. Als ob wir arrogante Übermenschen wären.

Die Leute wollen keinen Kontakt zu uns, sagt Reinhild Lohan. Es könnte sich ja herausstellen, daß wir mehr auf dem Kasten haben.

Hier hat jeder seine Macken, sagt Lukas Eipert, aber die draußen hetzen durchs Leben, die sehen nichts Schönes. Das Handy klingelt. Lukas ruft: Nein, Mutti, jetzt geht es gar nicht!

Die Keilglocke ruft zum Unterricht. Sozialkunde mit Ulf Freudenberger, 13. Klasse: Was ist Demokratie? Mindestvoraussetzungen, Defizite, Gewaltenteilung, plebiszitäre Elemente. Wahlrecht mit 16? Was würde da in Sachsen oder Mecklenburg passieren? Freudenberger lenkt sparsam, läßt diskutieren, kliert

Stichworte an die Tafel. Ein Schüler ruft: Ihre Schrift ist ein Traum! – Ja, lächelt Freudenberger, Schrift und Persönlichkeit gehören zusammen.

Ähnlich locker läuft Geschichte bei Frank Kisser. Anfänge des Kalten Kriegs, Casablanca, Jalta, Potsdam, Shdanow-Rede contra Truman-Doktrin und dann zwei deutsche Staaten. Die Mitarbeit ist rege. Das Thema Ost-West scheint historisch geworden, ganz anders als in den neunziger Jahren. Freudenberger und Kisser sind beliebt. Sie zählen zu den West-Lehrern, die Eberhard Horn berief, Pfortas erster Nachwende-Rektor. Horn schaßte mehr als dreißig Lehrer. Ein halbes Dutzend durfte bleiben, fast ausnahmslos Musikpädagogen, darunter Ilona Jende. Das DDR-Kollegium war gespalten, sagt Frau Jende, hier die Parteitreuen, dort die Parteilosen. Aber die Entlassungen wirkten undurchsichtig. Die Kriterien lagen nicht offen.

Horn war kein entlassungswütiger Sadist, sagt Thomas Dahnke, der stellvertretende Rektor. Horn wollte Pfortes große Tradition auf Zukunft orientieren, das ging nicht mit dem alten Kader. – Horns Ära währte kurz. Schon Anfang 1992 verließ er Schulpforta. Es kam Karl Büchsenschütz. Ein begnadeter Psychologe! schwärmt Ilona Jende. Ein Gespür für Zwischentöne! Ein Herz für Musik! Ein wunderbarer Umgang mit den Kindern! Ihr Geographie-Kollege Michael Heinze, von 1978 bis 1982 selbst hier Schüler: Büchsenschütz war genau der Deckel, den dieser Topf brauchte. Frau Jende: Herr Büchsenschütz ist noch sehr oft hier.

Der Reporter denkt: Armer Dr. Däumer.

Jetzt steht der Gesegnete vor uns. Gewaltig ragt er auf: der graue Hüne, der St. Martin aus dem Chorkonzert. Aus Hessen kam er, 1992. Und hätte mehrmals fast wieder die Koffer gepackt. Ich stieß hier auf eisiges Schweigen, sagt Büchsenschütz. Die waren nicht freundlich, nicht offen. Die mißtrauten mir. Die dachten, der verstellt sich, irgendwann haut er drauf. Wir sprachen verschiedene Arten Deutsch. Das dauerte Jahre. Dann wurde es gut.

Und was ließ Sie bleiben?

Der Ort, seine Faszination. Daß Fichte wirklich hier geschwitzt hat. Daß man Nietzsches Valedictionsarbeit in die Hand nehmen kann. Das Lernklima, diese unglaublich hungrigen jungen Leute, denen man dringend Futter geben muß, und Haltung vorleben. Solche Musiklehrer, dieses harte Sich-Abarbeiten an der Kunst, das hätte ich im Westen nie gefunden.

Allerdings mißhagte es Büchsenschütz, wenn bildungsbürgerliche Eltern schwärmten, in Pforta gebe es noch den richtigen Humanismus. Hierzulande zögen viele noch ganz unbefangen eine bruchlose Linie von der Renaissance zur Gegenwart.

Wir gehen in die Kirche. Zur DDR-Zeit war sie völlig verkommen und gesperrt. Kniehoch lag der Taubendreck, sagt Büchsenschütz. Das romanische Hängekreuz war Landeplatz der Tauben, aus Orgelpfeifen wurden Nistkästen gemacht. – Büchsenschütz erzählt ins hallende Dunkel: von den ergreifenden Ecce-Feiern für die Verstorbenen, von der Denkstunde, als der Irak-Krieg begann. Ich dachte, die Menschheit hätte manche Dinge ein für alle Mal begriffen, sagt der alte Herr. Vielleicht haben wir Vernunftgläubigen auch die Menschheit nicht begriffen.

Seit der Wende hat Pforta, obwohl keine konfessionelle Schule, wieder eine Pastorin. Regine Huppenbauer-Krause unterrichtet auch Religion, im Armarium, der Waffenkammer; so nannten die Zisterzienser ihr Bücher-Arsenal. Kerzen blaken im dunklen Gewölbe. Thema: altägyptischer Jenseitsglaube. Die Seelenbarke der Millionen reist durch die Nacht, Re, der Sonnengott, ringt mit dem mörderischen Schlangenvieh, bis Isis rettend ruft: Apophis ist in seinen Banden! Die Sonne geht auf, die Schüler fragen und fragen, Franz Werfel voran.

Nachher erzählt uns Frau Huppenbauer-Krause von Romans Tod. Es geschah am ersten Tag der Sommerferien 2004. Wie alle Schüler fuhr der Zehntklässler heim. Noch am selben Tag kehrte er zurück und warf sich unweit der Schule vor den ICE. Warum? Hochkomplizierte Familie, fehlgegangene Wunderkind-Erwartungen; hinzu kam Liebeskummer. Soweit der erklärliche Teil der Katastrophe. Regine Huppenbauer-Krause hat den Jungen in Leipzig beerdigt. In Schulpforta half sie der Trauer eine Form zu geben, mit Kerzengang zum Todesort, einem Kreuzweg des Ge-

Schulpforta, Kreuzgang und Hof (19. Dezember 2006).

denkens und Abschied in der Kirche. Romans Tod beschäftigt uns bis heute, sagt die Pastorin, hoffentlich sind wir sensibler geworden. Es gab mehrere Selbstmordversuche. Die Traumata werden mitgebracht, die hiesige Intensität läßt sie ausbrechen.

Und wie geht es wieder hinaus? Fast schon auf Pfortas Schwelle stehen die Dreizehner. Wir sitzen im alten Schrankenhäuschen nahe der Chaussee und picheln Glühwein, mit Ferenc Herzig, Karl Tetzlaff und der reizenden Anna Jeschke, die, als Einzelkind, nach Schulpforta wollte, um endlich Geschwister zu haben. Alte Proleten würfeln beim Bier, der Flipper düdelt, es riecht nach Bratfett und wirklicher Welt. Doch, sagt Ferenc, er würde Pforta empfehlen. Aber entbehrlich finden die drei das rituelle Pochen auf Tradition, dieses Portenser Mantra großer Namen.

Anna will Ärztin werden, egal wo. Karl geht nach Dresden und studiert Jazzgitarre. Ferenc hat lange mit sich gerungen und die Theologie erwählt – die akademische, nicht die pastorale. Erst Leipzig, sagt Ferenc, dann von Uni zu Uni, quer durch Deutschland. Irgendwer wird mich hoffentlich nach Princeton berufen. Bis dahin hab ich hoffentlich ein paar ganz gute Bücher geschrieben.

Hoffentlich.

Bevor wir scheiden, besuchen wir die Bibliothek. Auch Petra Dorfmüller, die Hüterin der Bücherkemenate, lernte einst in Pforta. Es türmen sich 80 000 Folianten, Raritäten, mittelalterliche Handschriften, Erstausgaben von Kopernikus und Galilei, die Wirtschaftsbücher seit 1571 ... Augustus' Kaiserbüste wuchtet auf dem antiken Tafeltisch, um den sich gewiß gleich ein Schock hagestolzer Professoren á la »Feuerzangenbowle« schart, um ein Consilium abeundi durchzupauken.

Wir blättern das mächtige Immatrikulationsbuch auf. Jeder Alumnus trägt sich selber ein. Von den Wänden mahnen die Portraits berühmter Schüler: Klopstock, Lepsius, Ehrenberg. Da, Fritz Hofmann, der Erfinder des künstlichen Kautschuks; dabei ist der hier rausgeflogen. Umgekehrt erging es dem Dichter Ernst Ortlepp, der in Pforta Primus omnium war. Später schmähte er die Mächtigen, trank, verarmte und endete 1864 unweit der Schule im Straßengraben, mit gebrochenem Genick. So kann es kommen, schließt Frau Dorfmüller. Alles ist drin.

Januar 2007

O wundervolle Triebe!

Wandersleben ehrt seinen
erotischen Dichter Menantes

Dies ist, wir sagen es gleich, eine zarte Geschichte. Sie führt in die galante und verliebte Welt und zu einem Cavalier, der daraus Romane schuf. Manchen gilt er als bedeutender Autor, anderen als Lüstling. Ein Sexdichter!, so wird empört die Frau des Bürgermeisters rufen. Weiter wirken mit: ihr Gemahl, der Pfarrer (sein Kontrahent), ein Unternehmer, der Mörder vom Sportlerheim … Wo sind wir überhaupt?

Die Geschichte spielt in Hamburg, nein, in Venedig, nein, in Wandersleben an der Apfelstädt. Vom Wasser haben wir's gelernt: Die Apfelstädt fließt in die Gera, diese in die Unstrut, welche in die Saale mündet, dann in die Elbe. Schon erreichen wir Hamburg, wie unser Held: Christian Friedrich Hunold, genannt Menantes, Hamburgs Star-Autor – bis er fliehen mußte, vor dreihundert Jahren.

Halt! Die Geschichte handelt heute. Unerhörtes kam uns zu Ohren: In dieser heillos verkrämerten Zeit ruft ein Mutiger: Hier gilt's der Kunst! Bernd Kramer, Pfarrer zu Wandersleben, läßt sein Dorf durch Menantes prosperieren. Da müssen wir hin.

Ein jugendlich agiler Mann holt uns in Erfurt vom Bahnhof ab. Unverzüglich ist Kramer beim Thema. Der Menantes-Kongreß in Wandersleben, vorigen Herbst. Das Menantes-Festkonzert mit Ministerpräsident und Deutschlandfunk-Übertragung. Die Menantes-Dauerausstellung, gleich werden wir sie sehen.

Gibt's im Dorf auch Menantes-Gegner?

Vielleicht eine gewisse Person, sagt Kramer. Aber die sei unmaßgeblich und besser gar nicht zu nennen.

Wir fahren durchs holde Thüringer Becken. Von links grüßt Burg Gleichen, deren kreuzfahrender Graf einst aus dem Morgenland mit einer Sultanstochter wiederkehrte, um fortan in heiterer Menage à trois zu residieren; die Gattinnen verstanden sich prächtig. Schon sind wir angelangt. Wandersleben, ein gestrecktes Straßendorf. Der Pfarrhof nahe der Kirche: ein Fachwerkgehöft, säuberlich restauriert. Auf dem Platz davor prunkt der nagelneue Sandstein-Obelisk, geziert von Menantes' berühmten Zeilen: *Meine Seele, sei vergnügt / Wie es Gott auch immer fügt / Dieses Weltmeer zu ergründen / Ist Gefahr und Eitelkeit / In sich selber muß man finden / Perlen der Zufriedenheit.*

Eine Kugel krönt den Stein. Das ist sie, sagt Kramer. Die Perle der Zufriedenheit.

Drinnen wartet der Kaffee, nebst einer barock überladenen Kuchenplatte sowie den Menantes-Gelehrten Cornelia Hobohm und Jens-Fietje Dwars. In den nächsten Stunden sorgen sie dafür, daß unser Barock-Empfinden in Aufklärung übergeht. Dort nämlich wohnt Menantes: im Epochenbruch. Die gottgefügt absolutistische Welt zerfällt in Fragmente individueller Rationalität. Am Horizont wetterleuchtet das Zeitalter der Maschine.

Geboren wird unser Mann 1680, als eines von fünf Kindern des Pächters Tobias Hunold und seiner Frau Barbara. Schuljahre in Arnstadt, dann am hochangesehenen Gymnasium Illustre Augusteum zu Weißenfels. 1691 starben beide Eltern, an hitziger Krankheit, wie die Quellen melden. Ein Vormund wird eingesetzt. Der junge Hunold immatrikuliert sich 1698 an der Universität Jena, wo er der Jurisprudenz obliegt, mehr noch dem Fechten, Reiten, Tanzen und dem Geigenspiel. Häufig weilt er im nahen Weißenfels. Dort hat Fürst Johann Georg mit dem 1680 vollendeten Prachtschloß Neu-Augustusburg sein Klein-Versailles etabliert; vornehmste höfische Kunst ist die Oper. Dieser Welt will Hunold angehören. Er tanzt im Ballett und pflegt eine Liebschaft zu Sophie Meister, der Tochter des Hofkochs.

Da schreibt der Vormund: Das Erbe ist fast aufgebraucht. Von 4000 Talern blieben 80. Und Hunold hat Schulden. »So viel ist es«, berichtet er Monate später, »dass die vorige Aufführung zu Weißenfels, und was das Meiste, ein solches Frauenzimmer galant zu bedienen, sich mit meinem Etat gantz nicht wollte comportiren. Deßwegen ich mich halb verzweifelt zu Erfurt auf die

Post setzte, und nach Hamburg reiste, um mein Glück wieder zu etabliren.«

Hamburg. Quirlende Metropole. 70 000 Einwohner, und ein Opernhaus. Zunächst verdingt sich Hunold als Advokatsgehilfe, dann wirft er sich auf's Schreiben. 1700 erscheint sein erster Roman, »Die verliebte und galante Welt«, 1702 gefolgt von »Die Liebens-Würdige Adalie«. Anders als die Lyrik ist der Roman noch keine reglementierte Kunst. Der Autodidakt Hunold orientiert sich an französischen Stoffen. Er publiziert unter dem Namen Menantes, nach einer Weißenfelser Opernfigur. Er hat Erfolg, auch mit Gedichten und Anleitungen zum Briefschreiben. Für zwei Opern des berühmten Reinhard Keiser, »Salomo« und »Nebucadnecar«, verfaßt Menantes das Libretto, auch für Keisers Passionsoratorium »Der blutige und sterbende Jesus«.

Aus dem Abenteurer ist ein Mann der Gesellschaft geworden, und einer der ersten deutschen Autoren, die von der Schriftstellerei leben können. Sein Freund Benjamin Wedel beschreibt ihn als »von sanguinischer Complexion, von schöner Gestalt, einer mittelmäßigen Größe, Blond mit angenehmer Röthe vermischt, und durffte sich besonders bey dem Frauenzimmer keine große Mühe geben«. Freilich, bei Madame Conradin, der Opern-Primadonna, blitzt Menantes ab. Er wird sich revanchieren.

Menantes' galante Romane sind Schlüsselwerke. Der Leser erkannte in vielen Figuren Personal der Zeitgeschichte und die Orte als real. So auch in Menantes' viertem, dem »Satyrischen Roman« von 1706. Lindenfeld ist Leipzig, Salaugusta Weißenfels, Jenona natürlich Jena, Hamburg heißt Venedig. Dorthin ziehen die jungherrlichen Freunde Tyrsates und Selander, wobei sie unentwegt pikante Abenteuer mit dem Frauenzimmer zu bestehen haben. Das Buch ist dauergeil, die Composition von brüllender Komik. Offen pornographisch schreibt der Erotomane nicht; er rahmt seine Szenen und überläßt es dem Leser auszumalen, wie Galan und allzeit schmachtendes Frauenzimmer die unkeuschen Flammen kühlen. Solch tugendhafte Wollust zeigt beispielhaft Menantes' »Rätsel« von 1702: *Wer glücklich raten kann: Der tu es sonder Lachen, / In Hamburg wird man es fast*

alle Tage machen: / Es ist ein rundes Loch, mit Haaren wohl ver-
sehn, / Danach der Appetit den Männern pflegt zu stehn. / Des
Leibes bester Teil pflegt sich mit ihm zu paaren, / Und fast ein je-
der wünscht mit Freuden 'nein zu fahren, / Das eng zusammen-
hält und hübsche Wärme gibt, / In diesem Loch ist man bei Jung-
fern sehr beliebt.

Das Lösungswort lautet: Perücke.

Im »Satyrischen Roman« jedoch erkühnt sich Menantes, das
Liebesleben der oberen Hamburger Stände abzuschildern. Opern-
diva Conradin figuriert als multiple Beilägerin städtischer Ho-
noratioren. Der Aufruhr ist ungeheuer. Am Leben bedroht, türmt
der Skandalautor.

Für zwei Jahre zieht er zurück nach Wandersleben, zu seinem
Bruder. Anstellungsversuche in Rudolstadt und Arnstadt scheitern. Im Heimatdorf verfaßt Menantes Gedichte, ein Benimm-
Buch, eine Rhetorik und gibt die Poetik-Lehre seines geistlichen
Dichterfreundes Erdmann Neumeister heraus. 1708 geht er nach
Halle, in die Stadt der führenden deutschen Universität. Dort pro-
moviert er zum Dr. jur. und lehrt als Privatdozent Poetik, Rhetorik, honette Konversation. Die Studenten laufen ihm zu. Wieder
nistet er sich strategisch ein. Halle ist die Hochburg des Pietismus:
statt der Oper dominiert August Hermann Francke. Also schwört
Menantes dem Galanteriewesen ab, wenngleich ihm der sinnliche
Witz untilgbar aus den Kopflöchern lugt. Er kann's auch fromm:
Gott hat die Welt geliebt. O wundervolle Triebe! / O mehr als süs-
ses Wort: Gott selber ist die Liebe! / Gott, als das höchste Gut liebt
uns inbrünstiglich. / Komm, Gegen-Liebe, komm, komm und ent-
zünde mich!

Kasual-Poesie schreibt er nun, Auftragshymnen, Benimmbü-
cher. Er heiratet und zeugt vier Kinder. Und muß schon bald aus
der Welt. 1721 stirbt Menantes an Tuberkulose, mit 41 Jahren,
wie sein Vater. Der Ruhm des Vielgelesenen währt bis etwa 1750.
Dann versiegen die Nachauflagen, das Label Menantes ver-
bleicht. Die Perle der Zufriedenheit findet posthum Aufbewahrung in Johann Sebastian Bachs weltlicher Kantate »Ich bin in
mir vergnügt« (BWV 204, von 1725).

Jetzt betrachten wir die Wanderslebener Ausstellung. Jens-Fietje Dwars, Jenaer Literat, hat das kleine Museum entworfen, als vis à vis von Carpe diem und Memento mori. Der Besucher gewinnt ein sinnliches Bild vom Mann und seiner Welt. Nicht alle Exponate stammen aus Menantes' Zeit. Das original barocke Sofa ist *Made in Egypt*, für 1000 Euro über Ebay besorgt. Zum ganz Großen läßt sich Menantes nicht stilisieren, sagt Dwars. Sehen Sie das Portrait, Schweinsäuglein, große Kinnregion. Er war ein Schalk, der sich durchgeschlängelt hat. Man muß ihn vergegenwärtigen, nicht historisieren. Kommunikationstrainer, das wäre er heute. Er würde BMW-Verkäufer schulen oder Bestseller à la Schwanitz schreiben. Ich nenne ihn den Simmel des Barock.

Pfarrer Kramer hat einen Menantes-Literaturpreis ausgeschrieben: Das erotische Gedicht, einzusenden ans Evangelische Pfarramt, 99869 Wandersleben, Hauptstraße 54 (siehe auch www.menantes-wandersleben.de). Dem Sieger winken 1000 Euro. Die Ausschreibung intoniert den sonoren Sang des Meisters: *Umarme doch mit wollenweichen Händen / Den heißen Leib, der sich nach Kühlung sehnt; / Erhebe dich mit deinen zarten Lenden, / schau wie die Lust schon alle Glieder dehnt.*

Dürfen Christen das? sagt Kramer. Das ist natürlich der Knackpunkt.

Sie haben sich ja ein bißchen hinterm Hohen Lied des Salomo verschanzt.

Nicht verschanzt. Wir gehen souverän mit dem Thema um.

Es war schon unsere Notbremse, sagt Frau Dr. Hobohm.

Nun, die Sache wird polarisieren, sagt Pfarrer Kramer. Ah, da kommt der Herr Sobieraj.

Herein stürmt der praktische Geist. Axel Sobieraj ist Geschäftsführer des FIEGE-Mediacenters Erfurt. Hamburger, Macher, Sponsor. Baute hier auf der grünen Wiese, beschäftigt 1000 Leute. Großes Herz für Sport und Kultur, denn das Leben, sagt Herr Sobieraj, ist Geben und Nehmen. Wir haben den ersten 18-Loch-Golfplatz Thüringens geschaffen. Die Einnahmen vom Prominenten-Turnier gingen an den Menantes-Förderkreis.

Golfen für Menantes?

Das war der Titel. Man muß das vermarkten. Man braucht einen Menantes-Pokal, und Themenabende, wo einer auch mal schlüpfrige Dinge liest, aber mit Stil, nicht Bratwurst und Pappbecher-Bier. Ringelnatz, den find ich unheimlich Spitze, also Erlebnisse, regelmäßig, daß die Leute kommen und feiern, und die Gemeinde muß mitspielen ...

Keine Sorge, sagt Pfarrer Kramer tapfer. Wir arbeiten dran.

Nee, nicht »wir arbeiten«, sondern auch machen, sehr schnell und sehr zügig. Sie brauchen Freunde in der Politik, aber jüngere, die älteren haben sowieso keinen Drive drauf. Interessieren Sie Menschen mit witzigem und verständlichem Wortschatz!

Herr Dwars schlägt touristische Kulturvernetzung vor. Der Erotiker Menantes wäre an den zwiebeweibten Graf von Gleichen anzudocken. Unweit liege auch Schloß Molsdorf, dessen gräflicher Besitzer Adolph von Gotter, genannt Lottergotter, daselbst barocker Lustbarkeit pflog. Und Neudietendorf, ehedem Gnadental, Dependance der Herrnhuter Brüdergemeine, deren Gründer Zinzendorf Menantes-Schüler war.

War Menantes gläubig?

Ich möcht's nicht beurteilen, sagt Pfarrer Kramer. Wenn ich mit ihm gesprochen hätte, wüßte ich mehr über ihn.

Kommen Sie überhaupt noch zum Pfarrberuf?

99 Prozent Pfarramt, 1 Prozent Menantes, beteuert Kramer. Hier geht's aber auch darum, wie sich Kirche darstellt im 21. Jahrhundert: nicht rückschrittlich verwaltend, sondern Dinge tuend, die aber immer auch hergeleitet werden. Hier mischt sich eine Kirchengemeinde ins Kulturschaffen Deutschlands ein.

Ich will nachher noch zum Bürgermeister.

Da müßten Sie allein hingehen, sagt Kramer spitz. Da komm ich nicht mit.

Zuvor führt uns die Feldforschung ins Sportlerheim. Dort sitzt jeden Donnerstag beim Schwarzbier die Senioren-Würfelrunde. Wir werden eingeladen mitzuwürfeln. Menantes? Hm. Dazu müsse der Mörder was sagen.

Der Mörder sagt: Ich bin keen Mörder.

Woll bist du 'n Mörder. Tiermörder.

Jäger sei er, spricht der Mörder, und 82 Jahre alt, und wie der Pfarrer Kramer die Menantes-Gedenkstätte hingekriegt habe in dem verfallenen Gehöft, mit welcher Mühe, welchem Geist, da könne man nur sagen: Dankeschön.

Auch sonst Lob für Kramer: Der spricht mit jedem, der beerdigt auch Nichtchristen. Wie voriges Jahr mein 70. Geburtstag war, da kam der Bürgermeister. Der Pfarrer war schon da und hört die Stimme, da sagt er: Oh, ich muß gehen, 's hat kein Zweck.

Warum streiten die Herren?

Möcht mer nich drübber reden. Macht mer nich.

Was ist der Bürgermeister für ein Mensch?

Redet viel, sagt wenig.

Jetzt besuchen wir ihn. Dr. Gerhard Päselt, CDU, Jahrgang 1937, ehedem Dozent an der Gothaer Ingenieurschule für Bauwesen, nach der Wende MdB. Bachkenner, Theaterfreund. Sagt, er sei nicht prinzipiell gegen Menantes, aber gegen Lebenslauf-Vermarktung und Eventkultur à la Mozartkugel und Schillerlocke. Das heutige Musiktheater, grimmt Päselt. »Der Freischütz«, Jägerchor in SS-Uniform, und wenn Sie die Damen sehen, die da singen: »Wir winden dir den Jungfernkranz …« Hier, der »Rheinische Merkur« vom 30. September 2004. »Don Carlos« in Berlin, »eine Inszenierung, in der die Königin von Spanien bügelt, der Infant seinen Joghurt umschmeißt und der Marquis von Posa ins Rührei haut (…) und Philipp II. die Gräfin Eboli auf dem Schreibtisch penetriert«.

Ja, Päselt spricht viel, auch über sein Dorf, den Mangel an Fördergeldern, die abwandernde Jugend … Was er nicht ausspricht, ist der offenbare Grund für den Zwist mit Kramer: Nicht der Bürgermeister – der Menantes-Freak erscheint als Zugpferd von Wandersleben. Kramer wirbelt, macht und tut. Er bat alle deutschen Verlage um biographische 34,01 Euro Spende (16,80 plus 17,21). Er schrieb sämtliche Hunolds an (fünf Prozent antworteten; auch Rainer H., der ZDF-»Landarzt«, griff ein wenig ins Portemonnaie). Zum Menantes-Festakt eilte gar Thüringens Ministerpräsident Althaus, Päselts Duzfreund, in Kramers Kirche, wo übrigens Frau Päselt Orgel spielt.

Es klingelt. Kramer kommt, den Reporter abzuholen, justament als Päselt klagt: Von mir will heute keiner mehr was hören. Selbst die Leute, die ich früher unterrichtet habe, wollen mich heute belehren.

Vielleicht ist das der Lauf des Lebens, spricht einfühlsam Pfarrer Kramer.

Nein! ruft Päselt. Nein, das ist es nicht! Sondern daß wir uns überhaupt nicht mehr mit Geistesgeschichte beschäftigen!

Wenn man Feindbilder braucht, findet man sie, erläutert Kramer. Aber vielleicht gibt es auch integrierende Dinge in Deutschland, die beim Zusammenwachsen helfen, gerade in der Kultur.

Gegenwärtig nicht!

Doch.

Nein, wirklich nicht!

Ich persönlich finde schon.

Herr Pfarrer, wird diese Popkultur bleiben, in dem Sinne, daß die Leute nicht mehr hören?

Ich glaube, sagt Kramer, wir müssen es gelten lassen, daß jede Generation eigene Dinge entwickelt.

Singles, Einzelkinder! ruft Päselt. Sogar der Bischof schreibt, nur 20 Prozent der intelligenten Mädchen bekommen Kinder, die anderen Mütter haben höchstens die 6. Klasse geschafft, aber aus Indien, Rußland, Polen kommen Leute die sich was zutrauen. Stellen Sie sich vor, in Ihrer Kirche sind 70 Prozent Türken!

Ich sehe jetzt das Problem nicht, bekennt Kramer sanft.

Das Problem kommt!

Um so wichtiger ist der kulturelle Reiz …

Hier blenden wir uns aus und flüchten zu Menantes: *Glückselig von Natur, erbaut durch weise Lehren, rein in des Höchsten Furcht, sind Leute voller Ehren.* Zum guten Schluß der Schiedsspruch aus dem Sportlerheim: Vielleicht wär's besser, der Pfarrer wäre Bürgermeister und der Bürgermeister Pfarrer.

April 2006

Ach, die Welt ist so geräumig
Eine niedersächsische Reise zu Wilhelm Busch

Ernst ist das Leben, heiter sei die Kunst. Was bleibet aber, stiften die Dichter. Dieser Dichter stiftete frühkindliches Entsetzen. Vater las »Max und Moritz« vor.

O Hölle! O Abgrund Mensch! Hühner wurden ermordet (Vater tat desgleichen, mit dem Beil; angeblich mußten sie aus Altersgründen sterben). Der Kantor explodierte. Fast wurde der Schneider ertränkt. Der Bäcker (Onkel Gutjahr?) buk Kinder. Max und Moritz überlebten knapp – und endeten im Mühlentrichter. *Hier kann man sie noch erblicken, / Fein geschroten und in Stükken. / Doch sogleich verzehrt sie / Meister Müllers Federvieh.*

Satanische Verse. Was folgte, ward zur Daueranekdote familiärer Kaffeetafeln. Das Kind zerriß das Buch und bereute die Tat mit Geheul: Mitzematzemose putt! Vater erwog Züchtigung, begnadigte, schritt zur Reparatur. Dieselben Hände, die das Lieblingshuhn Braunhälschen enthauptet hatten, heilten Max und Moritz mittels Tesafilm. Das Kind strahlte, noch unter Tränen: Mitzematzemose wieder heile!

Womöglich blieben Schäden. Jedenfalls glaubte ich bis zum sechsten Lebensjahr, alte Menschen würden geschlachtet.

Die Schadenfreude, die behagliche Erbauung am fremden Desaster bewirkt einen großen Teil der Popularität von Wilhelm Busch. Vielen gilt er nur als Humorist. Gesamtwerk und Biographie widerlegen das. Busch war ein philosophischer Desillusionär, ein melancholischer Begrübler der Conditio humana. Er lebte schwer und hat vom Menschen weiß Gott nicht idealisch gedacht. *Tugend will ermuntert sein, Bosheit kann man schon allein.* Den individuellen Lebenswillen sah Busch à la Schopenhauer als ewigen Zerstörer der Weltharmonie. Alle treiben das Ihre. Und alle müssen sterben.

Aber wie! Oft gönnt sich Busch sadistische Pointen. Der Übelrabe Huckebein verröchelt stranguliert. Fräulein Ammers Schoßmops brät der Hundefänger; hernach verkauft er dem weinenden Frauchen die leere Schlaube: *Hier steht der ausgestopfte Schnick./– Wer dick und faul, hat selten Glück.*

Auch des Menschen Hülle schändet Busch mit Lust. *Die bösen Buben von Korinth/Sind platt gewalzt, wie Kuchen sind.* Der Eispeter taut und zerläuft zu Brei. Die fromme Helene verbrennt im Suff: *Hier sieht man ihre Trümmer rauchen./Der Rest ist nicht mehr zu gebrauchen.* Liebhaber Franz verstarb infolge Flaschenhiebs: *Und – kracks! – Es dringt der scharfe Schlag/Bis tief in das Gedankenfach.* Gatte Schmöck ist schon länger hingeschieden: *Autsch! – Eine Gräte kommt verquer,/Und Schmöck wird blau und hustet sehr./Und hustet, bis ihm der Salat/Aus beiden Ohren fliegen tat.* Buschs unübertrefflicher Kronvers zum Thema Ehe lautet: *»Heißa!«, rufet Sauerbrot./« Heißa! Meine Frau ist tot!«!*

Mein Großvater, ein amtsstolzer Superintendent, plünderte seinen geliebten Busch zwecks Predigtvorbereitung. Vox populi, vox Rindvieh, pflegte er zu sagen, die Menschen sind Kühe. Generationen zitierten Busch als zeitlos gültig, ähnlich Goethe, dessen Lebensfackel er 1832 übernahm. Er war der Goethe des Kleinbürgertums, der Volkspoet der Allzumenschlichkeit. Nun ist er hundert Jahre tot. Wir wollen ihn besuchen, aber wo?

In Hannover hat er das Polytechnikum besucht, in Düsseldorf Kunst studiert. In Antwerpen verfiel er den flämischen Meistern und verzweifelte an seinem malerischen Ungenügen. In München fand er Brotkunst, Strich und Ton, in Frankfurt am Main Johanna Keßler, die unerreichbare, da verehelichte Liebe. Aus all diesen Städten ist Busch geflohen, aus der Welt in den Winkel seiner niedersächsischen Provinz. Im Kern blieb Buschs Universum dörflich. In Wiedensahl wurde er geboren, in Mechtshausen starb er. Doch *kein Ort ist mir so vertraut wie Ebergötzen.*

Dort wollen wir hin, zur Max-und-Moritz-Mühle.

1841, mit neun Jahren, mußte Busch das Wiedensahler Elternhaus verlassen. Er sollte beim Onkel leben und lernen. Drei

Tage dauerte die Kutschfahrt vom Schaumburgischen ins Göttinger Land, nach Ebergötzen, wo Mutters Bruder die Pfarrstelle versah.

Der weltweise Pastor Georg Kleine, gelehrt von Kant bis zur Bienenzucht, muß ein bemerkenswerter Pädagoge gewesen sein. Vormittags ließ er den Jungen Dorf und Flur durchstreifen und hielt ihn zur Beobachtung von Menschen, Tieren, Pflanzen an. Aus Wilhelms Impressionen machte er nachmittags Unterricht. Buschs spätere Bildgeschichten sind voller Prügelpädagogen; ihm selbst erging es besser. In seiner Rückschau »Von mir über mich« berichtet Busch von einer einzigen, wohl symbolischen Züchtigung durch den Onkel: *mit einem trockenen Georginenstengel.* Er hatte dem Dorftrottel die Pfeife mit Kuhhaaren gestopft. Der schmauchte sie *bis aufs letzte Härchen, mit dem Ausdruck der seligsten Zufriedenheit.*

Bereits am Tag nach der Ankunft begegnete Wilhelm Erich Bachmann, dem gleichaltrigen Müllerssohn. Die Freundschaft hielt für's Leben. In »Max und Moritz« hat Busch seinen Freund und sich verewigt. Das übrige Personal ist dem Dorf abgeschaut, natürlich typisiert. *Kein Ding sieht so aus, wie es ist. Am wenigsten der Mensch, dieser lederne Sack voller Pfiffe und Kniffe.*

Wer spricht? Busch? Kurt Grohs. Auf dieser Reise treffen wir fortwährend Menschen, die mit des Meisters Zunge reden. Ausführlichst vermag dies der alte Herr Grohs, der uns jetzt die Mühle zeigt. *Das Gute, dieser Satz steht fest, ist stets das Böse, das man läßt,* sagt Grohs. Ich kenne keinen, der mit so wenig Strichen ein ganzes Menschenleben abbilden konnte.

Sind das jetzt Ihre Worte?

Das hat Thomas Mann gesagt.

Wie kamen Sie zu Wilhelm Busch?

Er ist mein Philosoph, sagt Grohs. Ich habe zwischen unseren Lebensläufen gewisse Parallelen festgestellt. Beide lernten wir die lieblichen und und unheimlichen Launen der Natur kennen. Beide begriffen wir, daß es zwischen Oben und Unten eine Menge Dinge gibt, die man mit Worten nicht beschreiben kann.

Eventuell gibt es auch Unterschiede. Kurt Grohs, 1931 geboren, besuchte jugendlich die Nazi-Erziehungsanstalt Sonthofen, mit Hardy Krüger. Grohs' Vater stand dem Reichsbund deutscher Familien vor. 1945 von den Russen verhaftet, überlebte er drei Jahre Festung Torgau nur um wenige Tage. Kurt flog wegen Napola-Vergangenheit vom Gymnasium und wurde Drucker.

Jetzt führt der alte Herr die Geschäfte des Busch-Förderkreises Ebergötzen. Der Verein entstand 1972, um die völlig verkommene Wassermühle vor dem Abriß zu bewahren. Aus Nah und Fern strömen Busch-Enthusiasten und begeistern sich am archaischen Interieur. Sie inspizieren Mahlboden und Getrieberaum, die karge Mägdestube, die Erntekammer mit Sensen, Sicheln, Dengelsteinen. Das Herrenzimmer diente dem späteren Busch bei seinen häufigen Besuchen in Ebergötzen als Refugium. Auf dem Sekretär Buschs Federkiel, nebst spezieller Tinte. Aus dem Afterdrüsensekret des Tintenfischs, sagt Kurt Grohs. Daneben Buschs Zigarre. Fünfzig Stengel pro Tag, sagt Grohs, zweimal Nikotinvergiftung. *Rotwein ist für alte Knaben eine von den besten Gaben.* Wahrhaftig, da steht noch der Pfälzer Rote, an dem sich die Freunde Busch und Bachmann bis tief in die Nacht gütlich taten, *grausam gemütlich*, schlothaft qualmend. Hernach rumpumpelte die Mühle Busch in den Schlaf, rauschte ihm der Mühlbach durch die Träume.

Der Mühlbach, ein Abzweig der Aue, existiert nicht mehr. Pumptechnik schafft Hilfe. Kurt Grohs schaltet, draußen rauscht Wasser übers hölzerne Rad. Es läuft! Es läuft! Ach, herrlich polternd setzt das Mahlwerk ein. *Rickeracke! Rickeracke! Geht die Mühle mit Geknacke.* Die hölzernen Riesenräder greifen Zahn in Zahn. Der Rüttelschuh fördert das Korn in den Trichter. Grohs spricht heiter: Ich sag den Kindern immer, wenn ihr ganz lieb seid, steck ich euch mit den Beinen zuerst rein.

Es riecht nach Kindheit, nach Spelzen und Korn. Das Korn rinnt zwischen Drehling und Bodenstein. Die Zentrifugalkraft stößt das Schrot aus. Siebenfach muß man mahlen. Stellt man die Steine enger, geht es schneller, doch das Mehl erhitzt sich und schmeckt nicht mehr.

350 Jahre alt ist die Mühle. Bis 1936 war sie kommerziell in

Wilhelm Busch 1907, ein Jahr vor dem Tode, mit der Familie seines Neffen Pastor Otto Nöldeke in Mechtshausen.

Betrieb. Tag und Nacht lief sie und stand nur still, wenn die Glokken läuteten. Heute wird hier gern geheiratet, erklärt Herr Grohs. *Liebe, sagt man schön und richtig, / Ist ein Ding, das äußerst wichtig. / Alles jubelt freudiglich: / Gott sei Dank, sie haben sich.*

Gar vieles erfreut: Buschs Nachttopf. Die thailändische Max-und-Moritz-Ausgabe (320. Übersetzung weltweit). Die Sackklopfmaschine, Bäckerklavier geheißen, kann aus jedem leeren Sack ein Halbpfund Restmehl rütteln. Grohs führt Müllers Mausefallen vor. Die Klotzfalle sei das Vorbild der Guillotine gewesen. Die Fadenfalle gibt es als Single- und als Familienpatent, für fünffachen Simultanmord. Hier, Witwe Boltes Reusenfalle. Damit fing man die Mäuse lebend, sagt Herr Grohs. Wilhelm habe die kleinen Kreaturen befreit, statt sie im Mühlbach zu ersäufen. Liebe Mama, habe er nach Wiedensahl geschrieben, es ist doch schlimm genug, daß der Mensch töten muß, um zu leben. Warum soll ich mich jetzt schon daran beteiligen?

Toll, sagt Grohs. Und daß der Wilhelm Busch mal einen Hasen schoß, das hat er böse bereut.

Ebergötzen ist ein schönes Dorf. Wildrosen umklammern die Mühle, Efeu klimmt, die Apfelbäume tragen. Kürbisse lagern in den Gärten der Fachwerkgehöfte, bewacht von schwerhäuptigen Sonnenblumen. Über die Aue, den Schneider-Böck-Bach, neigen sich Weiden. Zwei Braune ziehen einen Wagen, das Fohlen tappt im Schlepp.

In Georg Kleines Pfarrhaus wohnt jetzt der Kindergarten Max und Moritz. In der Wilhelm-Busch-Apotheke erwerben wir den Kräuterbitter »Hans Huckebein«. Damit wir nicht wie jener einbeinig stehen und enden, schenkt uns Apotheker Albrecht Knull, genannt Pille, dazu den Likör »Fromme Helene«. Auch weist er uns Witwe Boltes Haus und das von Fritze Bense, dem Bäcker aus dem sechsten Streich. Bei Bense hätten Wilhelm und Erich gern geklaut. Gehnse mal hin und verlangense zehn Brötchen, sagt Knull. Die kriegense nicht, der bäckt bloß für seine Freunde.

Bense hat zu, da betreten wir die Wilhelm-Busch-Stube, angelockt durch die Fassade mit prächtiger Lüftl-Malerei: *Der Altgesell ist froh und lacht/als ihm die erste Maß gebracht.* Dies ist exakt unser Gefühl, als Wirt Jürgen Schneegans die blonde Labung zapft. Schon oft hat Schneegans Touristen haargenau erklärt, wo Max und Moritz welchen Streich verübten. Vielleicht hab ich gelogen, lächelt der Filou. Aber sie waren so dankbar, die Amerikaner, die Japaner. Ach, da kommt ein direkter Nachfahr von Erich Bachmann.

Was nicht stimmt, sagt der Ankömmling; Erich Bußmann heißt er. Schneegans erklärt: Wir haben uns schon geeinigt, daß wir hier lügen. Bußmann sagt: Mit Bachmann hab ich nichts zu tun.

Womit denn sonst?

Mit dem Kreuz.

Das Leben ist ein Kreuz. Bußmann, geboren 1935, war Industriemeister und hat beruflich die Welt gesehen. Nun pflegt er seine Frau, die seit Jahrzehnten im Rollstuhl sitzt. *Unaufhaltsam fließt die Zeit, aus Zukunft wird Vergangenheit*, sagt Bußmann. *Wer alles mit Humor verbindet, am besten durch das Leben findt.* Das ist mein Lebensstil. Auch wenn's manchmal schwerfällt.

Alltäglich kommt Bußmann zum Feierabendtrunk. Einst leitete er eine Max-und-Moritz-Gruppe. Sie reisten umher und führten die sieben Streiche auf. Ohne Dünkel sei Busch gewesen und habe den schlichten Menschen gesehen, sagt Bußmann und rät dem Reporter: *Halt dein Rößlein fest am Zügel / kommst ja doch nicht allzu weit / hinter jedem neuen Hügel / dehnt sich die Unendlichkeit.* Einen trinken wir noch, dann auch den anderen. Bußmann entschwindet deklamierend in die Dämmerung: *Nenne niemand dumm und säumig, / der das Rechte wohl bedenkt. / Ach, die Welt ist so geräumig / und der Kopf ist so beschränkt.*

Wie anders ist Wiedensahl. Grauer Himmel, plattes Land. Ein pures Straßendorf säumt die Chaussee. Hinter roten Klinkerkaten strecken sich die Hufen, schmale Felder, begrenzt von Buchenhecken. Vögel zirpen matt. Die Kirchturmuhr klöppelt zehn hektische Schläge. Wilhelm Buschs Geburtshaus öffnet.

In der weiten Diele empfängt uns Gudrun-Sophie Frommhage, eine reizende Hannöversche, Malerin, allhier Chefin seit fünf Jahren. Damals habe das Haus noch ganz anders ausgeschaut, gefüllt mit Heimatstuben-Biedermeier. Jetzt wirkt alles museumspädagogisch rational: Hörinseln, biographische Stationen, ein Rundgang für Kinder, denn Busch hat gegen Harry Potter einen schweren Stand. Die meisten Besucher sind freilich etwas angejahrt.

Mit Andacht nahen wir uns den Devotionalien: Buschs Kinderbett. Der Annerthalfschläper der Eltern (ein Meter breit). Buschs Taufhäubchen. Buschs Borsalino. Ein Tabakrest. Woher wissen Sie, daß der Knaster Busch gehörte?

Das ist einfach so, sagt Frau Frommhage.

Buschs Spazierstock. Seine Taschenuhr. Der Geldbeutel, perlenbestickt, den ihm Fräulein Marie Rasch verehrte. Wie finden Sie als hübsche junge Frau den Hagestolz Busch?

Es gab ja Situationen, wo er ehemäßig zugreifen wollte, sagt

Frau Frommhage. Die 17jährige Anna Richter, sein *Blümlein hübsch und fein.* Der Vater wies ihn ab, den brotlosen Künstler. Sie nahm einen Alten. *Ein alter Esel fraß die ganze / Von ihm so heiß geliebte Pflanze.* Johanna Keßler konnte er nicht kriegen, Maria Anderson war ihm nicht ästhetisch genug. Wahrscheinlich war Busch höchst frustriert, obwohl er privat kaum was durchblicken läßt.

Und wie wirkt er auf Sie?

Ich find ihn schon faszinierend, dieses Altersbild mit Hut und Bart. Aber Kant und Schopenhauer erschließen sich mir nicht so richtig.

Nach 1846 wurde das Geburtshaus Stallung und Lager. Der Vater, der Kaufmann Friedrich Wilhelm Busch, baute nebenan ein neues Haus. Buschs Urgroßnichte wohnt noch darin und betreibt mit ihrem Mann ein Café. Mehr als vier Jahrzehnte hat Busch *im lieben, alten Wiedensahl* gelebt, nachdem er 1853, krank an Leib und Seele, aus Antwerpen in die Heimat floh. Erst wurde ihm das Dorf zum Basislager zwischen Reisen und Wiederkehr. Mit 40 Jahren blieb er ganz. Das Phrasenhafte, das Aufgesetzte der Großstadt, sagt Frau Frommhage, das Kneipen, das abendliche Herumsitzen in den Verbindungen, das ging ihm tierisch auf den Keks.

Von 1872 bis 1878 wohnte Busch im Pfarrhaus (Nr. 89); seine Schwester Fanny hatte den Pastor Hermann Nöldeke geheiratet. Im Obergeschoß residiert ein gemütsorientiertes Heimatmuseum, das auch ein Wilhelm-Busch-Zimmer enthält. Nöldeke starb, da zogen die Geschwister ins Pfarrwitwenhaus am Ende des Dorfs.

Die meisten von Buschs Werken entstanden *in der Stille von Wiedensahl*, fern vom *Gewurl der Stadt.* Niemals empfing er hier Besuch. Das alte Wiedensahler Postbuch ist erhalten und vermerkt Busch als besten Kunden. Fast täglich gab er etwas zur Beförderung. Buschs Ansehen beim einheimischen Bauernvolk hielt sich in engen Grenzen. Unzugänglich spazierte der Sonderling durch die Feldmark, rauchte und stahl, so schien es, dem Herrgott den Tag. Nein, er karikierte rechtschaffene Gotteskinder, die sich dann in Bildgeschichten peinlich wiederfanden. Zur Einweihung seines Denkmals 1913 wurde Busch denn auch zunächst als Wiedensahls bester Steuerzahler gewürdigt, dann erst als Autor. Pan und Eule krönen den Stein. Busch pafft.

Kürzlich besuchte Kulturminister Bernd Neumann Wiedensahl und brillierte als Busch-Kenner. Sein Referent reiste fünf Stunden früher an, konnte aber nicht verhindern, daß der Chef über den »Struwwelpeter« sprach.

Eine Großstadt müssen wir besuchen, Hannover. Im Walmoden-Palais, im englischen Georgengarten, wohnt das Wilhelm-Busch-Museum für Karikatur und kritische Grafik. 1937 zunächst am Rustplatz eröffnet, verdankt es sich der 1930 gegründeten Wilhelm-Busch-Gesellschaft, die entstand, um das Geburtshaus zu retten. Das Museum bietet nicht nur Busch, doch den Afficionado erfreuen natürlich besonders die Originale des Comic-Ahnvaters: Max und Moritz, Balduin Bählamm, Maler Klecksel … Drei surreal arrangierte Räume sind Buschs Erzählung »Eduards Traum« gewidmet. Und man erlebt den Maler, dicht bei dicht, kleine Formate zumeist, ländliche Szenen in flämischem Braun.

Jetzt empfängt uns der Direktor. Hans Joachim Neyer, ein höchst agiler Sechziger, hat eine umgetriebene Vergangenheit, etwa als Profi-Fußballer in Poitiers und Alajuela/Costa Rica. Romanist ist er, Generalist nennt er sich, Enzyklopädist dürfte er heißen, was Busch betrifft. Von dessen über tausend Ölgemälden besitzt das Museum 555.

Buschs Erben gaben 1908 den gesamten Nachlaß auf eine Münchner Verkaufsausstellung. Sie überraschte auch Kenner. Selbst Paul Klee wußte nicht, daß Busch ein freies Œuvre hatte, sagt Neyer. Busch hat seine Malerei nie gezeigt, geschweige denn verkauft. Er malte auf billigster Ölpappe, die Sachen standen ungerahmt am Boden.

Das Trauma von Antwerpen …

Buschs Maßstab war zu hoch, sagt Neyer. Die Holländer waren ihm eine Last, bis er ein eigenes Verhältnis dazu gewann. Mit 52 Jahren entzieht er sich der Mühle der Bildgeschichtenproduktion. Jetzt schafft er für sich. Sehen Sie den Drive der späten

Gemälde! Hier, die Waldrand-Serie – rechts die Wiese, links der Wald, doch Busch malt nicht mehr vor der Natur. Er abstrahiert! Er hebt die Holländer auf! Er wird immer gestischer, immer expressiver!

Neyer auch. Ihr Holländer seid mir willkommen! ruft Neyer, ruft Busch. Ich greife euch, wo's mich am meisten reizt! Ich packe euch bei den Farben, beim Ton!

Buschs Palette ist unglaublich dunkel.

Die Holländer, sagt Neyer. Niedersachsen. Seine eigene Befindlichkeit. Doch am Ende hat er sich die Holländer lebbar gemacht. Sie drücken ihn nicht mehr. Er steht an der Schwelle zum Expressionismus. Da schreibt er seine langen Prosastücke, »Der Schmetterling« und »Eduards Traum«.

Das liest sich wiederum poussierlich, wie Schnurrpfeifen-Philosophie.

Nein, sagt Neyer, nein. In »Eduards Traum« finden Sie schon Einstein, Quanten, Raumdimension. Der Bildgeschichten-Busch verdeckt Ihren Blick, der Unterhaltungskünstler. Das ist verbreitet. Jeder hat seinen Busch, weil keine seriöse Interpretation im Wege steht.

Nun geht es aufs Ende. 1898 zieht Busch mit seiner Schwester Fanny nach Mechtshausen am Harz. Sein Neffe, Fannys Sohn Otto Nöldeke ist dort Pfarrer. Der antiklerikale Busch hat den größten Teil seines Lebens in Pfarrhäusern gewohnt. In Mechtshausen liest er viel, korrespondiert, schreibt über hundert Gedichte für die Sammlungen »Schein und Sein« und »Zu guter Letzt«. Mehr als hundert Bäume pflanzt er, vielleicht auch die Akazie und die Hainbuche vor seinem Fenster. Es scheint, daß der späte Busch sich selbst am nächsten kommt, Erfahrung und Reflexion einverständlich verbindend. *Meinerseits hienieden herumspazierend seh ich mit der Gelassenheit des Alters dem Gedeihen der Bäume und Blumen und Menschen zu, und es soll mir recht sein, wenn es noch ein paar Jährchen so weiter geht.* Andere Notate nehmen den Tod vorweg.

Den einheimischen Bauern blieb die Identität des alten Herrn lange verborgen. 1902, zum siebzigsten Geburtstag, türmte der

Jubilar, fand jedoch bei seiner Rückkehr 1500 *Begrüßungen in Worten und Werken aus allen Weltteilen von Höchst, Hoch und Gering.* Eine Auswahl sieht man im Pfarrhaus, das die Gedenkstätte birgt. In der Nachbarvitrine liegt der Zettel, den Busch seit 1900 auf Reisen bei sich trug: *Mein Name ist Wilhelm Busch. Wenn mir ein Unfall zustoßen sollte, bitte ich zu telegraphiren an Herrn Pastor Nöldeke in Mechtshausen b Gross Rhüden am Harz.*

Im Obergeschoß Buschs Zimmer. Genagelte Dielen, Couch, Tisch, Ohrensessel, Sekretär. Der Dauerbrandofen Germane. Die Waschkommode mit Schüssel und Karaffe. Das Bett. Hier starb er am 9. Januar 1908, wie es sich Matthias Claudius im deutschesten aller Lieder erbat: *Wollst endlich sonder Grämen / aus dieser Welt uns nehmen / durch einen sanften Tod.* Der Busch war ja 'n gläubiger Mensch, weiß Frau Probst, die uns eingelassen hat. Bloß den Schmus, wie's in der Kirche zelebriert wird, hat er abgelehnt.

Gabriele Probst stammt aus Hinterpommern. Der wahre Busch-Kenner sei ihr Gatte. Den besuchen wir nun, auf einem der schönen dreiflügeligen Bauerngehöfte, wie es hier noch etliche gibt. Der Ur-Mechtshäuser Wilhelm Probst wirkt wie die fleischgewordene Bauernschläue. Schon legt er los: *Du wächst heran, du suchst das Weite, / Jedoch die Welt ist voller Leute, / Vorherrschend Juden, Weiber, Christen, / Die dich ganz schrecklich überlisten, / Und die, anstatt dir was zu schenken, / Wie du wohl möchtest, nicht dran denken. / Und wieder scheint dir unabweislich / Der Schmerzensruf: Das ist ja scheußlich!* Er hat ja recht! ruft Probst. Er bringt es auf den Punkt! Mit Busch kommt man durchs Leben. Na, ich bin schon halb tot.

Wir laufen durch das hübsch gestaffelte Fachwerkdorf. Linden streuen Blätter. Im Spritzenhaus bei der Kirche steht der von Wilhelm Busch gesponserte Leichenwagen, dessen erster Fahrgast er am 13. Januar 1908 wurde. Gegenüber das Max-und-Moritz-Mahnmal. Die Knaben halten sich umarmt. Moritz zeigt aufs Pfarrhaus, Max zum Friedhof.

Zum Wald hinauf. Droben fließt ein Bach. Man sieht, was

Busch sah: das Dorf im Tal, geborgen, gerahmt von der grün-braunen Geometrie der Felder. Dahinter der Heber, der Tann-häuserberg. Wolken ziehen drüberhin. Der Wind wispert im Him-beergesträuch. Jetzt klingt Geläut herauf. Aus den Häusern treten schwarzgekleidete Menschlein und wandern dem Friedhof zu. Dort wird heute der Elektriker Fritz Schlüter begraben. 81 Jahre war er auf der Welt. *So nimm denn meine Hände.*

Buschs Grab ist schlicht, von Efeu gedeckt. Fuchsien blühen. Der Stein trägt kein Datum, nur den Namen. Auf der Rückseite findet gewiß nicht jeder den Vers: *Hier ruhen meine Gebeine, ich wollt, es wären deine.*

Oktober 2007

Die Meistersinger

Die Sportreporter Wolfgang Hempel und Hubert Knobloch sind gestorben

Deutschland ist Weltmeister!, das hat der andere gerufen. *Aus! Aus! Aus! Aus!*, das war auch nicht Hempels Schrei. *Schlußpfiff!* rief er via Radio DDR, *Schlußpfiff, Schlußpfiff im Berner Wankdorf! Das Unvorstellbare ist passiert. Die westdeutsche Fußball-Nationalmannschaft wird Fußball-Weltmeister 1954 im Endspiel gegen Ungarn. Die ganze Fußballwelt steht auf dem Kopf.*

Der Mensch hört, was er glaubt. Noch vierzig Jahre später meinte DDR-Alttrainer Georg Buschner, Hempel habe ausgerufen: Ein Unglück ist geschehen! Daheim empfingen den jungen Erfurter Reporter Berge volksgenössischer Post. Tonprobe: »Wir werden dich Kommunisten-Sau auf dem Marktplatz von Wittenberg neben Walter Ulbricht hängen sehen.« Kerngermanen nagelten ihm eine Katze an die Tür. Den Schalke-Fan und »Fußball-Doktor« Wolfgang Hempel hat das sehr gegrämt. Seine Reportage war ein Balanceakt zwischen Sport und Ideologie. Die ungarischen Ostblock-Brüder dürfe er favorisieren, das hatten ihm seine Chefs mitgegeben. Er tat es nicht, obwohl er Ungarns Wunderkicker liebte. Puskas, Czibor, Hidekuti waren für Hempel Künstler. Die Westdeutschen nannte er Westdeutsche und zollte ihnen Respekt. An diesem 4. Juli 1954 sei der deutsche Kampffußball geboren worden, sagte er 1997. 0:2 nach neun Minuten – alle anderen hätten da die Waffel weggeworfen.

Es ist wohl doch nicht alles gut gewesen in der DDR, doch ihre alten Sportreporter waren vom Feinsten. Vor allem die vier Evangelisten – Wolfgang Hempel, Werner Eberhardt, Hubert Knobloch, Heinz Florian Oertel – berauschten ihre Gemeinde mit herzaufregender Verkündigung. Aus dem Röhrenradio der Eltern orgelten die Stimmen: Friedensfahrt, Olympia, die immergrüne Vierschanzentournce, samstäglich die Fußball-Oberliga-Konferenz. Ach, und all die Schlachten draußen in der Welt! Unvergeßlich, Wolfgang Hempel 1970 aus Amsterdam, Funkdrama im Telephon-Sound. Die Leitung knattert und kracht, Hempel dröhnt: *Hallo Thüringer Land, hallo liebe Fußballfreunde daheim an den Geräten. Der Jenaer 3:1-Vorsprung aus der ersten Partie ... –* Pause, infernalisches Gebrüll von 60 000 Ajax-Fans. Hempel, grabestief: *... er ist dahin.*

Dahin. Am 4. Dezember 2004 starb Wolfgang Hempel, mit 77 Jahren. Das kam nicht unerwartet, nach einem Hirnschlag, erlitten am Neujahrsabend 2004. Hubert Knobloch rief die alten Kollegen an: Er werde mit dem Auto nach Erfurt zum Begräbnis fahren. Wer mitwolle? Jetzt müsse er zu seinem Senioren-Tennismatch nach Berlin-Baumschulenweg. Dort brach Knobloch zusammen und starb, 30 Stunden nach dem Freund. Er wurde 64.

Erinnerung: Ein Forum »Sport und Politik« der Ebert-Stiftung, Erfurt 1997. Hempel schöpfte aus dem Brunnen der Geschichte. 22. Juni 1941, ein schrecklicher Tag. Wolfgang, der Schalke-Fan, fuhr mit seinem Vater nach Berlin, zum großdeutschen Endspiel Schalke 04 gegen Rapid Wien. Schalke verspielt ein 3:0, Rapid siegt – 5:3, ruft's aus dem Publikum. Nein, sagte Hempel, 4:3, nur 4:3, nach drei Treffern von Bimbo Binder, der sogar noch einen Elfmeter verschoß. Tränenblind fuhr ich nach Erfurt heim, blind auch für die eigentliche Katastrophe. Am nämlichen Sonntag hatte Hitlerdeutschland die Sowjetunion überfallen.

Dann jüngere Themen: Doping in der DDR. Wir wußten nicht, wir ahnten, sagte Hempel, wir munkelten beim Bier. Knobloch: Ich habe es gewußt. Ich hatte nur keine Beweise, und wie und wo sollte ich Roß und Reiter nennen? Auf der ganzen Welt wurde und wird manipuliert, der Sport bildet die Gesellschaft ab, also bitte, reden wir nicht nur über Doping in der DDR. – Das Staatsdoping mache den Unterschied, entgegnete ein Hörer. ...

Wolfgang Hempel als Festredner der 100-Jahr-Feier des FC Carl Zeiss Jena (30. Mai 2003).

und das Doping an Kindern, rief eine erregte Dame. Knobloch redete sie nieder, mit befremdlichem Eifer: Der Westen habe wohl die sportlichen DDR-Erfolge nicht verkraftet.

Dem bewegten Abend folgten Telephongespräche. Hempel – Hallihallo nach Berlin! – spendete immer gern aus dem Füllhorn seines Fußball-Allwissens. Er verschwieg, daß ihn die Neuzeit kränkte. Als 1991 Hansa Rostock und Dynamo Dresden zur Bundesliga stießen, erklang Altmeister Hempel aus Dresden via ARD – und fiel, unfaßbar, bei der Auswertung durch, nach einem Spiel. Ein Ost-West-Epochenclash: drüben die flotten 45-Sekunden-Sprecher, hier der klassische Funk-Tragöde, wie er noch 1990 die Weltmeisterschaft kommentierte. England gegen Belgien – es klingt bis heute im Ohr: *Schon die 113. Minute, und immer noch 0:0. Hier spielen zwei Königreiche. Ein Königreich für ein Tor!* – Zum letzten Mal lauschte ich Hempel/Knobloch 1991, aus Belgrad. Roter Stern gegen Bayern München. Anderthalb Stunden Wagner-Oper: Die Meistersinger.

Wolfgang Hempel war 64, als Radio DDR zu Ende ging. Seine Spiele waren gespielt. Loslassen konnte er schwer, doch er verbitterte nicht wie der zwölf Jahre jüngere Gespan. Den bürgerlichen Christdemokraten Hubert Knobloch hat die Wende zum Kommunisten gemacht, sagt sein Kollege Thomas Schwarz, der beim RBB unterkam. Schwarz ist ein wandelnder Sportreporter-Anekdotenschrein. Er zählt zur dritten Ostfunk-Generation; Knobloch gehörte zur zweiten und wurde von den drei Altvorderen Hempel/Oertel/Eberhardt anfangs *der Bengel* genannt. Der Bengel hatte sich per Tonband beworben, wobei er Herbert Zimmermann kopierte. Knoblochs Liebstes waren Tennis, guter Wein und klassische Musik, sagt Schwarz. Hubert lud so gern ein. Er fuhr auf, was Küche und Keller boten und schwang ausladende Hubert-Reden. Sein 65. Geburtstag stand vor der Tür. Denkst du dran? fragte Knobloch Schwarz am Telephon, Stunden vor dem Tod.

Hubert Knobloch (Jena, 8. Juni 1996).

Nach der Wende hatte Hubert Knobloch vom Wimbledon-Finale geträumt. Stattdessen mußte er nach Zwickau und Aue. Kleiner Fußball, freier Mitarbeiter beim MDR – er bekam keine Chance. Allerdings, sagt Schwarz, hat Hubert eines nicht begriffen: Im Westen wartete niemand auf ihn. Ich habe 58 Länderspiele übertragen, hat er getönt, ich stelle mich nicht hinten an. Und einige Westler, erinnert sich Schwarz, haben ihn obermies fallengelassen, an der Spitze Jürgen Emig, den hatte er für seinen Freund gehalten. Hubert war doch derjenige, der demonstrativ auf die Westkollegen zuging.

Die Zeit der deutschen Teilung ist auch eine der Verbindungen gewesen. Generation schlug Ideologie. Wolfgang Hempels bester Freund hieß Rudi Michel, Doyen der bundesrepublikanischen Fußballreporter. Sie trafen sich von London bis Mexiko und halfen einander mit Material aus ihren Welthälften. Die DDR spielte in Luxemburg, Michel kam aus Baden-Baden herüber, nur um mit den Ost-Kollegen Hempel und Eberhardt zu schwatzen. Alljährlich nutzte Werner Eberhardt die Vierschanzentournee zur Silvesterfeier mit seinem Münchner Schulfreund Hans Lehmann. Und Eberhard Stanjek, Sportchef des Bayerischen Rundfunks, besorgte den Ostkollegen Konverter für den ZDF-Empfang.

Jetzt besuchen wir Werner Eberhardt. Es ist eine Wonne, dem alten Herrn zu lauschen. Die Stimme fabelt, das Gedächtnis musiziert, es kichert der Schalk über tausend Obskuritäten seiner achtzig Jahre Leben. Die Jahre der Nachkriegs-Improvisation, die bibbernden Stunden an Schanzen und Pisten, die Leichtathletik-Feste, mach 'n Fehlstart, hab ich zu Soundso gesagt, damit ich vom Weitsprung rechtzeitig rüberkam, quer durch die schwirrenden Speere.

Werner Eberhardt blättert ein altes Photoalbum auf. Das erste Bild zeigt einen schneidigen Mantelmann, mit elegant zurückgelacktem Haar. Unser aller Vorbild, sagt Eberhardt. Rolf Wernicke.

Der Radiostar des Dritten Reichs? Der war doch Obernazi.

Nein, sagt Eberhardt, Hitler hörte Wernicke 1936 bei den Winterspielen in Garmisch, war begeistert und ernannte ihn zum

Leibsprecher. Da mußte er sich fügen und hat eben auch Reichs-
parteitage und Hitlerprozessionen übertragen. – 1942 verschaffte
sich Eberhardt, der siebzehnjährige Fußballenthusiast aus Bi-
schofswerda, Audienz und Sprechprobe bei Wernicke. Der Be-
wunderte lobte den Lausitzer Möchtegernkollegen, trug ihm aber
auf, erst seiner Wehrpflicht zu genügen. Da komme er in andere
deutsche Gaue, das schleife den sächsischen Sang. Heil Hitler,
nach dem Kriege sehen wir uns wieder.

Wernicke war der Ur-Sound für die Reporter der Nachkriegs-
Generation, in Ost wie West. In den heroischen Stakkati des Ex-
Panzerkommandanten Herbert Zimmermann klirrte Älteres
nach, ganz zu schweigen vom Kriegsberichterstatter-Zensor
Heinz Megerlein. Auch Hempel und Oertel (beide Jahrgang
1927) mußten noch in den Krieg. Eberhardt, 1945 wegen *Füh-
rerbeleidigung* strafweise an die Ostfront geschickt, hat ihn nur
um Haaresbreite überlebt. 1960, während Olympia in Rom,
drosch er mit Hempel Skat in einer Weinlaube bei Frascati, wo
ihm 1944 *der Tommy* fast die Beine abgeschossen hatte.

Seit 1953 reportierte Eberhardt mit Hempel, badete mit ihm
im Mittelmeer, stolperte in London den Bobbies unters Pferd,
kloppte Skat von Lake Placid bis Buenos Aires, wo Hempel
Blut erbrach, das dann zum Glück nur Rotwein war. O ich ge-
schwätziger Hund! ruft Eberhardt. Ich konnte die Klappe nicht
halten, als mich der Mielke anging: Du alter Dynamo-Hasser,
wir rechnen noch ab. Hab ich gesagt: Da muß der Genosse Mi-
nister sich beeilen, er geht ja bald in Rente. Das hat der Mielke
geschluckt.

Was war die größte Zumutung?

München 1972, sagt Eberhardt. Da mußte ich mit Hempel
45 Minuten aus der Lameng die Beisetzung der israelischen Ter-
rorismus-Opfer übertragen. Politische Kommentare, darauf waren wir doch gar nicht vorbereitet.

Hubert Knobloch sprach vom Lebensglück, nach Öffnung
der Stasi-Akten festzustellen, daß kein Schweinehund in der Re-
portergruppe war.

Nur ein Redakteur, der IM Richard, auch schon tot. Natürlich wurden wir beobachtet. Bei mir haben sie von 1959 bis 1984 gebraucht, bis sie wußten, daß ich kein Staatsfeind bin.

In der Redaktion wurde politisch völlig offen geredet, sagt Thomas Schwarz. Westreise-Berichte mußten wir auch nicht schreiben. Wir lebten auf einer Insel der Seligen.

Warum ließ man Ihnen soviel Freiheit?

Wir waren Hofnarren, sagt Schwarz. Man wußte, Leute wie Hempel und Eberhardt sind zuverlässig, die reportern hervorragend, die kommen wieder, da braucht's keine Partei.

Eberhardt erinnert sich, daß Hempel immer sagte: Seien wir froh, daß wir den Flori haben, sonst müßten wir politisch ran.

Flori. Heinz Florian Oertel. Bekanntestes Organ der DDR. 17mal zum »Fernsehliebling« gewählt. Ex-Schauspieler, Conferencier. Lächelnde Stimme, sonore Jovialität. Sport war ihm Unterhaltung. Er kommentierte leichthin, ohne letzten Ernst; sein Ideal hieß nicht Wernicke noch Zimmermann, sondern Heribert Meisel: der Meister des Wiener Schmäh. Sehr freundlich werden wir empfangen. Frau Oertel bringt Stolle und Kaffee. Ihr Mann scheint mit sich im Reinen. Seine Jahre waren übervoll. Er sah die Welt – und sich als Bewunderer der großen Athleten: Emil Zatopek, Cassius Clay, Lasse Viren, Bikila Abebe und, und, und Gisela Weidner, die 1949 in der Feldhandball-Partie Luckenwalde gegen Jüterbog, Oertels erstem Reporter-Spiel, das einzige Tor erzielte. Oertels Credo lautet Heimat. Der Mensch wurzelt. Cottbus, Lausitz, da geht Oertel das Herz auf, so wahr Wolfgang Hempel bis an sein Ende Erfurter blieb.

Zehn Jahre, von 1952 bis 1962, teilten sich die beiden eine Ostberliner Junggesellenbude. Wenn Hempel ein Mädchen hatte, mußte Oertel verschwinden, und umgekehrt. Oertel weiß, daß Hempels Ehrentitel Doktor nicht, wie vielfach angenommen, vom Fußballwissen stammte. Bei Kirmesspielen nach dem Krieg gab sich Jung-Hempel ländlichen Damen gern als Kreistierarzt Dr. Lellebäppel aus. Eigentlich hätte Oertel mit Hempel 1954 das WM-Finale, *das Wunder von Bern* übertragen sollen, doch am Endspieltag lag er mit Blinddarmdurchbruch in einem Schweizer Krankenhaus. Deshalb kommentierte Hempel allein.

Hören wir recht? Hat Oertel eben die DDR Deutsche Dumme Republik genannt? Demokratisch sei sie nicht gewesen, und von Dummköpfen geführt?

Herr Oertel, Sie wurden als Propagandist der DDR wahrgenommen.

Erklären Sie mir das aus Ihrem Erleben.

Ihre Maiaufmarsch-Reportage, oder die vom Chruschtschow-Besuch ... Die DDR brauchte und mißbrauchte Leistungssport fürs Renommee, da wirkten Sportvermittler als Bedienstete der Ideologie.

Seine Lebensauffassung, sagt Oertel, decke sich keineswegs mit dem gegangenen System, und mit dem heutigen nur teils. Der Sport als inflationäres Wegwerfprodukt, die horrende Kommerzialisierung, die plappernden und nuschelnden Reporter-Selbstdarsteller ...

Doping ...

Eine Katastrophe, sagt Oertel. In der DDR eine vielfache Katastrophe.

Haben Sie es billigend in Kauf genommen, weil's nicht zu vermeiden war?

So kann man es nennen. Ja, und Sportreporter waren immer Stimmungsmacher, Ablenker, Manipulatoren, ich zähle mich dazu. Aber ich habe für Friedlichkeit, für Freundlichkeit unter den Menschen sorgen wollen. Vergessen Sie nicht, daß wir noch Soldaten waren. Wir zogen alle mit einer Hoffnung in das neue Leben: Diesen Mist, diese Kacke, diesen Dreck darf es nie mehr geben, nie, nie, nie mehr. Ich fand, Sport sei das Gegenteil von Krieg. Und die den Krieg verbrochen hatten, Nazi-Sportführer wie Carl Diem und Ritter von Halt, die bauten in der Bundesrepublik den Sport wieder auf. In der DDR taten das nicht die alten Nazis. Daß dann die DDR zur Mißgeburt wurde ... Aber wenn Aufarbeitung deutscher Vergangenheit, dann bitte beiderseits, nicht durch Delegitimierung von Ost-Lebensläufen.

Ich sah Oertel natürlich als Ideologen, sagt Rudi Michel, der Doyen der West-Sportreporter. Oertel war perfekt, er konnte alles, das hat er genossen, und die Genossen haben ihn auch genossen.

Oertel sagt, er habe die deutsche Teilung immer für unnatürlich gehalten.

À la bonne heure, sagt Michel.

Hubert Knobloch wurde still begraben, im Familienkreis. Wolfgang Hempels Abschiedsort war die Leichtathletik-Sporthalle am Erfurter Steigerwaldstadion. 250 Getreue kamen, darunter etliche alte Fußballhelden: Peter Ducke, Harald Irmscher, Lothar Kurbjuweit ... Auf der Sprintbahn stand der Sarg. Gershwin erklang, von der Leinwand erschien der Doktor, nannte sich begabt für alle Ball- und Kartenspiele und memorierte die Höhepunkte seines Lebens. Da spürte man das Kindliche des Manns, dessen markige Rede ein weiches, verträgliches Wesen barg. Rudi Michel hielt ihm die Totenrede, dann predigte St. Severi-Pfarrer Wokittel über 1. Korinther 9: *Wißt ihr nicht, daß die, welche in der Kampfbahn laufen, alle laufen, aber einer empfängt den Preis? Lauft so, daß ihr ihn gewinnt!* Das Vaterunser – seltsam klang es unter diesen Menschen. Dann gingen sie. Er wartet, sagte Oertel, Wolfgang wartet auf uns.

Januar 2005

Am 29. Dezember 2008 starb Rudi Michel im Alter von 87 Jahren.

Der Einzelne

Das beschädigte Leben des Chemnitzer Radrennfahrers Wolfgang Lötzsch

Das Schlimme kommt, das ist versprochen. Sind Sie schon mal so was mitgefahren? fragt Mathias Wieland, der Pressemann vom Radsport-Team Gerolsteiner. Der Reporter verneint. Wieland lächelt diabolös: Na, dann werden Sie heute abend wissen, was man mit einem Auto alles anstellen kann.

Fährt Wolfgang Lötzsch den Wagen?

Hans-Michael Holczer, unser Teamchef. Lötzsch sitzt hinten, bei den Rädern. In dreißig Minuten geht's los.

Hier rollt noch nicht die Tour de France. Dies ist die Tour de Suisse, in jedem Jahr die finale Prüfung vor dem Königsrennen. Der Schweizerhimmel blaut, die Alpengipfel gleißen, das liebliche Bürglen summt und brummt. Bergvolk strudelt durch die Gassen um das Wilhelm-Tell-Museum, vor dem der Ur-Eidgenosse die freiheitliche Bolzenschleuder präsentiert und sein Söhnchen Walter das pfeildurchbohrte Obst. Tags zuvor gab es den ersten Schweizer Sieg. Wie Tells Geschoß, so jubelt »Blick«, sei Albasini in Altdorf durchs Ziel geflogen. Das Volk fühlt ungebrochen national, obwohl im Profi-Radsport der Konzern das Heimatland ersetzt. Nicht Länderteams kämpfen, sondern Rabobank gegen Crédit Agricole, Liquigas, Quickstep, Euskatel ... Die Urner Kantons-Matadoren, die Gebrüder Zberg, fahren für Gerolsteiner, den zweiten deutschen *Stall*. Der erste ist T-Mobile. Dessen Star Jan Ullrich rollt eben zum Start, im Gelb des Spitzenreiters. Heute abend wird er es verloren haben.

Dem fehlt der letzte Wille, spricht ein breites sächsisches Organ. Wenn der wollte, wie er könnte, hätte Armstrong nie die Tour de France gewonnen. Na, der Ulle verdient auch als Zweiter ohne Ende. Wir sind ja damals für Holzteller und Plattenspieler gefahren.

Das ist Lötzsch? Der sagenumwitterte *Lange?* Der Pisten-
fresser, Outlaw und Zerschmetterer der DDR-Elite?

Es gibt Wissende, die halten Wolfgang Lötzsch für den größten deutschen Renner aller Zeiten, noch vor Rudi Altig, Olaf
Ludwig, Täve Schur. Jetzt ist er Mechaniker von Gerolsteiner. Er
hantiert am Materialwagen, verstaut Proviant, schraubt Renn-
maschinen aufs Dach. Holczer kommt, der Chef: Los geht's!

Und es geht los.

Der Troß rollt auf der historischen Straße durch Uri – zunächst gemächlich, mit Pinkelpausen und Aug und Ohr für all
die heile Welt. Samtbraune Holzhäuser in sattgrünen Matten,
umstellt von Felsgetürm, umklungen vom Geläut der Tiere.
Schon entspringen sieben Fahrer. Das Hauptfeld buckelt in langer Schlange bergauf, immer bergauf, durch Tunnel und Serpen-
tinen, gen Hochalp-Paß. Die Schwächeren fallen ab. Ein Antlitz
der Leiden, so keucht der Italiener Angelo Furlan die Alp hinan.
Acht Resignierende werden diese Etappe im Besenwagen beenden. Holczer sagt: Gestern hat's in Spanien wieder einen verbraucht.

Verbraucht?

Alessio Galletti. Das Herz. Fährt in den Berg, vorbei. Natürlich fragt man sich, ob's Doping war.

An der Piste Schnee und überall das *Hopp, hopp!* des Fan-
Spaliers. Endlich der Paß. Und dann geschieht's. Der Berg kippt,
die Schlange tobt zu Tal, mit neunzig Sachen, ein rasender Pulk
aus Pedaleuren und Wagen mit wimmernden Reifen, noch im
Schuß einander überholend, koppheister hinein in die Spitzkeh-
ren einer entsetzlichen Achterbahn. Gott! Gleich werden wir fliegen, zwölfhundert Meter abwärts, lotrecht nach Trun. Langer!
schreit Holczer. Langer, Flaschen! Lötzsch fördert aus dem Heck
Halbliterpullen, die Holczer inmitten der Jagd seinen Gerolstei-
nern in die Hände drückt. Zugleich muß er telephonieren, per
Sprechfunk dem Team gebieten, Tourradio hören, Fernsehguk-
ken, Diplomatie mit anderen Teamchefs betreiben: T-Mobile,
gebt zwei Leute rein für die Verfolgung, dann fahren wir mit ...
Saunier Duval sagen nein ... Einigt euch mit Fassa Bartolo ... Am

Ende ist alles Kungeln umsonst, denn beim mörderischen Zielanstieg von Chur nach Arosa stirbt jeder für sich allein, Jan Ullrich wie Beat Zberg, dem Lötzsch in vollem Karacho, halb aus dem Wagenfenster hängend, die Kette kuriert.

Arosa, nach viereinhalb Stunden. Am Ziel: am Leben. Der Wieland kommt und fragt, schon wieder so lächelnd, ob es schön gewesen sei. Lötzschs Arbeitstag dauert noch Stunden. Er demontiert die Räder, er wäscht sie, fettet, schraubt, justiert.

Herr Wieland, kannten Sie Lötzschs Geschichte, als Gerolsteiner ihn engagierte?

Ich hatte, sagt Wieland, von diesem sagenhaften Typen gehört, der im Osten der gesamten Konkurrenz Knoten in die Beine gefahren hat. – Holczer sagt: Ich kannte ihn aus seinen späten Jahren, als er nach der Wende für Hannover fuhr. Vorher nicht, er kam ja nicht raus aus der DDR.

Er kam ja nicht raus. Das ist die Tragödie dieses Lebens, in dem sich alles um den Radsport dreht. Wolfgang Lötzsch, geboren 1952 in Karl-Marx-Stadt. Einzelkind, Spätling. Jung-Lötzsch begeisterte sich an der Friedensfahrt, der Tour de France des Ostens, und trat selbst in die Pedalen. Er war groß und leicht, er hatte überragendes Talent. Mit zwölf Jahren wurde er zur KJS delegiert, der Kinder- und Jugendsportschule. Er siegte und siegte, erst bei Spartakiaden und Juniorenmeisterschaften, dann auch im Männerbereich. Olympia '72 in München schien gebucht, da kehrte der Karl-Marx-Städter Eiskunstläufer Günter Zöller von einem Start im Westen nicht zurück. Panik bei der DDR-Sportführung, *Kaderüberprüfung*, ideologisches Röntgen. War Lötzsch nicht ein Cousin des 1964 getürmten Radrennfahrers Dieter Wiedemann? Verweigerte er nicht den Eintritt in die SED mit dem Bemerken, es mißfalle ihm so manches an der DDR, zum Beispiel das Warenangebot? Gewiß hatte der Vater (beschäftigt in einem Privatbetrieb!) den Sohn kleinbürgerlich-kapitalistisch infiltriert, er solle, statt zu studieren, erst mal Geld verdienen. Mit *revolutionärer Wachsamkeit* wurde Wolfgang Lötzsch enttarnt als Republikflüchtling in spe.

Blödsinn, sagt Lötzsch. Ich wäre nicht abgehauen. Die hätten doch meinen Eltern das Leben zur Hölle gemacht. Aber jeder, der im Westen starten wollte, brauchte zwei Bürgen. Die Clubleitung lehnte die Bürgschaft ab. Die wollten für mich nicht den Kopf hinhalten.

Am 24. März 1972 erreicht den SC Karl-Marx-Stadt eine Weisung aus Berlin, vom Deutschen Turn- und Sportbund der DDR: Lötzsch sei aus dem Club zu entfernen, am besten aus gesundheitlichen Gründen. Der Chefarzt des sportmedizinischen Klinikums Kreischa verweigert sich dieser Farce. Also hat Lötzsch bei der Clubleitung anzutreten und erfährt aus dem Mund von Clubchef Heinz Gensel, er sei nicht vertrauenswürdig und werde *ausdelegiert*. Das heißt: Schluß mit Leistungssport.

Einer widerspricht. Werner Marschner, Lötzschs Trainer. Genosse Marschner schreibt Genossen Gensel einen Brief. Er garantiere für Lötzsch. Er werde ihn in seine Familie aufnehmen und so erziehen, »daß er in seiner politisch-ideologischen Reife den Ansprüchen eines Leistungssportlers der DDR entspricht (...) Sollte Wolfgang Lötzsch jemals zum Republikverräter werden, will ich mit der ganzen Härte wegen Beihilfe zum Verrat gerichtet werden. Mit sozialistischem Gruß«. Gensel antwortet Marschner, man müsse ideologisch überprüfen, ob er überhaupt noch in der Lage sei, junge Sportler auszubilden.

Aber nun beginnt die Saga Lötzsch. Er gibt keineswegs auf. Er hat einen unerhörten Willen. Er tritt der kleinen BSG Wismut Karl-Marx-Stadt bei. Von der Förderung der Clubfahrer bleibt er ausgeschlossen, auch von sportmedizinischer Versorgung und natürlich von internationalen Starts. Die Elite bezieht West-Material, Lötzsch fährt einen alten Diamant-Rahmen. Er trainiert solo, nach eigenen Plänen. Er kämpft, ein Aberwitz in diesem Sport, allein gegen alle – und bolzt immer wieder die Promis in Grund und Boden. Ein Sprinter ist er nicht. Lötzschs Spezialität sind Berserker-Ritte. Ein großer Fanclub begleitet ihn und macht

Wolfgang Lötzsch als Mechaniker des 2008 aufgelösten Teams Gerolsteiner (Arosa, 16. Juni 2005).

Stimmung für den Verfemten. Das provoziert die Offiziellen des Verbands.

Herr Lötzsch, warum hat der Staat seinen Irrtum nicht irgendwann kassiert und mit Ihnen international Medaillen eingeheimst? Man hat mir gesagt: Ein Leistungssportler ist wie ein Bombenentschärfer. Beide irren sich nur einmal. Und du hast dich mit deinen Äußerungen zur DDR bereits dieses einzige Mal geirrt.

1974 ist Karl-Marx-Stadt Etappenziel der Friedensfahrt. Diesmal nimmt eine westdeutsche Mannschaft teil. Lötzsch begibt sich in deren Quartier und lernt den Teamchef kennen, Rudi Altig, den Beckenbauer des bundesdeutschen Radsports. Ich konnte nichts für ihn tun, solange er drüben war, sagt Altig heute. Der Lötzsch hätte abhauen müssen. Dann hätte er im Westen erst mal einen Ein-Jahres-Vertrag bekommen und zeigen können, was er draufhat.

1976 schlägt Lötzsch im Ausscheidungsrennen für die Olympischen Spiele in Montreal die gesamte DDR-Spitze. Jetzt wird eine Lex Lötzsch geschaffen. BSG-Fahrer dürfen gegen Clubfahrer nicht mehr starten. Lötzsch resigniert und stellt einen Ausreiseantrag. Abgelehnt. Außerdem nimmt man ihm den Studienplatz für Automatisierungstechnik. Er fährt nach Berlin, ersucht um Hilfe in der BRD-Vertretung und nimmt Kontakt zu westlichen Medien auf. Am 20. Juli 1976 schildert Peter Pragal in der »Süddeutschen Zeitung« den Fall Lötzsch: »Wenn nichts mehr zu gewinnen ist«. West-Post trifft ein. Ein Herr Wegner vereinbart mit Lötzsch ein Treffen im Berliner Hotel Unter den Linden. Lötzsch hält Wegner für einen Emissär von Rudi Altig. Natürlich hat ihn die Stasi gesandt. 50 IMs bietet das Mielke-Ministerium auf, um die DDR vor Lötzsch zu schützen. Der hält etliche Spitzel für seine Freunde.

Am 3. Dezember 1976 kommt es zur Katastrophe. Nach einem Polterabend empfindet ein Volkspolizist Lötzsch und Kumpels als zu laut und verhängt fünf Mark Ordnungsgeld. Lötzsch platzt der Kragen. Alles Scheiße hier! brüllt er. Scheiß Polente!, und Wolf Biermann habe recht. Man verbringt ihn ins Stasi-Gefängnis auf dem Kaßberg. Das war schon 'n bissl komisch, erinnert sich Lötzsch in seiner gemütsmenschlichen Art. Da hockt man auf acht Quadratmetern, und was wird nu? Eigentlich denkt man, das überstehste nicht, aber dann hab ich mich sportlich betätigt.

4000 Kniebeuge täglich, 400 Liegestütze, in der Zelle. Man gewährt Lötzsch ein Tourenrad-Ergometer, das trampelt er zuschanden. Zehn Monate sitzt er ein. Wie er wieder freikam, wie er weiter radelte und siegte, wie ihn die Stasi à la Mata Hari zu *zersetzen* suchte, wie er endlich eine Art von Frieden fand und 1985 gar der SED beitrat, das erzählt eine jüngst erschienene Biographie. Philipp Köster hat sie geschrieben, der Chefredakteur des Fußballmagazins »Elf Freunde«. Das Helden-Epos heißt schlicht »Lötzsch«, ist spannend, schön bebildert und schließt mit dem markigen Satz: »Wolfgang Lötzsch sitzt aufrecht im Sattel.«

Es hat etwas von Happy-End, mit Lötzsch in Arosa Wein zu trinken. Nach der Wende fuhr er noch drei Jahre für den RC Hannover, dessen Leiter damals Rudi Altig war. Altig habe zu ihm gesagt: Jetzt kriegst du von mir noch mal all das, was sie dir vorenthalten haben. Da lernte ich, sagt Lötzsch, den Westen von der goldenen Seite kennen. Bestes Essen, beste Hotels … Im biblischen Alter von fast vierzig Jahren wurde er Deutscher Meister in der 100 km-Mannschaftsverfolgung.

Durchaus fühlt Lötzsch sich als Widerstandskämpfer. Weltspitze sei das Sportsystem der DDR gewesen, dem Westen, auch dem heutigen, weit überlegen; er aber habe es besiegt. Im übrigen sei es ihm nie um Politik gegangen, immer nur um seinen Sport. Er trage keinen Haß, er sei kein rachsüchtiger Mensch. Die Spitzel von damals lasse er einfach links liegen. Bloß ärgere ihn, daß viele dieser Sportstasi-Typen wieder auf die Füße gefallen seien und sogar Kinder erzögen.

Gab es von irgendwem eine Entschuldigung?

Nee. Den Clubchef Gensel hab ich nach der Wende mal besucht, der hat mir gesagt, er wollte eben nichts riskieren.

Was wären Sie heute ohne Wende?

Ich hatte 'ne ganz gute Arbeitsstelle, Rennradentwicklung bei Diamant, hat Spaß gemacht. Dort wär ich, denke ich, alt geworden.

Ohne die Welt zu sehen.

Der Ausreisewunsch war immer nur mit dem Radsport verbunden. Ich wollte die richtigen Gegner haben.

Sind Sie ohne Bitterkeit?

Was hätte sein können, darüber soll man nicht nachdenken, da findet man kein Ende. Es war ein schönes Leben. Ich hab gelernt, mich durchzubeißen und sehr, sehr, sehr viele Menschen getroffen.

Nie Neid auf die privilegierten Kameraden?

Anfangs. Das hat sich dann gegeben. Ich wollte sie abhängen, und das hab ich geschafft. Die konnten ja nichts für mein Schicksal. Der Olaf Ludwig, mit dem hab ich Material getauscht. Im Rennen ein harter Gegner, hinterher trank man Bier. Alle saßen am selben Tisch. Das stört mich am heutigen Radsport, daß die Gemeinschaft fehlt. Ich hab im Team schon das Grillen eingeführt.

Der Lange hat versucht, uns den »Holzmichel« beizubringen, sagt Wieland. Das war großes Kino, alles lag flach.

Herr Lötzsch, was denken die Westkollegen über Sie?

Was sie wirklich denken, kann ich nicht abschätzen. Vielleicht genieße ich einen gewissen Respekt wegen dem, was ich durchgemacht hab und wegen dem Buch.

Irgendwann kommt's dann doch: Wenn ich mich im Westen richtig hätte zeigen können, würde ich jetzt keine Räder putzen. Rudi Altig, der kennt überall die Leute, mit denen er gefahren ist, solche Drähte hab ich nicht.

Der Wolfgang ist ein braver, solider, anständiger Kerl, sagt Altig. Auch Olaf Ludwig spricht warm über Lötzsch, und mit Respekt, und ist im Reinen mit der DDR. Er, das Baggerfahrerkind, verdanke ihr seinen sportlichen Werdegang; dafür lieferte er Siege, die dem Renommee des Staats zugute kamen. Eine faire Rechnung, ohne Schulden. Und vorbei.

Auch Werner Marschner ließ sich noch vernehmen. Er hat beide trainiert, den strahlenden Ludwig wie den tragischen Lötzsch. 86 ist er heute, folglich holt er etwas weiter aus, mit Hindenburg und Hitler und Vater Marschners antifaschistischem

Widerstand, worauf die Mutter sagte: Laß das, sonst lauf ich dir weg. Der Vater gehorchte, die Familie überstand den Krieg.

So ein überzeugter Genosse war ich gar nicht, sagt Marschner, den sein vergeblicher Einsatz für Lötzsch sogar in die Nervenklinik brachte. Aber Wolfgang sprach eben immer aus, was er dachte.

Als Pädagoge hätte Sie das freuen sollen.

Schon, aber man mußte mit den Wölfen heulen. Das konnte Wolfgang nicht, daran ist er gescheitert. Starker väterlicher Einfluß, leider auch auf sein Frauenbild. Die Mutter hatte ja nichts zu melden. Wolfgang war mal verheiratet, das ging kaputt, in dem Buch kommt das gar nicht vor. Später verlor er die Annerose Langer, weil's immer nur ihn und seinen Radsport gab.

Herr Lötzsch, wer kümmert sich um Sie?

Ich bin … Solist.

Tut Ihnen das leid?

Leid hin, leid her. Man ist ja nie zu Hause.

Ist Ihr Leben, wie Sie es möchten?

Man muß mehr oder weniger zufrieden sein.

Wolfgang hat sich zeitig selbst als Leidensträger ausgeguckt, sagt der alte Werner Marschner. Eine früh eingerissene Verbitterung. Ja, so könnte man es nennen. Es ist nicht schön, wenn man in dem Alter schon einsam ist.

Im Februar 2005 radelte Wolfgang Lötzsch den Glücksberg bei Chemnitz empor, als seine Brust ein Korsett aus Schmerzen wurde. Ich bin doch nie zum Arzt, sagt Lötzsch. Ich wollte kein Weichei sein. Erkältung, da hab ich Antibiotika draufgehauen, Anorak an, aufs Rad, rausschwitzen. Jetzt nach der Operation sagte der Herzdoktor: Ohne den Eingriff wären Sie gestorben.

Die Tour de France rollt ohne Wolfgang Lötzsch, das hat Holczer entschieden. Der Wahnsinnsstreß über dreieinhalb Wochen, die riesigen Transfer-Distanzen, die Nachtarbeit, das sei Lötzsch derzeit nicht zumutbar. Der nimmt's gelassen. Das Tamtam um die Tour sei sowieso übertrieben. Ich mach dafür die Österreich-Rundfahrt, sagt er. Ist auch optimal von der Landschaft her.

Juni 2005

Lok'n'Roll
Mit Dampfrock durch Thüringen

Rock'n'Roller, wißt ihr's noch? Anno 1970, als wir so jung wie heute waren, rollte der Festival Train durch Kanada. An Bord spielten, tranken, kifften, sangen die Paradiesvögel des Goldenen Zeitalters – Janis Joplin, The Band, die Grateful Dead, die Flying Burrito Brothers ... In mehreren Städten stoppte der Zug, die Insassen konzertierten und wurden gefeiert, aber auch geschmäht, wegen der Eintrittspreise. Ein Teil der Fans empfand drei Dollar als Verrat an den Hippie-Idealen.

Das ist, wie gesagt, schon ein paar Tage her. Seitdem fuhr nie wieder solch ein Zug. Jetzt aber springt uns aus dem Internet ein magisches Motiv ins Auge. Auf www.caligula666.de stößt eine Dampflok durchs Bild, bestirnt mit dem Totenkopf. Darüber reckt sich, wohlbehaart, ein tätowierter Sänger und schreit MACHINE TOUROCK. Ein Text folgt. Der Autor, Maximale Fred, lädt zum Ritt auf dem Feuerroß, am 24. Februar 2007, quer durch das tiefverschneite Bluesland Thüringen. Start und Ziel ist Eisenach. Janis Joplin muß diesmal fehlen, doch Born To Hula aus Weimar werden spielen, Drive By Shooting aus Berlin, Widow Peoples Pup aus Halle und weitere Stoner-Rockbands, die wir auch nicht kennen. Nur 200 Tickets weltweit! Auf nach Eisenach!

Die Bahnhofshalle schimmert im milden Licht sozialistischer Fensterkunst. Zukunftsgewisse Wartburg-Autowerker erheben ihre Arme, zum Lobpreis der volkseigenen Produktion. In der Halle ballt sich ein anderes Volk: Jeans und Kutten, Matten, Rasta-Köpfe und Zöpfe, Grunge-Bärte, Hirschbrüllbeutel. Überraschend viele junge Frauen. Wir suchen den Spiritus Rector des Unternehmens. Am DB-ServicePoint steht ein freundlicher Normalo. Wir fragen nach Maximale Fred. Der Normalo sagt: Das bin ich.

Like a rolling Stoner: Buckweedz aus Erfurt (Schmalkalden, 24. Februar 2007).

Maximale Fred heißt bürgerlich Fred Bienert und ist Gleis-bau-Leiter; etliche von ihm verlegte Strecken werden wir heute befahren. Unbürgerlich veranstaltet Fred seit 2001 das Erfurter Szene-Festival Stoned From The Underground. Was Stoner-Rock sei, hören wir später. Vorerst ist zu erfahren, daß kurz nach der Wende ein Emsländer nach Erfurt kam und dort den Woodstock-Plattenladen eröffnete. Zum Zehnjährigen stieg ein kleines Rock-treffen, aus dem Stoned From The Underground entstand. Mit 200 Besuchern begann es und wuchs auf jährlich anderthalb-tausend. Die Zeit zwischen den Festivals, von Juli bis Juli, ist lei-der unerträglich lang. Zur Überbrückung hat Fred den Rock-Zug gechartert. Gleich geht's los.

Gewaltig qualmt die Lok vom Baujahr 1944. Rot glänzen die Räder, silbern die Gestänge. Feuchtwürzig zischt der Dampf, die Kolben stoßen in frisches Fett. Lokführer Dieter Müller (Baujahr 1944) erlaubt, daß wir den Führerstand erklimmen und seine Sakristei betreten. Gebührlich bestaunen wir Druckmesser, Klappen, Ventile, die robusten Sensoren des Industriezeitalters. Jetzt reißt der Heizer Matthias Böse die Ofenluke auf und schaufelt schwarzes Gestein in den Flammenschlund. Ich bin ja nun Pensionär, sagt Müller, aber das Dampflokfahren verlernt man nicht. E-Lok, Diesel, da schaltet man ein und aus. Für die Dampflok braucht man Gefühl, wie bei 'ner Frau. Man spürt mit den Füßen, wie die Maschine reagiert.

Was war Ihre schönste Fahrt?

2004 von Köln nach Norddeich Mole, bis fast ins Wasser rein.

Wissen Sie, was Sie heute für eine Fuhre haben?

Meister Müller weiß es nicht; es ist ihm auch egal. Um diese Jahreszeit verkehrt sein antiker Zug zumeist als »Rodelblitz« und dampft Wintersportler hinauf nach Oberhof. Der Schnee fällt heute aus, aber in höheren Lagen soll die Temperatur bis auf neun Plusgrade stürzen. Warmer Winterregen pieselt. Das stört keinen. Gemächlich rollen wir gen Erfurt. Noch ist es in den fünf Waggons leidlich still. An der Biertränke in Wagen 3 drängen sich Gesundheitsbewußte, um ihren Flüssigkeitshaushalt zu regulieren. Gequarzt wird ohne Ende. Binnen kurzem ist die Bude blau.

Im letzten Wagen sitzt ein minderjähriges Quartett. Wir fragen: Was ist Stoner-Rock?

So 'ne Mischung aus Blues und harten Gitarrenriffs, sagt Max Matschke, der Junge mit dem Rammstein-Shirt.

Ist Rammstein Stoner-Rock?

Nee, ich bereue schon, daß ich das Hemd anhabe.

Ich bin der einzige Schwarze hier im Zug, sagt Milan Schultheiß; seine Mutter stammt aus Kenia. Von Schwarzen, sagt Milan, wird immer erwartet, daß sie auf Hiphop und großartige Klamotten stehen, das tue ich ganz und gar nicht. Meinen Musikstil hab ich von meinem Vater geerbt, der hat Jimi Hendrix gehört, Led Zeppelin, ganz viel Jazz. Wir unterscheiden uns eben von anderen Jugendlichen dadurch, daß wir die alte Musik mögen, nicht so was Neues, Kommerzielles.

Haben Stoner eine Ideologie, wie damals die Hippies?

Ein Lebensgefühl, sagt Oliver Engel. So ungefähr: Es ist Sommer, man sitzt auf 'ner Wiese, trinkt Bierchen und lauscht geiler Gitarrenmusik.

Hier geht's ja ziemlich familiär zu. Aber will nicht jede Generation ihre eigene Musik?

Nee, unsere Eltern sind cool, die haben geiles Zeug gehört damals.

Freds Sohn Glen Marius erzählt, seit er zehn war, habe ihn sein Vater mitgeschleppt. Natürlich könne er diese Musik auch erst in 30 Jahren hören, nach Erledigung aller Generationskonflikte, doch habe er jetzt Lust darauf.

Und Mutter sitzt zu Hause?

Nee, die ist auch hier, bedient am Getränkestand.

Gucke dich um! befiehlt ein morgentrunkener Freak. Was siehst du? Die versammelte Hartz IV-Kollektive auf der Rock-Lok. Hier fahren alte Hippies mit, Metal-Freaks, Punker, Ex-Stasi-Offiziere, also dein Kaliber. Die Szene ist überschaubar. Diese Musik hat mit Black Sabbath angefangen, und heute kommt alles Gute, Harte, Schnelle aus Schweden und Norwegen.

Warum das?

Wahrscheinlich wegen der Schwarzbrennerei. Wenn du erst halbblind bist, hast du nur noch ein Auge für die richtige Musik.

Jetzt kracht's. Die große Box im Gang erdröhnt. Die kleinen Abteil-Lautsprecher zittern vor Entsetzen. DJ Banane hat Broken Faith In Saints aufgelegt. Die klingen ein bißchen wie The Free, sind aber jung und kommen aus Potsdam. Nur vage verstehen wir im Getöse, was dieser Veteran im Freygang-Shirt uns sagen möchte. Ameise ist's, der Kult-Stoner aus Oebisfelde/Altmark. Bildung! ruft Ameise. Respekt! Alle Menschen seien gleich – Politiker, Jugendliche, auch Iggy Pop und Feeling B … Ameise küßt uns, da wir sein Alter teilen.

Ein bißchen jünger sind Mario Dittmar und Martin Rzehac. Ersterer ist Bundesbahn-Monteur, der andere Maler.

Anstrich oder Kunst?

Fassaden-Picasso.

Stoner-Rock – was paßt da rein?

Alles, entscheidet Martin. Soll alles wachsen und gedeihen. Meins ist Zappa, Colosseum, Frumpee, Amon Düül, Muddy Waters, die Bluesrockgeschichte …

Wer will denn Castingbands haben?, sagt Mario. Da ist 'ne Blonde bei, 'ne Rote, 'ne Schwarze, die kriegen alles vorgeschrieben, alle jubeln, und Scheiße machense. Fahr mal zum Burg-Herzberg-Festival, da kommen fünfzehn-, zwanzigtausend Leute, mit Kind und Kegel, da wächst auch was nach.

Was war euer tollstes Konzert?

Pink Floyd 1994 in Hannover, sagt Mario.

Floyd, sagt Martin. Quadrosound vom Feinsten. Am schlechtesten waren die Stones, soundmäßig.

Träumt ihr immer noch von der Pink-Floyd-Reunion?

Wäre nicht schlecht, sagt Martin. Aber nicht 200 Euro Eintritt und solche Scherze, dann sollnse zu Hause bleiben.

Die Dampfrock-Tickets kosten vierzig Euro; Tourchef Fred nennt das für seine Klientel ein Schweinegeld. Das große Bier – 500 Liter werden vertilgt – ist für einsfuffzig zu haben. Behaglich wirkt das urig-egalitäre Wesen der Szene. Stoner sind Kinder der Erde, wie sie ist. Sie pflegen kein Anti-Image. Hiphop-Haß, der Klassenkampf des Punk, die Zukunftsabsagen der Grufties sind ihnen fremd. Hinter Caligula 666, beteuert Fred, verberge sich keinerlei Satanskult, nur eine gewisse Partyfreude, für die ja auch der junge Mann aus Rom gestanden habe.

Die Party beginnt. Zuerst spielen Buckweedz aus Erfurt – im Gepäckwagen. Rockten je fünf Menschen auf so engem Raum? Um die Band klumpt Stoner-Volk: *headbanger*, Mattenwedler mit fliegenden Skalps, denn im Dampfrock-Zug wird Haar getragen. Verzückt agiert Otto, der Luftgitarren-Gott aus Eisenach, Thüringens größter Doors-Fan. Buckweedz-Sänger André heult wölfisch, Drums verprügeln fette Klampfen-Riffs und bretternde Breaks. Der Zug stoppt. Plaue. Dreißig Minuten Aufenthalt. Das Stoner-Volk flutet die dörfliche Station. Begeisterungsentschlossen springt man zur Ekstase der Band, die nun, bei offenen Türen, nach draußen tost.

Achtung! Ein Zug kommt! Die Panorama-Wagen der Südthüringen-Bahn gleiten vorüber; rätselhafterweise fährt sie ohne Dampf. Ähnliche Szenen wiederholen sich bei den Stops in Zella-Mehlis, wo schon Bratwurst brutzelt, in Steinbach-Hallenberg, in Schmalkalden: wunderbare Bruch-Bahnhöfe ohne Mehdorn-Feeling. In Immelborn sitzt am Fenster ein steinerner Greis. Reglos observiert er das Gewimmel. Über die leidliche Disziplin wacht der Zugführer Andreas Kelbel, ein DB-Regio-erprobter Mann. Aus Meiningen stammt er und findet die ganze Truppe super. Nie habe er mit Fahrgästen Probleme gehabt, auch nicht mit Fußballfans. Man muß auf die Leute zugehen, spricht Herr Kelbel. Man sucht den Bandenchef raus, dann hat man's im Griff.

Ist das hier Ihr Sound?

Nicht direkt. Ich bin mehr für Volksmusik, so Wolfgang Petri, die Richtung. Und auch 'n bissl, wie schimpft sich das, Techno.

Wir fahren wieder und fahren. Das graue grüne Winterland wird Kinderland. Wie damals schnauft die Lokomotive ihre Wolkenschleier aus. Sie flattern ans Fenster, sie steigen in den Tann, sie wehen über die Almen und umflechten am Ufer der Werra die Weiden. Der Zug wird zum fliegenden Teppich. Wir reisen in treibender Trance. My Sleeping Karma spielen, ein Quartett aus Aschaffenburg, das die psychodelische Seite des Stoner-Rock intoniert, mit segelnder Orgel und nagelndem Baß: Drogen-Musik, Musik als Droge. Luftgitarren-Otto wogt wie ein ganzes Kornfeld. Ein Mädchen, kreideweiß, kippt ab. Ein *mosher* surft auf hundert Händen und schabt die Decke entlang. Der Schlachtruf erklingt: ROCK'N'ROOOOOLL!!! Und so wie dieses Pärchen küssen sich nicht viele mit grauem Haar.

Ick muß mir's aufschreiben! schreit Stefanie. So geile Sachen, dit kannste dir nich alles merken! – Stefanie studiert europäische Ethnologie und Musikwissenschaft. Ick habe, sagt sie, sogar 'ne Hausarbeit über Stoner geschrieben.

Klasse, klär mich auf.

Also, die Ur-Band der Bewegung heißt Kyuss. Die lebten in Kalifornien und wollten 'ne Party feiern, in der Wüste, dort haben sie gespielt. Weil's da keinen Strom gab, hatten sie Generatoren mit, deshalb heißen die ersten Sachen Generator Parties.

Wann war denn das?

70er Jahre ungefähr. Oder 80er? USA halt. Natürlich kommt auch viel von den 60ern rein. Ausschlaggebend ist 'n treibender Rhythmus, 'ne Gitarre, die meist über den Baßverstärker gespielt wird. Tiefe fette Töne und LSD-ähnliche Melodien, die so abdriften, verstehste? Es gibt aber viele Überlappungen und Subkulturen, kann man schwer in einen Rahmen fassen.

Was war deine prägende Musik?

Oh Mann, sagt Stefanie. *Da müßt ick jetzt erst mal 'ne Woche drüber nachdenken.*

Allmählich wächst unsere Kompetenz. *Stoner ist eine Weiterentwicklung der 60er, 70er Jahre,* erklärt Marco Schott aus Eisenach. *Mehr Beat, mehr Baß, mehr Leben. Fu Manchu, da ist nichts angestaubt, das geht in die Hose, das ist geil. Und die Stoner, lauter liebe Leute, so ein Feeling findest du sonst kaum noch. Ich hab eben meinen Schulfreund wiedergetroffen, der wohnt jetzt in Siegen, nach 15 Jahren ist der plötzlich in diesem Zug.*

Kyuss, wiewohl 1995 aufgelöst, wird uns als Leit-Band bestätigt. Auch auf die Queens Of The Stone Age – aus Kyuss hervorgegangen – sei zu achten. The Melvins nicht vergessen, und Helmet, und Colour Haze! Die Generator Parties hat Stefanie um zehn, fünfzehn Jahre zu zeitig datiert. Stoner Rock entstand in den frühen neunziger Jahren, sein Mekka hieß Palm Desert/Kalifornien. Was Stoner sei und was nicht, dieser Disput, sagt Fred, bringe die Massen zum Kochen. Der Begriff komme jedenfalls von Ozzie Osbournes Spruch *We make music for stoned people.*

Stefanies Stoner-Band in diesem Zug sind Buckweedz. Mit denen hocken wir nun zum Interview im Abteil und lernen erschüttert: Buckweedz halten sich nicht für Stoner. *Bei uns verschmelzen Punk, Metal, Hardrock und Rock'n'Roll,* sagt André, der Sänger. *Manchmal guckt der Blues um die Ecke. Vom Lebensgefühl her sagen wir: Okay, die Welt ist gerade Scheiße, aber ich zieh mein Ding durch.*

Und freust dich.

Ja, aber nicht wie diese Spaßgesellschaft. Die Menschen ha-

ben alle den Mund so voll, die werden ständig derartig zugeballert, irgendwann kotzen sie's aus. Die Leute, die uns hören, wollen da raus und für sich sein, auf ihrer Insel. So eine Insel ist dieser Zug.

Deine Texte vorhin hab ich nicht verstanden.

Hartes Leben, normales Leben, Liebe, Tod. Gedanken eines ganz normalen großstadtneurotischen Menschen.

Uns eint, daß wir alle wissen, was nicht fetzt, sagt Philipp, der Bassist. Daß Nazis nicht fetzen, müssen wir nicht extra sagen.

Ich bin immer sehr beeindruckt, wie beschissen diese Nazitruppen spielen, grinst Drummer Lin.

Philipp: Wir spielen besser, sehen besser aus, sind intelligenter und haben mehr Charme.

Schon tobt Born To Hula, die letzte Band. Etliche Stoner schlummern, etliche träumen. Längst fährt der Zug durchs Dunkel, da geschieht die Katastrophe. Das Bier geht aus. Die letzten Kilometer schaffen wir mit Korn und warmer Cola. Am nächtlichen Fenster steht adrett ein äußerst blondes Wesen, heißt Vicky und stammt aus Freiburg.

Bist du das bürgerliche Element?

Oh, sagt Vicky, errötend. Wozu hab ich mich dann mit den Piercings abgequält?

Welche Bands würdest du in den Zug einladen?

Portishead. Und bestimmt Massive Attack. Und, warte mal …

Vicky studiert Medienwissenschaft in Ilmenau. Per Losverfahren hat es sie nach Thüringen verschlagen. Im Breisgau, sagt Vicky, kann ich mir so einen Zug nicht vorstellen, auch nicht in Köln, da geht es viel gestylter zu. Hier rockt's irgendwie mehr. Die Fans sind treu und engagiert, Mode spielt keine große Rolle. Dieses Ungeschminkte ist mir angenehm.

Das Stoner-Fachblatt »Men's Health« ermittelte in seiner März-Ausgabe den maskulinen Eitelkeits-Quotienten der 55 größten Städte Deutschlands, Österreichs und der Schweiz. Wien gewann. Köln wurde Neunter, Freiburg Zwölfter. Erfurt errang Platz 53 und war somit nur eitler als Magdeburg und Rostock. Dies mag das zeitlose Thüringer Blues-und-Boden-Talent andeutungsweise erklären. Ein anderer Grund heißt Jürgen Kerth. Der B. B. King von Erfurt galt DDR-weit als Held der sogenannten ehrlichen Musik. Erfurt wurde mit Blues identifiziert. Hier gab es Auftrittsmöglichkeiten. Der »Stadtgarten« war ein Pilgerziel der trampenden Republik. Buckweedz-Schlagzeuger Lin ist der Sohn von Kerths altem Drummer. So erben die Jungen, so tradiert sich die Musik.

Eisenach. Die Bremsen kreischen, der Zug ist am Ziel. Die Buckweedz hauen noch zwei Heuler raus, mit Ameise *on harp*. Ein letztes Mal toben die Unentwegten über den Bahnsteig. Und dann ist es genug. Sprechchöre beenden den Tag: DANKE FRED! DANKE FRED!

Wieder daheim in Berlin, kaufen wir gleich ein paar Scheiben – die neue von Fu Manchu, »Songs For The Deaf« von den Queens Of The Stone Age und – jawohl! – den klassischen Urschleim: Black Sabbath, »Paranoid«. Dann blähen sich die Ohren. Kyuss' »Sky Valley«: Gitarrenwände, Lava, schiebendes Dröhnen und Drängen, doch es endet. Plötzlich Stille, zartes Klampfen, ein Finale aus Kristall. Das ist schöne Musik.

Fred ruft an. Ob wir schon die Internet-Kommentare der Dampfrocker gelesen hätten? Nicht gemeckert ist auch gelobt, sagt Fred. Im Herbst fahren wir wieder.

Februar 2007

Die Todgeweihten grüßen dich

Colosseum an der Elbe

Er ist ein Bild für die Götter. Akkurat rasierte Koteletten, schwarzes Langhaar, fein gescheitelt und gezopft. Schwarzes Jackett, schwarzes Hemd, schwarze spitze Schuhe: ein Bräutigam des Rokk'n'Roll von 27 Jahren. Christian heißt er, Pole ist er, kommt aus Warschau und eben aus Bydgoszcz. Dort haben gestern Van der Graaf Generator gespielt. *Great* sei es gewesen, doch viel Größeres soll folgen. Denn hier, im Dresdner Alten Schlachthof, werden heute Nacht die Götter erscheinen. Ihr Bus läßt auf sich warten. Christian schaut auf die Uhr, strafft sich und drückt das berühmte Doppelalbum an sein Herz. *My first Colosseum concert*, spricht er feierlich. *This is one of the greatest days in my life.*

Irgendwann, in knapp siebenhundert Jahren, werden Menschen leben, die nicht wissen, wer Bob Dylan war. Schon heute soll es Sonderlinge geben, die beim Namen Colosseum nur an römische Ruinen denken. Ihnen sei gesagt, daß von 1968 bis 1971 in England eine kolossale Rockband existierte, oder war's ein Jazz-Sextett? In jenen seligen Zeiten, als die Spartengrenzen fielen, umarmten sich Löwe und Lamm. Rocker, Jazzer, Blueser strömten zueinander, wie ihre Musik. Die britischen Jazzrock-Protagonisten hießen Graham Bond, Brian Auger & The Trinity, Soft Machine, If, Isotope … Aber niemand machte derartig Furore wie Colosseum, die Band des Schlagzeugers Jon Hiseman, der bei Graham Bond und John Mayall zur Meisterschaft gefunden hatte.

Colosseum glückten drei enorme Studio-Alben. Schon der Titel des Debuts hieß das Publikum mit dem Cäsarengruß willkommen: »Those Who Are About To Die Salute You«. Es folgte »Valentyne Suite«. Die plattenseitenlange Komposition bewies klassischen Formsinn und brauste über sämtliche Demarka-

tionslinien von Jazz & Rock. Ab 1970 und »Daughter of Time«
röhrte der Rhythm'n'Blues-Platzhirsch Chris Farlowe durchs
Colosseum. Farlowes markerschütterndes Organ prägte auch
das Finalwerk »Live«, das der polnische Christian gerade ans
Herz preßt. Welche Elogen hat man diesem Album gesungen.
Wie viele Hippie-Parties wurden durch »Lost Angeles« und
»Rope Ladder To The Moon« ins Nirwana georgelt. Colosseum
waren urig, heiß und überragend virtuos.

Soviel Überschwang, nicht wahr?, läßt sich kaum ewig ertragen. Nach »Live« war Hisemans Superband am Ende. Die großen
Visionen verdämmerten, die Zeiten wurden kühler. Jazzrock ver-
klang. Soulfunk, Mainstream und Disco dominierten die Pop-
musik der siebziger Jahre. Und Punk; wir schweigen. Hiseman
gründete erfolglos Colosseum II (mit Gary Moore) und trommelte
ehelich in Barbara Thompsons Fusion-Band Paraphernalia; die
Gatten musizierten auch im United Jazz + Rock Ensemble, an der
Seite von Albert Mangelsdorff, Wolfgang Dauner, Charlie Mari-
ano ... Dick Heckstall-Smith jazzte, Chris Farlowe blueste dies
und das. Dave Greenslade gründete Greenslade. Mark Clarke
baßte für Leslie Wests Cream-Echo Mountain und trug dabei gern
ein T-Shirt mit dem Auferstehungsruf COLOSSEUM LIVES!

Ja, wahrhaftig! 1994, als die Welt am Techno-Abgrund stand,
reformierte Hiseman die rettende Band. Und siehe, es ward sehr
gut. Ihre Zauber banden wieder, was die Mode streng geteilt. Es
strömten Eltern und Kinder. Zwei neue Platten entstanden: 1997
»Bread & Circuses« (durchwachsen), 2003 »Tomorrow's Blues«
(famos). Gerade erschien die Doppel-CD »Live 05«. Alle zwei
Jahre gehen die Altvorderen auf Tour.

Zwei Jahre waren um, als wir jüngst im rammelvollen Erfurter Gewerkschaftshaus Colosseums Osternacht-Konzert erlebten. Drei Stunden heulte der Glücksorkan. Nachher saßen die
Helden, dem Fanvolk verschwistert, anti-cool am Plattentisch,
malten heilige Kringel und posierten für Familienphotos.

Ich glaub, das war's, sagte ein Alt-Freak. Die sehen wir nicht
wieder.

Wieso?

Guck sie dir doch an. Die sind fertig.

Kein Wunder, nach *dem* Konzert.

Na, ich hab so'n Gefühl.

Am Ostermorgen im Erfurter Dom begann der Bischof Warnke seine Predigt mit der sanften Frage: Wie hältst du's mit dem Tode? Da hatten wir auch so ein Gefühl. Wie heißt es bei Ferdinand Freiligrath: »Die Stunde kommt, die Stunde kommt, wo du an Gräbern stehst und klagst.« 2004 starb Colosseums Saxophonist Dick Heckstall-Smith; für ihn spielt nun Barbara Thompson. Rasch! Befragen wir *those who are about to die*, solange sie unter uns weilen, oder wir unter ihnen. Wo nur der Band-Bus bleibt? Wir warten und schwatzen mit Christian über polnische Rock-Ikonen.

SBB?

Die spielen noch, sagt Christian.

Czesław Niemen habe ich geliebt.

Ja, das war sehr traurig, als er starb.

Marek Grechuta ist ja nun auch gestorben, am selben Tag wie unser Klaus Renft.

Leider, sagt Christian.

Gibt's noch Breakout? Die hatten diesen irren Bluesgitarristen, Tadeusz Nalepa.

Vor zwei Monaten gestorben, sagt Christian.

Oh. Und die Breakout-Sängerin, Mira Kubasinska? Die war doch seine Frau.

Die ist schon zwei Jahre tot.

Jetzt rollt der Bus ins Schlachthof-Areal. Die Ersehnten steigen aus, voran Chris Farlowe, das Ungetüm, der Quasimodo des Rokk'n'Roll. Vor ihm graust uns ein bißchen, seit wir lasen, er betreibe einen Laden mit Nazi-Militaria. Christian stürzt herzu und zerrt das »Live«-Album aus der Folie. Farlowe signiert erfreut. Unterdessen verläßt das Ehepaar Hisemann/Thompson den Bus. Dave Greenslade folgt, der wilde Organist mit der Aura eines scheuen Priesters. Dann, intellektuell bebrillt, Gitarrist Dave »Clem« Clempson. Zum Schluß Mark Clarke, ein Körper wie ein Baß. Er wird uns heute abend mit Schlips und Bügelfalten-Jeans erschüttern.

Bis dahin sind's noch drei Stunden. Wir sitzen in einem Kabuff mit Couch-Garnitur. Im Fenstersessel räkelt sich Farlowe. Unter einem echt verstaubten Kunstrosenstock sitzt Barbara Thompson, die patente Mädchendame, und wirft heitere Kommentare ein. Meistens spricht der Gemahl.

Warum endete 1971 Colosseums erste Existenz?

Der Auslöser war, daß Clem Clempson zu Humble Pie wollte, sagt Jon Hiseman. Aber ich spürte schon vorher: Besser kann's nicht werden.

Was ist der Unterschied zwischen Colosseums erstem Leben und der Wiedergeburt?

Beim ersten Mal, sagt Hiseman, entwickelten wir die Musik. Wir kannten nicht das Ziel, wir versuchten nur, original zu sein. Jetzt ist alles viel einfacher. Wir sind so erfahren, wir spielen mit viel mehr Raum und Gefühl. Und die Leute warten auf uns. Anfangs sind wir ja für zehn Hörer aufgetreten. Aber es wäre unsinnig, heute eine zweite »Valentyne Suite« zu schreiben.

Diese vielen Brücken, sagt Barbara Thompson, die wechselnden Tempi, das war damals üblich, auch in Jack Bruce' tollen Kompositionen oder bei King Crimson.

Wir kannten von Jugend auf ein breites Spektrum von Musik, sagt Hiseman. Verschiedenste Stile, durch Erziehung und Schule, und im Radio fand man Jazz. Das floß alles ein. Heute gibt es überall Mainstream-Pop.

Wird es physisch schwieriger, diese ungeheuer körperlichen Konzerte zu spielen?

Der Tourbeginn ist definitiv schwerer als vor zehn Jahren. Die ersten drei, vier Konzerte sind hart. Nach sechs Konzerten hast du deine Kraft, dann könnte es ewig weitergehen.

Christian entfaltet ein Blatt, eng beschrieben mit schwärmerischen Fragen: Was war die Hauptquelle der Magie von »Colosseum Live«?

Wir sind einfach auf die Bühne gegangen und haben gespielt, sagt Hiseman.

Colosseum lives! Chris Farlowe (Dresden, 22. April 2007).

Welche Träume sind geblieben?

Hiseman lächelt: Jede Nacht für 10 000 Menschen spielen.

Wie verlief der Kompositionsprozeß der »Valentyne Suite«?

Ich kann mich nicht erinnern, ruft Hiseman, das ist so lange her, wir arbeiteten so schnell. Aber diese endlosen Soli würde man heute nicht mehr spielen.

Was war die wichtigste künstlerische Entscheidung?

Barbara zu heiraten, sagt Hiseman. Barbara strahlt.

Wie kam es zum Namen der Band?

Ich war 1968 in Rom, sagt Hiseman. Ich schaute von einem Hügel über die Stadt, ich sah das Colosseum – schnipp, das war's.

Erzähl auch die andere Rom-Geschichte, sagt Barbara Thompson.

Vor zwei Jahren, sagt Hisemann, hat Barbara für uns beide ein *mystery holiday* gebucht. Am Flughafen erfuhr ich, es geht nach Rom. Wir erkundeten die Stadt. Ich sagte, wir müssen auch ins Colosseum. Es war Winter, das Colosseum schloß schon um halb vier. Wir kamen nicht hinein. Da klingelte mein Handy. Clem Clempson war dran. Dick Heckstall-Smith war tot.

Das ist …

… so seltsam, so unglaublich. Ich hätte sonstwo sein können auf der Welt.

Eins müssen wir noch klären: Chris Farlowes Nazi-Handel.

Begeisterung! Er sei doch kein Nazi, lacht Farlowe. Er habe einen jüdischen Manager und schwarze Musiker in seiner Band. Mein Vater, sagt Farlowe, war Soldat in Deutschland. Er brachte mir einen *german steelhelm* mit und eine Pistole. *Wow!* 1961 kam ich dann mit den Beatles nach Hamburg. Dort fand ich auf Flohmärkten viel von solchem Zeug, auch Uniformen. In England kauften mir das Leute wie Brian Jones und Keith Richards ab. So begann mein Geschäft. Auch zu Filmen habe ich vieles beigesteuert: *kubelwagens, kettenkreuz …* Wir haben kein Problem damit, nur die Deutschen.

Weil es eure qualvolle Geschichte ist, sagt Jon Hiseman. Für uns ist das wie der amerikanische Bürgerkrieg.

Seltsames Interview. Was mit Musik begann, führt nun zur

Frauenkirche, zu Bomber Harris und Dresdens Untergang. Arthur Harris wurde auch in England gehaßt, sagt Hiseman. Haben die Bomben den Krieg nun verkürzt oder verlängert? Und die Atombombe? Amerikaner sagen, zweieinhalb Millionen Menschen wären sonst noch gestorben. Die Japaner hätten weitergekämpft.

Oh ja, das hätten sie, sagt Farlowe.

Nein, Japan war längst am Ende. Mit der Atombombe wollte Truman die Russen beeindrucken.

Mag sein, sagt Hiseman und entscheidet römisch groß: Vielleicht weiß man die Antwort in tausend Jahren. Farlowe: Ich liebe Deutschland, *I'm like a Helge Schneider from England.* Hiseman: Das Beste, was Europa passieren konnte, ist die Europäische Union.

Nach diesem wahrhaft unbritischen Wort müssen endlich Taten folgen. Der Soundcheck beginnt. Dann strömen die blaugrauen Völker, die Menschen mit den gelebten Gesichtern. Stephan Floß, der Photograph, erklärt, nie habe er so viele Jeansjacken gesehen und Colosseum noch niemals gehört. Unglaublich, mitten in Europa!

Das Licht verlischt. Und schon erhebt sich der geliebte Sturm, mit dem Drum-und-Orgel-Wirbel von »Those About To Die«. Darauf gleich »Skelington«, dann, neu, »Morning Story« von Jack Bruce. Clem Clemson macht »Tomorrow's Blues« zur Gitarrenerzählung. »No Pleasin'« ist Farlowes Tanz. Schon endet die erste Stunde. Pause, Schwarzbier, Qualm. Und weiter geht's. Mit schmetterndem Tenor jubelt Clarke das »Theme For An Imaginary Western«. Clempson flicht eine schwanke Brücke zu »Walkin' In The Park«. Köstlich schrillt Greenslades Orgel den »Stormy Monday Blues«, bis Barbara Thompsons Saxophon übernimmt. Für dieses Solo küßt Clarke ihr Hand und Arm.

Jetzt spricht Farlowe: Letzte Woche sei ein guter Mann gestorben, Kurt Vonnegut, dessen Kriegsroman »Slaughterhouse 5« ja ein Dresden-Buch sei. Deshalb widme man ihm nun »Rope Ladder To The Moon«. Danach entsinnt sich Hiseman der Mondlandung: An jenem 20. Juli 1969 habe er, vor dem Fernseher sit-

zend, den Covertext zur »Valentyne Suite« verfaßt. Episch tost
die Tour de force. Und Schluß? Natürlich nicht. Hiseman muß
noch sein lebenszeitvernichtendes Schlagzeugsolo spielen, inklusive Drumstick-Show. Er prügelt die Hütte, wie das kein Jüngling
könnte oder wollte. Die Band kehrt wieder und mündet in »Lost
Angeles«. Danach sind alle erschlagen und erlöst. Die Musiker
verneigen sich an der Rampe. Hiseman spricht zur guten Nacht:
That's all we know for now.

Der Kehraus. Die letzten Biere, das Versickern des Volkes in
der Dresdner Dunkelheit. Am Autogramm-Tisch die üblichen
Familienszenen. Christian ist selig; man muß ihn mit seinen Göt-
tern knipsen. Photograph Stephan hat zumindest überlebt. Clem
Clempson signiert und herzt eine Maid, die ihm ins Backstage-
Gefilde folgt. Als wir dasselbe tun, ist es nicht dasselbe. Clempson zeigt sich unerbötig zum Gespräch, außer er dürfe über seinen Fußballclub West Bromwich Albion reden.

Aber Mark Clarke hat noch Lust zum Seelenbaumeln, im
Couch-Kabuff mit den künstlichen Rosen. Colosseum sei seine
absolute Lieblingsband, nach so vielen, in denen er spielte. For-
dernde Musik, Menschen, mit denen man gern zusammen ist.

Jon Hiseman hat gesagt, er wollte Colosseum aus normalen
Typen zusammenstellen, nach den bizarren Erfahrungen bei Gra-
ham Bond, der heroinabhängig war und sich vor die Londoner
U-Bahn warf.

Bei Mountain, sagt Clarke, hatten wir getrennte Garderoben
und reisten einzeln. Nie wieder! Und Leslie West – manchmal
spielte er wunderbar, aber sonst nur Lärm und tausende Effekte.
Ich glaube, West ist ein Naiver, ein Riesenbaby.

Niemals hat er auf Tournee mit einer Frau geschlafen, kichert
Clarke. *Never ever!* Dann diese Lady am Oben-ohne-Pool in
Nizza. Leslie endete mit ihr im Bett und machte sich noch Monate
Vorwürfe. Er verlor viel Gewicht. Dann, in Japan war's, bum-
merte es früh um vier an meiner Tür. Es war Leslie, glücklich:
Clarky! Jetzt weiß ich's! Ich habe Diabetes! Ich dachte schon, ich
hab Aids!

Der Tourmanager Gert Lange macht die Runde. Clarke muß

folgen und scheidet mit dem fröhlichen Brüller: *I fucking hate Rap music!* Hiseman freilich hatte am Nachmittag gedroht, Colosseum könnten alles, notfalls sogar Techno. Aber warum sollten wir? fragte er. Warum etwas aufgeben, das natürlich entstanden ist? Was ein Mensch ist, steht mit 22 oder 25 Jahren ziemlich fest. Man entwickelt sich weiter. Aber die Gründe, warum man etwas tut, ändern sich kaum.

Hat die allgemeine Fähigkeit, komplexe Musik zu hören, abgenommen?

Das weiß ich nicht, sagte Hiseman. Ich weiß aber, wie Menschen hören. Jeder liebt den Soundtrack seines Lebens und entsinnt sich der eigenen Zeit.

April 2007

König der Provinz
John Fogerty erreicht endlich Ostdeutschland

Ihn zu treffen war nicht leicht. Recht lange mußten wir warten, siebenunddreißig Jahre. John Fogerty gibt ja kaum Interviews. Also schrieben wir einen Brief und erzählten ein bißchen von jenseits des Eisernen Vorhangs. Wir schrieben von der kleinen Kupferstadt am Harz und vom West-Radio, das 1970 unermüdlich CCR-Hits über die Grenze blies.

Die Kupferstadt. Hoch über ihr ragte die Halde, davor der Schacht. Das Rad des Förderturms seilte die Männer der Stadt neunhundert Meter tief ins Erz. Dort brachen sie den Berg, und der Berg brach sie. Jahrein, jahraus spulte das Rad – Symbol eines Lebens, das Trost in der Erschöpfung fand, im Suff, im Schlaf.

Gegen diesen schicksalhaften Kreislauf kannten wir ein Stop: Rockmusik. Das Unerhörte gegen das Immergleiche. Das Verbotene gegen die Ideologie, und Jung gegen Alt. Mit Kreide-Grafitti verschönerten wir die Mauern der Stadt: The Who, Ten Years After, Cream. Überall CCR: Creedence Clearwater Revival. Die Stimme, das Herz der Band hieß John Fogerty.

Der größte CCR-Fan der Klasse war Ulrich, ein harter Junge – kurze Lunte, rasche Faust. Eines Morgens kam Ulrich nicht zur Schule. Sein Vater war tot. Man hatte ihn im Rosariumsteich gefunden. Um die Leiche schwamm das Schwanenpaar. Nach zwei Tagen erschien Ulrich, grinsend, fest. Seltsam, für immer verbindet sich mir diese Geschichte mit CCR. »Lookin' Out My Back Door«, das war Ulrichs Song.

»Sunday Never Comes« handelt von E. und wie das Vertrauen zerbricht. Die Mississippi-Hymne »Proud Mary« fühlt sich an wie der Sommer 1973: Du sitzt verlassen an der Oder und schaust den polnischen Schleppern hinterdrein. »Bad Moon Rising« haben Generationen von DDR-Volksarmisten als »Abschied von

Schnaps und geilen Weibern ...« gegrölt. Die Kleinstadt-Hymne
»Lodi« erklärte Peter Handke zu seinem Lieblingslied. John Fo-
gertys Songs erschaffen ein globales Universum der Provinz. Für
Millionen Menschen sind sie Drei-Minuten-Soundtracks ihres
Lebens.

Auch John Fogerty war mal in der DDR, für einen Tag. Via
Checkpoint Charlie überschritt er mit seinen Creedence-Kame-
raden den Null-Meridian des Kalten Kriegs. Gruselig, sagt er.
Überall Soldaten, Uniformen, und dazwischen wir jungen Rock'-
n'Roller. Ein Offizier bestieg unseren Bus, Spürhunde beschnüf-
felten alles. – Ostberliner Einzelheiten erinnert Fogerty nicht
mehr, nur Farbe und Stimmung: grau. Das war am 22. April 1970,
an Lenins Geburtstag. Fogerty lacht: *I guess Lenin was not
amused.*

Gut sieht er aus, sehr vital in Jeans und dem berühmten blau-
karierten Baumwollhemd. Sein volles dunkles Haar ist genauso
ungefärbt wie das von Gerhard Schröder. Wir treten ans Fenster
der Hotel-Suite. Unten fließt träge der Strom und passiert Dresdens Prunk-Panorama. Hell schwebt die Kuppel der auferstan-
denen Frauenkirche. Was ist dem Mann der Ort? Was weiß dieser Amerikaner über jene Nacht im Februar 1945, als hier sogar
das Wasser brannte?

Wie heißt der Fluß? fragt Fogerty.

Das ist die Elbe.

Elbe, sagt Fogerty. Elbe.

Zu den Absurditäten der Rockgeschichte gehört John Fogertys Auftritt 1969 in Woodstock. CCR waren als Hauptattraktion
des nachmals bedeutendsten Rockfestivals aller Zeiten gebucht.
Sie spielten dort auch, bloß weiß es kaum einer. Im Woodstock-
Film und auf den Live-Alben ist ihr Auftritt nicht enthalten. Nur
die Jubiläums-Box von 1994 dokumentiert vier Songs von CCR.

Ähnlich den englischen Who hatten Creedence zuviel Klas-
senbewußtsein, um von Woodstocks egalitärer Romantik betört
zu werden. Woodstock war Chaos und Schlamm, sagt Fogerty.
Wir sollten nach den Grateful Dead auf die Bühne, laut Plan
abends um zehn, aber alles verspätete sich um drei, vier Stunden.

Und man bedenke: die Grateful Dead. Hippies. Die brauchten nach der Begrüßung erst mal zwanzig Minuten, um ihre Instrumente zu stimmen, weil sie so *stoned* waren, daß sie keine Verstärkerbuchse fanden. Dann spielten sie eine halbe Stunde. Dann brach ihre Anlage zusammen. Dann wurde geflickt. Dann spielten sie noch eine Stunde, alles schlief ein. Als wir kamen, war es sehr, sehr, sehr, sehr spät. Wir spielten für eine halbe Million schlafender Hippies.

John, du warst kein Hippie.

Offensichtlich nicht.

Aber doch gegen den Vietnam-Krieg, für Bürgerrechte, gegen repressive Autorität …

Ja, politisch und philosophisch war ich mittendrin. Ich mochte die Kraft der Revolution: wie die *baby-boomers* für sich selbst einstanden. Bis dahin hatte sich das Rebellische des Rock'-n'Roll nur sublimiert geäußert.

Warum warst du kein Hippie?

Nun, ich glaube auch an harte Arbeit, an gute Vorbereitung und daran, daß man sein Bestes geben soll. Meine Eltern waren *lower middle class*, zu diesen Werten stehe ich bis heute.

Er erzählt von der Kindheit in El Cerrito, nahe Berkeley. Die Mutter habe Musik geliebt, ihm Platten vorgespielt, mit ihm Konzerte besucht: Joan Baez, Sam Hinton, das Kingston Trio, Pete Seeger. Ich halte Pete Seeger für den größten Entertainer aller Zeiten, sagt Fogerty. Wie er da auf der Bühne stand – nur er mit dem Banjo. Der Kommunist, so hieß er in der McCarthy-Ära. Als unamerikanisch wurde er beschimpft. Das kenne ich, wie alle, die gegen den Irakkrieg sprechen.

John Fogerty, geboren 1945, hatte vier Brüder. Vier Jahre älter war Tom, der 1959 The Blue Velvets gründete, die dann The Golliwogs hießen und ab 1968 CCR. Daß ihn der hochbegabte kleine Bruder übertraf, hat Tom Fogerty akzeptiert, aber nicht

»If I only had a dollar for every song I sung …«
John Fogerty in Dresden (26. Juni 2007).

leicht verwunden. 1971 verließ er die Band, die Ende 1972 im Streit zerfiel. Wer alles wissen will, lese »John Fogerty und das Drama Creedence Clearwater Revival« von Mark und Rüdiger Bloemke. 1990 starb Tom Fogerty, offiziell an Tuberkulose.

In der kalifornischen Hippie-Boheme wirkten John Fogerty und CCR wie Cousins vom Lande. Ihre Bodenständigkeit kontrastierte mit der Flower-Power-Utopie. Drogen- und Groupie-Exzesse unterblieben. Heute redet Fogerty sehr mokant über *urban music*: Rap und Hiphop diskriminierten Frauen und verherrlichten Gewalt. Ikonen der Gegenkultur waren Creedence nie. Im Wesen blieben sie eine weiße Tanzband – plebejisch, elementar, radiotauglich, traditionsbewußt. Im Zeitalter der Konzeptalben veröffentlichten sie Singles. Statt Kollektiv-Improvisationen boten sie Ohrwürmer. Ihre fabelhaften ersten sechs Alben sind Hit-Kollektionen.

Auch Messianismus, Bewußtseinserweiterung und sonstige Sportarten der Rock-Egomanie zählten nicht zum CCR-Repertoire. Man vergleiche John Fogertys energischen Biedersinn mit Mick Jaggers gockelnder Transsexualität. Man denke sich aus Fogertys Mund Jim Morrisons Brüller: *We want the world and we want it NOOOOWW!!!* Fogerty, allzeit der Erde treu, sang vom Mond, vom Wind und immer wieder vom Regen. *Who'll Stop The Rain?* – das meinte den Vietnam-Krieg, das liebten sie alle, die *peaceniks* wie die Bomberpiloten. Fogerty selbst, der *Fortunate Son*, zog damals ein Freilos in der Reservisten-Lotterie. Ein Lebensglück, bis heute.

John, es gibt viele Natur-Metaphern in deinen Songs. Ist das Fatalismus?

Ich kämpfe für sozialen Fortschritt, sagt Fogerty. Anderseits weiß ich, daß die Dinge bleiben, wie sie sind. Der Mächtige versklavt den Machtlosen. Und Gott, die Welt, die Elemente sind viel größer als wir. Wir sind sehr unwichtig, verglichen mit dem Wind und dem Regen.

Und woher kamen die Bilder des amerikanischen Südens? »Cotton Fields«, der »Green River« Mississippi, »Born On The Bayou«, das ist über eine Welt geschrieben, die du gar nicht kanntest.

Einbildung, Traum, sagt Fogerty. Mythen, Musik. Der Blues kommt aus dem Süden, Bo Didley, Muddy Waters, Howling' Wolf. Der Rock'n 'Roll natürlich, Jerry Lee Lewis, Elvis Presley, Carl Perkins, der noch besser war als Elvis, nur nie so berühmt. In meiner Jugend war Rock'n'Roll eine Explosion. Vorher gab es Popsongs wie »Who stole the Ding-dong, who stole the Bell?« und »How much ist that little Doggie in the Window?«.

John, interveniert Frau Julie und weist auf die Uhr.

Diese tollen Schwarzweiß-Filme über den Süden, sagt Fogerty. »Sumpffieber«, wie Walter Brennan als Kommissar versucht, den *moonshiner* im Bayou zu fassen. Eine Puffotter beißt ihn, der Schwarzbrenner könnte ihn retten, doch dann ... Oder »Flucht in Ketten«, mit Tony Curtis und Sidney Poitier: ein weißer und ein schwarzer Sträfling, aneinandergefesselt auf der Flucht durch die Sümpfe. Sie können nur überleben, wenn sie die Kultur des anderen akzeptieren. Das ist eine wichtige Lehre für einen Zehnjährigen.

John, sagt Frau Julia. John, du hast einen Soundcheck.

Roll on, sagt Fogerty zum Reporter. Die Chefin seufzt und packt.

Jetzt erzählt Fogerty, wie er sich den realen Süden erschloß. Das war spät, 1990. Er flog nach Memphis, mietete ein Auto und ging wochenlang auf Exkursion, als Blues-Tourist und Lehrling der schwarzen Geschichte. Dann stand er am Grabe des Ur-Bluesers Robert Johnson. Und hatte eine Erleuchtung. Und fand sein Glück. Denn er war lange kein glücklicher Mensch.

In ihrer unprominenten Frühzeit hatten CCR einen Knebelvertrag mit Fantasy Records und dessen Besitzer Saul Zaentz abgeschlossen. Damals waren sie froh, daß sie eine Chance bekamen. Sehr bald sah die Sache anders aus. Im Dutzend schrieb John Fogerty Welthits, deren Profit Zaentz zufloß. Aus Frust verschmähte es Fogerty nach dem Aus von CCR siebzehn Jahre lang, seine eigenen Klassiker zu spielen. Eine der großartigsten Rock'-n'Roll-Stimmen verstummte. Fogerty versackte in Trübsinn und Grübelei.

John, nach dem Ende von Creedence hast du drei echte Solo-Platten aufgenommen: 1973 »The Blue Ridge Rangers«, 1975

»John Fogerty«, 1985 »Centerfield«. Du spielst darauf sämtliche Instrumente selbst. Warum?

Um nicht verrückt zu werden. Ein Instrument zu lernen braucht Zeit, das hielt mich beschäftigt. Ich war ein Sklave, ein Kriegsgefangener. – Er meint den Krieg mit Saul Zaentz.

Aber dann stand ich am Grab von Robert Johnson, sagt Fogerty. Ich fragte mich: Wem gehören wohl die Rechte an seinen Songs? Irgendeinem Anwalt in New York? Für mich ist das immer Robert Johnsons Musik.

Für mich sind die CCR-Songs immer deine.

Genau das dachte ich plötzlich, sagt Fogerty. Seitdem bin ich wieder mit meinen alten Songs vereint, auch wenn sie mir nicht gehören. Wen kümmert's? Nur mich. Wenn ich wütend bin, verletze ich nur mich selbst.

Und die Solo-Manie ist vorbei?

Es macht doch viel mehr Spaß, mit anderen zu spielen. Ich wünschte, ich hätte die zehn Jahre Schlagzeug-Training auf die Gitarre verwandt.

John, auf »Déjà Vu« von 2004 klingt deine Gitarre viel reicher und klüger als in den alten Creedence-Aufnahmen.

Gott segne dich dafür, daß du das hörst.

Und was ist das Déjà Vu? *Did you hear him talk about it on the radio / did you try to read the writing on the wall / did that voice inside you say: I heard it all before / it's like Déjà Vu all over again.*

Ich glaubte wirklich, wir hätten was gelernt, sagt Fogerty. Vietnam war so sinnlos, so ein Müll. Als die Irak-Geschichte begann, dachte ich: Das durchschaut jeder, wir sind zu klug, das lassen wir uns nicht noch mal bieten. Und dann warf Bush die Kriegsmaschine an, und ich hatte mich natürlich geirrt.

All dies wurde im Sommer 2007 gesprochen. Vier Monate später erschien ein neues Fogerty-Album, »Revival«, ein Dutzend packender Songs, lustvoll auf das Fundament von CCR gebaut. Darüber sprach John in Dresden noch nicht.

Der Tourbus wartete vor dem Hotel. Wir durften zusteigen. Im Heck des Gefährts lümmelten zappelige Teens um einen

Tisch: Johns halbwüchsiger Sohn Tyler und die Sprößlinge der Bandkollegen. Fogertys Jüngste, ein blondes Prinzeßchen, stand am Fenster, gehalten von der Nanny, die unentwegt fragte: *Sweetheart*, siehst du was?

Der Canaletto-Blick.

Dann waren wir im Großen Garten angelangt, in einem Amphitheater namens »Junge Garde«. Lenin lugte ums Eck. Neunzig Minuten lang probte der redliche Arbeiter John Fogerty mit seiner sechsköpfigen Band. Es gibt keinen schöneren Rock'n'-Roll-Moment, als mutterwindallein vor der Bühne zu sitzen, und John Fogerty spielt dir »Walk With Me«. Dann nahte ein Bodyguard vom Typ Hulk Hogan und entfernte den Spion.

Nun strömten die Massen, durchaus kein minderjähriges Volk. Fogerty & Co. rockten furios, präzise und delikat durch zwei Dutzend Herzgrabscher, von »Travellin' Band« bis »Proud Mary«. John verkündete, er sei in Woodstock gewesen: Alles wie hier, nur nicht so schöne Menschen. Da überwölbte den Himmel ein Regenbogen. Das war vielleicht doch ein bißchen übertrieben.

Juli 2007

Die Gezeiten

Winter auf Helgoland

Deutsche Ferne Helgoland. Ein einziges Schiff geht zur winterlichen Insel. Viermal pro Woche verkehrt, von Cuxhaven, die *Funny Girl* des Altreeders Cassen Eils. 82 Jahre ist Eils und fährt noch selbst, ein Käptn Ahab der Deutschen Bucht, allzeit getreu seinem sturmfesten Motto: Die annern Pappschachteln können am Pier verrotten, mein Schiff kennt kein' Wetterbericht. – Vorerst schwankt es erträglich, bis am Elbende, beim Großen Vogelsand, die üble Stunde beginnt. Der Himmel graut ins Schwarz, es grünt der Passagier. Von Brechern überspült, stampft das Girl höchst unfunny durchs aufgestürmte Element. Am friedlichsten reist man im Schaukelpunkt, mittschiffs unten, beruhigt auch vom friesischen Palaver der Besatzung. Da, jetzt reißt der Himmel auf. Das Meer ergleißt, am taumelnden Horizont schimmert die Düne. Land in Sicht!

Land? Helgoland scheint selbst ein Schiff: zwei Quadratkilometer roter Sandstein, die sechzig Kilometer vor der Küste in der Hochsee ankern. Fuselfelsen, Duty-free-Dorado – man kennt die Klischees. Im Sommer entern Helgoland täglich Tausende von Kurzbesuchern, die den Dauerbadegast über den Sund zur Düne treiben, bis am späten Nachmittag die Invasion der Eintagsfliegen endet. Jetzt aber ruht das Dorf im Winterlicht, gestaffelt in Unter- und Oberland. Viele Hotels und Geschäfte sind bis Mitte März geschlossen. Die bunten Hummerbuden träumen. Züchtige Häuslein blicken still aufs Meer, rechtwinklige Gassen rahmen den Friedhof und St. Nicolai. Dahinter das wenige Land, sechzig Meter überm Ozean. Hart am Abgrund läuft der Weg zum Lummenfelsen, auf dem im Frühjahr die Seevögel brüten, und zur Langen Anna, dem umbrandeten Nordkap. Kein Baum, kein Mensch. Der ewige Wind jachtert und zerrt, aber leg dich in eine der Mulden, da hörst du Amseln und wisperndes Gras. Groß ist der Frieden von Helgoland.

Allgegenwärtig ist der Krieg. Die Mulden sind Bombenkrater, der Leuchtturm barg im Zweiten Weltkrieg Flak. Vierzehn Kilometer Bunkertunnel höhlten den Fels. Nachdem Wilhelm II. die Insel 1890 aus britischer Hoheit übernommen hatte, im Tausch gegen Kolonialansprüche auf Sansibar, baute er Helgoland unverzüglich zur Seefestung aus. Nach 1918 wurden die Anlagen auf Geheiß der Siegermächte teildemontiert, bevor Hitlers gigantomanisches Projekt »Hummerschere« begann, Helgoland zum größten eisfreien Kriegshafen der Welt hochzurüsten. Deutschland war Helgolands Unglück, lapidar bedichtet vom Insulaner James Krüss: *Ach es ist das Militär/Nichts Erfreuliches auf Erden./Diese Riesen-Feuerwehr/Kann oft selbst zum Brandherd werden.*

Am Mittag des 18. April 1945 bombardierte die Royal Airforce Helgoland mit 961 Maschinen. 128 Menschen starben, die meisten jugendliche Flakhelfer, dazu vierzehn Helgoländer, die nicht im Bunker waren. Wir hörten ständig Drahtfunk, erzählt Erni Rickmers, die Schwester von James Krüss. Anton Quelle 2 war unser Planquadrat, wir lagen ja in der Anflugschneise, fast wohnten wir schon im Bunker. Am 18. April gab es mittags wieder Alarm. Mein Großvater sagte: Lauft vor, ich hol noch schnell die Schollen vom Feuer, die sind gerade durchgebraten. Die Schwiegertochter ging mit ihm. Ein Volltreffer, wir fanden keine Spur mehr von den beiden.

Frau Rickmers holt frischen Kaffee. Aus Kisten und Regalen fördert sie Lebenszeugnisse ihres Bruders. Krüss, der Kinderfreund, Simplicius und Hasser des Kriegs. *Das eben macht die Dummheit so fatal: Wer kein Gehirn hat, hat trotzdem Moral.* Schon als Kind, sagt seine Schwester, schrieb James Romane in Oktavhefte. Blutige Geschichten, Dutzende von Toten, unsere Mutter las das ihren Freundinnen vor, ich höre noch das Gelächter. – Ein Lächeln ist in Erni Rickmers Reden, eine stille Gelassenheit. Wir Helgoländer lachen über unseren Kummer, sagt sie, wir nehmen es, wie's kommt.

Alt-Helgoland war dahin. Die Wüstung dokumentierte der greise Franz Schensky, Helgolands berühmter Photograph, der die Welt von gestern festgehalten hat, mit Bräuchen, Gebäuden und den gleichmütigen Gesichtern eines naturergebenen Volks. Der Krieg war aus, die Insel zu räumen. Die Engländer füllten die Militär-Katakomben mit 6700 Tonnen Sprengstoff und zündeten am 18. April 1947, am zweiten Jahrestag des Bombardements, vom Schiff aus die größte nichtnukleare Explosion der Menschheitsgeschichte. Nie wieder sollte Deutschlands Vorposten Britannien bedrohen. Helgolands weicher Stein absorbierte den *Big Bang*, aber das Südkap verschwand im Meer. Das unterhöhlte Südende sackte weg, das Mittelland entstand. Fortan diente der ramponierte Felsen britischen Bombern als Übungsziel. Erhalten blieben die Zivilbunker, in achtzehn Metern Tiefe. Die fahl beleuchteten Kavernen kann man bis heute begehen.

Frau Rickmers, hatten Sie einen Haß auf die Engländer?

Nein, sagt sie, dann müßten die uns ja genauso hassen, wegen Coventry und alledem.

Du Brit! ist hier immer noch ein Schimpfwort, sagt Frank Botter, Helgolands wuchtiger Bürgermeister.

Kriegstreiber sind nicht die Völker, sondern immer die Politiker, sagt Erni Rickmers.

Wir müssen unsere Geschichte gehörig aufarbeiten, sagt Botter. Fragen Sie hier mal nach der Zeit von 1933 bis 1945, nach den Zwangsarbeitern, da kriegen Sie keine Antwort. Der Helgoländer ist erst mal Helgoländer, dann ist er Friese, dann gehört er zu Schleswig-Holstein, und das ist deutsch. Aber die Helgoländer haben bei Hitler schön mitgemacht. Es gab allerdings eine Widerstandsgruppe, die Kontakt zu den Engländern hatte. Das flog auf, sieben Mann wurden verhaftet und in Cuxhaven erschossen. Erich Friedrichs, Georg Braun, diese Namen finden Sie hier nirgends.

Warum nicht? Das ist doch eine Ruhmesgeschichte, wie der 20. Juli.

Die Älteren, die im Kriege waren, sehen diese Leute als Ver-

*Die Reste von Hitlers Kriegshafen-Projekt »Hummerschere«
(23. Januar 2006).*

räter an, sagt Erich-Nummel Krüss, der frühere Landebrücken-
kapitän. Ich bin 1932 geboren, weißer Jahrgang, ungedient, mein
Großvater kam noch englisch auf die Welt. Ich zeige Ihnen das
Grab.

    Erich Friedrichs 2.11.1890 – 21.4.1945. Karger grauer Stein.
Keinerlei Hinweis auf die Umstände dieses Todes. Im selben Grab
die Frau und deren Schwester. Die Ehe blieb kinderlos. Das Grab
sollte eingeebnet werden, sagt Krüss. Die Zeit war abgelaufen, da
haben wir gesammelt, daß es erhalten blieb.

    Die englischen Bomben pflügten auch Helgolands Gräber. Die
verstreuten Gebeine begrub man unter der neuen Kirche. Rechts
vom Altar nennt, Tag für Tag, ein Totenbuch die Namen. An der
Friedhofsmauer lehnen die Steine der vorigen Zeit. Warum starb
der Inselarzt Erich Esser schon mit 33 Jahren? Weshalb mußte
Heinrich Haas mit 31 hinab? *Auch das Meer giebt seine Toten
wieder/wenn der Fürst des Lebens ruft.*

Helgolands Neuzeit begann mit einer Heldensaga. Am 20. Dezember 1950 setzten die Heidelberger Studenten Georg von Hatzfeld und René Leudesdorff nach Helgoland über und hißten auf dem Oberland die deutsche, die europäische und die grünrotweiße Helgoländer Flagge. Presse war eingeweiht und blies die Sache groß auf. Leudesdorff verfaßte später ein Buch mit dem bescheidenen Titel »Wir befreiten Helgoland«. Zum 1. März 1952 gab Großbritannien die geschichtsgeprügelte Insel frei – nicht bedingungslos. Ersatzweise bombardierten die Briten nun den Großen Knechtsand (und massakrierten dort 80 000 Wildgänse).

Neunzig Prozent der Helgoländer kehrten zurück. Einer nicht, obwohl er zu den Sammlungs-Aktivisten zählte. James Krüss, Gründer des Vertriebenen-Blattes »Helgoland«, fand den Ruhm der Welt und später eine neue Heimatinsel: Gran Canaria. Helgoland erstand wieder, prosperierte abermals als Seebad und hatte seine Hoch-Zeit vor einem Vierteljahrhundert, als täglich um die 8000 Butterfahrer auf die Insel schwappten.

Die Zeiten wurden andere. Der Tourismus globalisierte sich. Helgolands Besucherzahlen gingen drastisch zurück – Desaster für eine Insel, die fast völlig von ihren Gästen lebt. Selbst manche, die kommen, maulen. Café Düne-Süd, Seniorenkränzchen, vier angetüterte Damen (Typ Sonnenbankopfer) mit einzelnem Herrn. Der Herr spricht: Demnächst mach ich wieder nach Thailand. Dies löst bei den Damen eine Sprachflut aus. Thailand, da kriegt man schon 'n Luxusessen für vier Euro, ach, für drei, und alles inklusive, nich wie hier, wo alles extra kostet, Strandkorb, Handtuch, Überfahrt zur Düne, und der Thailänder, der weiß auch zu leben, und irgendwie isser nich so, ich sach mal, gewinnträchtig. Hier sindse irgendwie stehngeblieben, da könnt' ich als Gast ja auch mal ungeduldig werden. So isses! So isses!

Früher war's schöner, sagt Angelika Luckner, die Wirtin des behaglich familiären »Miramar«-Hotels. Vor dem Fenster gurgelt das Meer, Frau Luckner kredenzt Kaffee und frische Brötchen, präpariert das Frühstücksei und empfiehlt die dänische Marmelade. Das Radio spielt Tante-Inge-Musik *(Ob es so oder so oder anders kommt ...)*. Das alte Kurhaus, seufzt Frau Luckner, das stand, wo jetzt das protzige Hotel Atoll ist. Die Tanztees damals, ach, und Uwe Seeler kam, und Ricky Shayne, und dreißig Börteboote fuhren, heute höchstens zwölf.

Neun, sagt Karl-Heinz Hottendorf, der Chef der Börteboote, jener Passagier-Zubringer vom Großschiff, die seit alters dank einer britischen Kronlizenz Helgoländer Familien ernähren. Bootsführer brauchen ein Seefahrtspatent. Vierzehn Jahre ist Hottendorf um die Welt gefahren, von Ekuador bis Japan, mit Rinderhälften, Bananen, Papier. Dann ging er hier vor Anker. Er belehrt über den Tidenhub, den Niedergang der Hummerfischerei und zeigt, wie man Knieper ißt, Taschenkrebsscheren. Unfaßbare Halden delikat gefüllter Kalkschatullen türmen sich auf dem Teller, grienend erneuert vom Kellner des Helgoländer Fährhauses, auf daß sich der Name des Gerichts erfülle: Knieper satt (für 15 Euro).

Wie viele der heutigen Helgoländer stammen von hier?

Fifty fifty, würd ich sagen.

Vor zwanzig Jahren besaß Helgoland 2000 Einwohner, heute 1414. Die Schülerzahl sank binnen zwei Jahren auf 114, um zwanzig Prozent. Gymnasiasten müssen aufs Festland und kommen kaum je zurück. Hofpause in der James-Krüss-Schule. Wollt ihr später auf der Insel bleiben? – Nein, nein, ja, nein. Auf dem Festland, da gebe es Jobs, Perspektiven, Leben. Aber die Familie fehle, der Zusammenhalt.

Andere ziehen her. Jörg Andres, der Museumsleiter, hetzte im vorigen Leben durch Hamburg, mit zwei Handys und Krawatte. Jetzt steht er am Falm, der Oberland-Kante, schaut übers Meer und spricht in den furigen Wind: Das Schöne hier ist, man fühlt sich so klein. – Hochnäsig darf man hier nicht kommen, sagt Bürgermeister Botter, da geht der Kral zu. Aber wer offen ist, wird offen empfangen.

Wieder durchs Dorf gelaufen. Jeder hat für jeden ein Hallo. Helgoländer geben nicht die Hand, man sieht sich ja fünfmal am Tag. Nach einer Woche gab's keine Nachnamen mehr, sagt Stefan Leusmann, der das Aquarium leitet. Leusmann, aus Wolfsburg stammend, war schon als Kind Aquarianer. Helgoland erfüllte seinen Lebenstraum. Er führt durchs Haus, weist Stör, Dorsch, Katzenhai und wie das Seewolfmännchen sein Gelege bewacht. Meerwasser strömt durch die Becken, ein Ozean en miniature, gemäß der Wandspruch-Weisheit Goethes: *Alles ist aus dem Wasser entsprungen/Alles wird durch das Wasser erhalten/Ozean goenn uns dein ewiges Walten.*

Ungoethisch detailliert erklärt Professor Heinz-Dieter Franke von der Biologischen Anstalt das ozeanische Walten, dessen Ewigkeit im Fall der Nordsee erst 5000 Jahre währt. Artentechnisch sei dieses Meer noch nicht fixiert. Die Erwärmung – in den letzten 40 Jahren anderthalb Grad – lasse völlig neue Arten einwandern. Dem Kabeljau wurde es zu warm, mangels Freßfeind vermehrt sich der Gespenstkrebs rabiat, die pazifische Auster verdrängt die Miesmuschel, der Taschenkrebs den Hummer, dessen frühere Massenpopulation verloren ging. Neben der Meeresforschung betreibt die Biologische Anstalt eine Hummeraufzucht. Pro anno werden tausend einjährige Hummer ausgesetzt.

So streifen wir über den winzigen Kontinent und besuchen Mensch und Tier. Ommo Hüppop vom Wilhelmshavener Vogelforschungs-Insitut zeigt uns den Reusengarten, in dem er und seine Helfer jährlich 12 000 Tiere fangen und beringen. Helgoland ist wichtig für den Vogelzug, sagt Hüppop. Hier rasten die Tiere einen Tag und fressen sich Kraft an. Nachts fliegen sie weiter.

Warum fliegen sie nicht tagsüber und fressen nachts?

Essen Sie im Dunkeln? Vögel sind Augentiere.

In schaurig schaukelnder Schaluppe fahren wir zur Düne. Rolf Blädel ist unser Führer, ein seebäriger Mittfünfziger, Wasserpolizist und Robbenjäger. Besser hieße er Robbenförster, denn Blädel jagt nicht, er hegt. 23 Kegelrobben-Junge wurden in den letzten Wochen hier geboren. Faul in Sand und Kies gefläzt, harren sie

Robbenhüter Rolf Blädel mit einheimischer Jugend (Helgoland/Düne, 23. Januar 2006).

der mütterlichen Wiederkehr. Zwei Zivis gehen herum und wehren närrischen Besuchern, die beispielsweise ihre Kinder auf die knuddeligen Kreaturen setzen möchten, zwecks Photo. Drei Meter groß werden Kegelrobben, sechs Zentner schwer. Das Gebiß, sagt Blädel, möcht ich nirgendwo zu sitzen haben. Hinter einer Klippe entdeckt und plombiert er den letzten Säuger, mit robuster Liebe. Robbensaison beendet, meldet Blädel per Handy *nach Frisko*, zur Seehundstation Friedrichskoog, und freut sich der kommenden Zeit, die er, ein Mensch zwischen Himmel und Ozean, auf seinem Segelschiff verleben will.

Ganz allein?

Mit meinem Hund.

Die Insel atmet ein und aus. Sie lebt in zwei Gezeiten: mit und ohne Tagesgast. Die Hektik des Sommers läßt nur Business zu. Der Winter ist für Besinnung, Vereinsleben, Gespräch. Viele Eltern finden nur jenseits der Saison Zeit für ihre Kinder, sagt Olaf Koscielny, der Jugendpfleger. Angebote für Jugendliche fehlen komplett. Übrigens habe ich in dem Jahr, das ich hier bin, noch keine Prügelei erlebt. Man setzt sich nicht auseinander, man redet auch nicht viel. Konfrontation macht angreifbar, das überlegt man sich. Man bleibt immer aufeinander angewiesen. Insel heißt ja: keine Anonymität.

Es gibt hier ein eigenes Spiel von Nähe und Distanz, sagt Pfarrer Horst Simonsen. Die Leute laden einander kaum nach Hause ein. Und wenn man sich an der Klippe trifft – kurzer Gruß, kein Gespräch. Das Hinterland ist Raum für Einsamkeit.

Fünf Tage Helgoland: Seelenbad und Augenfreude. Winterglast, seltener Frost, lodernde Sonnenaufgänge, polternde See. Dies war der letzte Abend. Draußen heulte wieder der Sturm. Der Lichtfinger des Leuchtturms kreiste und traf alle vier Sekunden das Schiff auf dem Spitzhut von St. Nikolai. Im Gasthaus Knieper siegte St. Pauli gegen Werder Bremen, zur Begeisterung der Zugereisten, die zwei Werder-Fans mit liebevollem Spott bedachten. Noch einmal zu Erni Rickmers, um die James-Krüss-Bücher zurückzubringen. Auf den Kaffeetisch hatte sie Schätze gelegt: einen Seeigel, einen polierten Flintstein, einen flutge-

Es wird befürchtet, daß die Lange Anna nur noch 60 Jahre steht (Helgoland, 22. Januar 2006).

drechselten Briefbeschwerer aus rostrotem Fels. Sind die nicht schön? sagte sie. Nehmen Sie nur, ich kann mir doch immer neue Steine suchen.

Februar 2006

Quellenverzeichnis

Mich wundert, daß ich fröhlich bin
Geschrieben für dieses Buch im November 2008

Die Schlachtenbummler
Erstveröffentlichung in »Die Zeit Geschichte«, Nr. 2/2006

Der Sonntag nach Ostern
»Die Zeit«, Nr. 13/2005

Spaß und Haß
»Die Zeit Geschichte«, Nr. 2/2007

Aufständische werden nicht gewählt
»Die Zeit Geschichte«, Nr. 3/2007

Süße Krankheit Gestern
»Die Zeit«, Nr. 49/2008

Die Wende im Westen
»Zeitmagazin Leben«, Nr. 46/2007

Das Rom der Protestanten
»Die Zeit«, Nr. 50/2006

Alte Meister, frisches Bier
»Die Zeit« Nr. 52/2006

Die Grenzverbindung
»Die Zeit«, Nr. 18/2005

Der Aufstand der Zuständigen
»Die Zeit«, Nr. 33/2007

Mutter Pfortes Kinder
»Die Zeit Geschichte«, Nr. 1/2007

O wundervolle Triebe!
»Die Zeit«, Nr. 16/2006

Ach, die Welt ist so geräumig
»Die Zeit Geschichte«, Nr. 4/2007

Die Meistersinger
»Die Zeit«, Nr. 3/2005

Der Einzelne
»Die Zeit«, Nr. 28/2005

Lok'n'Roll
»Zeit online«, 28.2.2007

Die Todgeweihten grüßen dich
»Zeit online«, 25.4.2007

König der Provinz
»Zeitmagazin Leben«, Nr. 47/2007

Die Gezeiten
»Die Zeit«, Nr. 11/2006

Einige Texte wurden für dieses Buch erweitert.

Bildnachweis

Gerhard Medoch: Titelfoto
Roger Melis: S. 17, 51
Herbert Schulze: S. 45
Jewgeni Chaldej: S. 77
Markus Wächter: S. 129
Wilhelm-Busch-Museum Hannover: S. 207
Stephan Floß: S. 255
Heike Wenige: hintere Umschlagklappe
Christoph Dieckmann: alle übrigen Fotos

Christoph Dieckmann im Ch. Links Verlag

My Generation
Cocker, Dylan, Honecker
und die bleibende Zeit

2., aktualisierte Auflage
240 Seiten, 15 Abbildungen
Klappenbroschur
ISBN 978-3-86153-195-1
Erschienen 1991/1999

Oh! Great! Wonderful!
Anfänger in Amerika

134 Seiten, 62 Abbildungen
Klappenbroschur
ISBN 978-3-86153-032-9
Erschienen 1992

Die Zeit stand still, die Lebensuhren liefen
Geschichten aus der
deutschen Murkelei

2. Auflage
180 Seiten, 5 Abbildungen
Klappenbroschur
ISBN 978-3-86153-057-2
Erschienen 1993/1999

Time is on my side
Ein deutsches Heimatbuch

212 Seiten, Klappenbroschur
ISBN 978-3-86153-093-0
Erschienen 1995

Das wahre Leben im falschen
Geschichten von
ostdeutscher Identität

3. Auflage
240 Seiten, 17 Abbildungen
Klappenbroschur
ISBN 978-3-86153-168-5
Erschienen 1998/1999/2000

Volk bleibt Volk
Deutsche Geschichten

256 Seiten, 29 Abbildungen
Klappenbroschur
ISBN 978-3-86153-249-1
Erschienen 2001

Rückwärts immer
Deutsches Erinnern –
Erzählungen und
Reportagen

272 Seiten, 27 Abbildungen
Festeinband mit Schutz-
umschlag
ISBN 978-3-86153-350-4
Erschienen 2005

Ch. Links Verlag
Schönhauser Allee 36
10435 Berlin
Tel. (030) 44 02 32-0
Fax (030) 44 02 32-29
www.linksverlag.de
mail@linksverlag.de